Kerstin Hoppenhaus

Die Salze der Erde

Was drei chemische Elemente mit Kolonialismus, Klima und Welternährung zu tun haben

Hanser

3. Auflage 2024

ISBN 978-3-446-27970-4

Kolbergerstraße 22 | 81679 München | info@hanser.de

Umschlag: © Anzinger & Rasp, München
Motiv: © John Gollings AM
Deutschlandkarte und Weltkarte S. 8 und 9:
© Huber Kartographie, Unterschleißheim
Satz: Greiner & Reichel, Köln
Druck und Bindung: GGP Media GmbH, Pößneck
Printed in Germany

MIX
Papier | Fördert gute Waldnutzung
FSC® C014496

Inhalt

Zeittafel

ÄON	ÄRA	PERIODE	EPOCHE	ALTER
PHANEROZOIKUM	KANOZOIKUM	Quartär	Pleistozän	2,58 Mio.J. – 12.000 J.
		Neogen	Pliozän	5,333 – 2,58 Mio.J.
			Miozän	23,03 – 5,333 Mio.J.
		Paläogen	Oligozän	33,9 – 23,03 Mio.J.
			Eozän	56 – 33,9 Mio.J.
			Paleozän	66 – 56 Mio.J.
	MESOZOIKUM	Kreide		145 – 66 Mio.J.
		Jura		201,3 – 145 Mio.J.
		Trias		251,9 – 201,3 Mio.J.
	PALÄOZOIKUM	Perm		298,9 – 251,9 Mio.J.
		Karbon		358,9 – 298,9 Mio.J.
		Devon		419,2 – 358,9 Mio.J.
		Silur		443,8 – 419,2 Mio.J.
		Ordovizium		485,4 – 443,8 Mio.J.
		Kambrium		541 – 485,4 Mio.J.
PROTEROZOIKUM	NEOPROTEROZOIKUM	Ediacarium		635 – 541 Mio.J.
		Cryogenium		720 – 635 Mio.J.
		Tonium		1000 – 720 Mio.J.

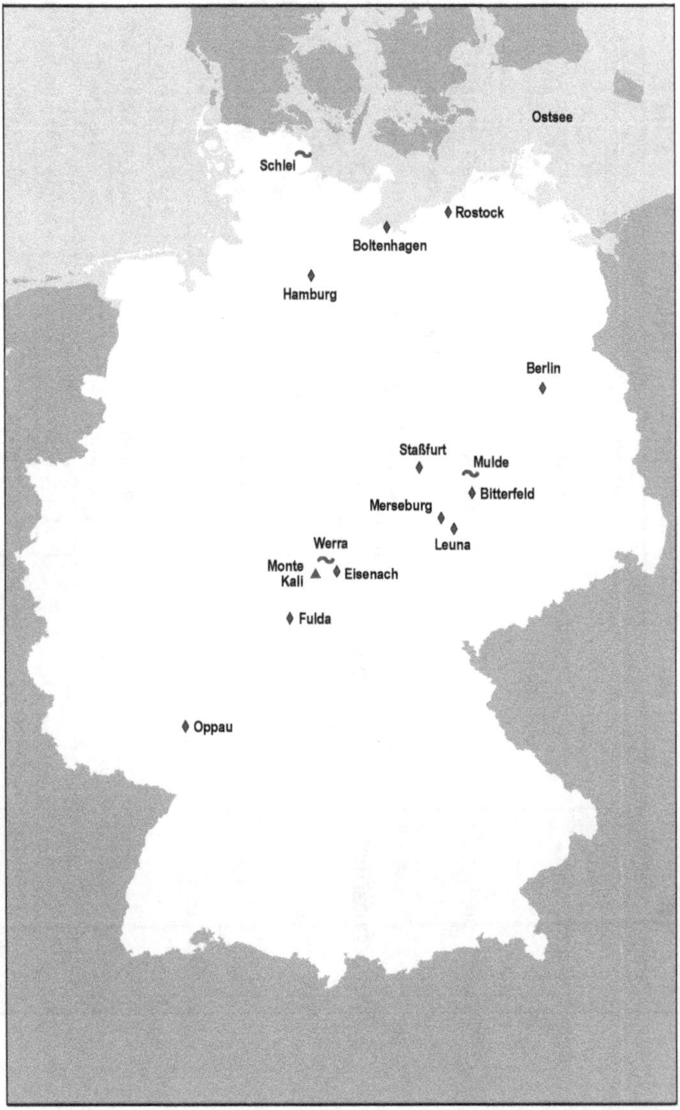
Ostsee
Schlei
Rostock
Boltenhagen
Hamburg
Berlin
Staßfurt
Mulde
Bitterfeld
Merseburg
Leuna
Werra
Monte Kali
Eisenach
Fulda
Oppau

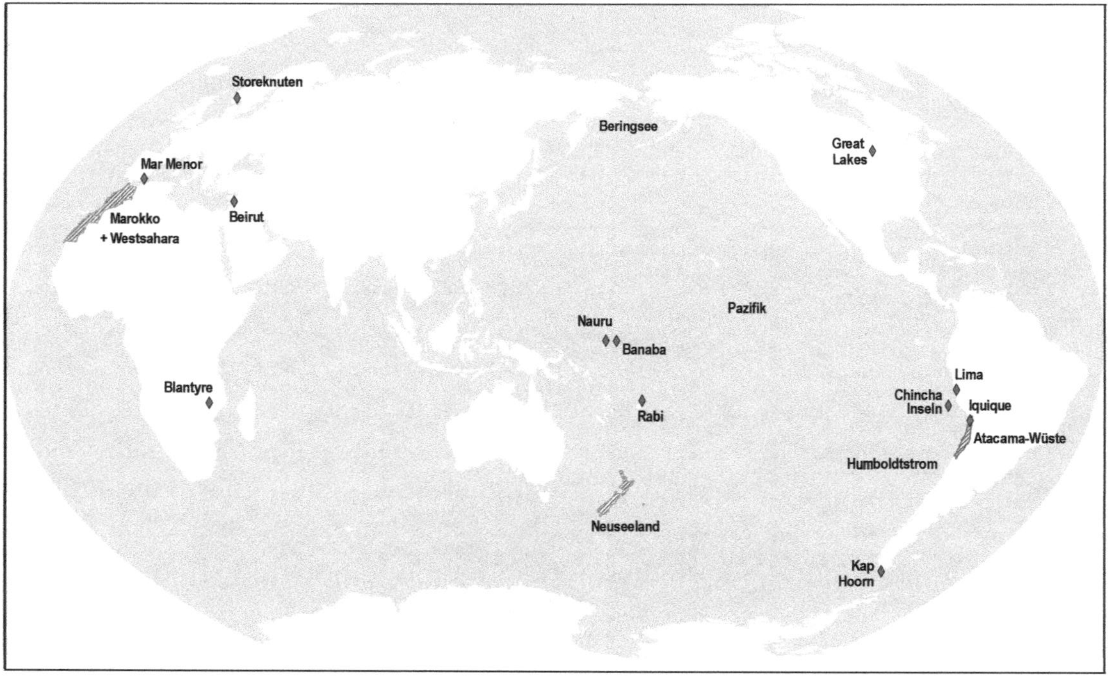
Storeknuten
Beringsee
Great
Lakes
Mar Menor
Beirut
Marokko
+ Westsahara
Pazifik
Nauru
Banaba
Blantyre
Lima
Chincha
Inseln
Iquique
Rabi
Atacama-Wüste
Humboldtstrom
Neuseeland
Kap
Hoorn

Einleitung

Im Herzen

Wann haben Sie zum letzten Mal Ihren Puls gefühlt? Ist schon ein bisschen her? Dann legen Sie mal Zeige- und Mittelfinger an Hals oder Handgelenk und fühlen Sie. Nur zu, ganz in Ruhe. Ich warte hier.

Gefunden? Sehr gut. Sie sind also am Leben. Das war zu erwarten. Und doch sollte es Sie erstaunen. Denn Ihr Herzschlag und was Sie sonst am Leben hält, entsteht aus dem feinen Zusammenspiel von lebloser Materie. Oder anders gesagt: Wenn Sie Ihren Puls fühlen, sehen Sie den Elementen bei der Arbeit zu. Für jeden Pulsschlag strömen zum Beispiel Kalium und andere Mineralien durch winzige Kanäle in der Hülle Ihrer Herzmuskelzellen. Nicht viel, nur gerade genug, um zu helfen, das System über die Schwelle zu heben und den nächsten Herzschlag auszulösen. Ganz ohne Ihr Zutun, autonom und verlässlich. Die Kalium-Kanälchen bestehen aus Proteinen, Eiweißen also, und die enthalten Stickstoff. Ohne diesen Stickstoff gäbe es keine Kanälchen, ohne Kanälchen keinen Kaliumstrom. Ohne Kalium keinen Puls. Und im Innern der Herzzellen geben bestimmte Moleküle Phosphor ab und damit Energie frei oder lagern Phosphor an, um Energie zu speichern. Auch ohne diese winzigen chemischen Batterien bliebe Ihnen das Herz stehen. Und das sind nur ein paar wenige Takte aus dem Tanz der Elemente, von dem Ihr Leben abhängt.

Die Anzahl der Tänzer ist überschaubar. Von den knapp

hundert natürlich auf der Erde vorkommenden chemischen Elementen bilden nur elf die wesentlichen Grundbausteine für alles Leben auf der Erde. Stickstoff, Phosphor und Kalium sind drei der wichtigsten, neben Kohlenstoff, Sauerstoff, Wasserstoff und einigen anderen. Dazu ein gutes Dutzend Spurenelemente wie Eisen, Jod oder Mangan. Diese wenigen Grundstoffe ermöglichen alles, was wir tun. Atmen. Denken. Fortpflanzen.

Sie gelangen über die Nahrung oder im Fall von Sauerstoff auch direkt aus der Luft in unsere Körper und gehen dort ihren chemischen und physikalischen Geschäften nach. Genau genommen bilden sie überhaupt erst unsere Körper, denn ohne das Zusammenspiel der Elemente gäbe es uns gar nicht. Das heißt, wir sind zwar Menschen mit eigenen Gedanken und einem eigenen Sinn. Aber wir sind eben auch »wandelnde, sprechende Mineralien«, wie die Biologen Lynn Margulis und Dorion Sagan schreiben.[1]

Und auch das nur auf Zeit. Denn für diese Elemente sind wir nichts weiter als ein Zwischenstopp auf ihrer Reise durch das Erdsystem. Wir nehmen sie auf, gliedern sie ein und scheiden sie wieder aus, mal schneller, mal langsamer, aber beständig. Stoffwechsel nennen wir das, sehr zu Recht. Fast alle menschlichen Gewebe werden so im Laufe unseres Lebens mehrmals komplett ausgewechselt. Und wenn wir schließlich sterben, löst sich das Gefüge, unsere Materie zieht weiter und bildet neue Allianzen. Wieder und wieder und wieder.

Wir haben uns daran gewöhnt, dies einen Kreislauf zu nennen. Doch ein Kreis ist ein mathematisches Konstrukt. Eine schöne und verführerisch einfache Form – die im richtigen Leben praktisch nicht vorkommt. Genau wie unser Blut nicht in Kreisen läuft und die Erde nicht um die Sonne kreist, reisen auch die Elemente nicht in Kreisen um die Erde. Vielmehr um- und manchmal durchströmen sie den Planeten in einem unermesslich feinen und verschlungenen Netz. Sie folgen dabei eher den Gesetzen der Strömungsmechanik als strengen Bahnen, oft chaotisch, aber nicht regellos, voller Wirbel, Strudel, Turbulenzen, immer in Bewegung, immer im Wandel. Mal gelöst, mal gebunden, Berghänge, Flüsse, Ladungs- und Energiegradienten hinunter und manchmal hinauf, einzeln oder in Kaskaden, oft äonisch langsam und dann plötzlich rasend schnell. Lauter laufende Prozesse, ineinander vernestelt und verschlungen, ein scheinbar wirres Knäuel. Und doch seit Jahrmillionen in steter Wiederkehr. Der Pulsschlag der Erde.

Globale »biogeochemische« Zyklen sagen Wissenschaftlerinnen und Wissenschaftler zu diesen Strömen der Elemente im Erdsystem. Auf den ersten Blick ein mächtig sperriges Wortungetüm, doch wenn man es genauer betrachtet, beschreibt es sehr gut, worum es hier geht: um »bio« und »geo«, verbunden mit »chemisch«. Also das Lebende und das Irdene, in ständiger Wandlung vom einen ins andere. Metamorphosen zwischen Leben und Tod. Stoffwechsel.

Dass dies überhaupt nicht selbstverständlich ist, zeigt ein kurzer Blick in unsere unmittelbare planetare Nachbarschaft. Dort sehen die Stoffströme ganz anders aus. Auf der Venus und auf dem Mars machen »geo« und »chemisch« die Dinge unter sich aus. Von »bio« keine Spur. Auf der Erde dagegen, wo Leben ist, kommt es, während der Planet mit seinem Kern aus brodelndem Eisen durchs All jagt, fortlaufend zu Übergängen zwischen »bio« und »geo«, zwischen lebend und nicht, die unter anderem dazu führen, dass Sie gerade diese Zeilen lesen. Denn die Elemente strömen nicht nur um Sie herum, sondern auch durch Sie hindurch.

Wenn wir Menschen sagen, wir sind ein Teil der Natur, dann meinen wir meist das Zusammenleben mit Blumen und Bienen oder Delfinen, als Teil eines Ökosystems. Aber tatsächlich ist unsere Verbindung mit der Erde sehr viel enger, inniger und wesentlicher, als wir uns das normalerweise bewusst machen. Deswegen tragen wir sie auch in unserem Namen: *Homo sapiens. Homo,* das lateinische Wort für Mensch und Mann, ist verwandt mit *humus,* lateinisch für Erde und Erdboden. *Humus,* die Erde, steckt auch in human und im englischen *humble* für demütig und bescheiden. Eine ähnliche Verwandtschaft gibt es auch im Hebräischen: *ādām* ist der Mensch, *adāmā* die Ackererde.[2] Alles, was wir essen, trinken, atmen, ist von dieser Erde. Wir sind von dieser Erde. Und diese Erde steht niemals still.

Im Schlamm

Meine erste bewusste Begegnung mit dieser niemals stillen Erde war in der Muldeaue bei Dessau, wo ich Jahre meiner Ausbildung als Biologin verbracht habe. Dort, im heutigen Biosphärenreservat Flusslandschaft Elbe, gibt es einen der wenigen noch nahezu intakten Auwälder in Deutschland.

Das an sich ist schon etwas Besonderes, denn die Mulde war in ihrem Unterlauf jahrzehntelang biologisch praktisch tot, schwer belastet unter anderem durch die Abwässer aus dem Chemiekombinat Bitterfeld und das Sümpfungswasser, das aus den nahen Tagebauen des Mitteldeutschen Braunkohlereviers abgepumpt wurde. Die Aue dagegen, das Überflutungsgebiet rund um den Fluss, hat diese Zeit strukturell erstaunlich intakt überstanden, paradoxerweise gerade wegen der Schadstoffe im Wasser und in den Sedimenten, denn durch sie war eine Bewirtschaftung der Auenböden kaum möglich, und die Aue konnte sich beinahe naturbelassen entwickeln. Ein kostbares Habitat für alle, die nicht auf Böden oder Sedimente angewiesen sind. Und so stand ich zwei Sommer lang in Watstiefeln im Schlamm.

Die Arbeit war weder die schlickigste noch die mückigste noch die stinkigste, die ich je verrichtet habe. Sie sticht jedoch hervor durch die glorreiche Kombination aller drei Merkmale, nicht zuletzt, weil sich für einige meiner Insektenfallen mehrere Tage alte Schweineleber als der beste Köder erwies.

Mein Ziel war es, zu verstehen, wie die Zusammensetzung der Lebensgemeinschaften von Wasserkäfern in einer Flussaue zustande kommt. Doch gelernt habe ich etwas ganz anderes. Zwei Jahre lang habe ich ein komplexes und dynamisches System intensiv und aus nächster Nähe begleitet, über verschiedene Jahreszeiten, Witterungen, Wasserpegel hinweg. Ich stand in halb verlandeten Altarmen, offenen Wiesenteichen und waldigen Tümpeln. Ich fing Wassertreter und Taumelkäfer, zangenbewehrte Gelbrandkäferlarven und fingerlange, schwarze Kolbenwasserkäfer. Ich sah, wie anpassungsfähig diese Arten waren, und auch, warum sie das sein mussten. Denn die verdammte Aue war niemals gleich.

Wo in einer Woche ein Tümpel fast trockenlag, stand in der nächsten Woche das Wasser knietief. Wo im einen Jahr das Ufer dicht bewachsen war und fest, war es im Jahr darauf weggespült und kahl. Die ganze Aue, scheinbar friedlich und still, war in ständiger Bewegung, eine mäandernde Welt aus unaufhörlich strömenden Elementen. Es ist eine Sache, von den Weisen zu hören, man steige niemals in denselben Fluss. Es ist eine ganz andere Sache, in diesem Fluss zu stehen und zu erleben, dass nichts bleibt, wie es war. Die Zeit in der Muldeaue hat meinen Blick auf die Welt bis heute geprägt. Nichts auf der Erde bleibt da, wo man es hintut. Und nichts ist jemals weg. Sondern nur woanders.

Nach dem Biologiestudium ging ich zum Film, wurde Journalistin. Andere hielten länger durch. Hartnäckig, geduldig und klug verfolgten sie weiter ihre Fragen. Es war eine interessante Zeit für Ökologinnen und Ökologen. Sie stellten sich der Komplexität und auch den Unschärfen der Natur und machten sich daran, unsere Vorstellung von der Welt und von dem, was wir »Umwelt« nennen, zu verändern. Sie verabschiedeten sich von der Idee eines statischen »Gleichgewichts der Natur« und begannen stattdessen, sogenannte »Störungen«, also Hochwasser, Feuer oder auch nur einen Fußabdruck im Moos, als normale Bestandteile von Ökosystemen zu verstehen und »Stabilität« als eine Illusion, ein Artefakt aufgrund eines Mangels an Daten, verursacht durch die relativ kurze Lebensspanne der Betrachter und mangelnde Computerleistung für ausreichend komplexe Modelle und Simulationen (und vielleicht ein Stück Wunschdenken der kurzlebigen Menschheit, die nichts so sehr zu misstrauen scheint wie dem Wandel).

Mehr und mehr gingen sie dazu über, komplexe Ökosysteme als Ganzes zu betrachten, mit all ihren dynamischen Beziehungen zwischen den verschiedenen Bestandteilen. Damit war die Ökologie Teil eines Trends hin zu den sogenannten Systemwissenschaften, der sich Anfang des 21. Jahrhunderts in vielen Disziplinen entwickelte, zum Beispiel auch in den Geowissenschaften oder in der Medizin. Ihr Ziel war es nicht nur, komplexe Systeme zu verstehen, sondern möglichst auch Vorhersagen über deren Verhalten zu treffen.[3] Durch ihre Arbeit haben wir ein sehr viel tieferes Wissen über die großen Stoffströme der Erde gewonnen (aber wie der Wasserkäfer seinen Tümpel wählt, wissen wir noch immer nicht …).

Im Strom

Einige dieser Stoffströme sind uns geläufiger als andere. Der Wasserkreislauf zum Beispiel, in dem Moleküle aus Wasserstoff und Sauerstoff beständig zwischen Erdkruste, Lebewesen und Atmosphäre hin und her fließen. Auf ihrem Weg um den Planeten dienen sie als unersetzliche Nahrung, als Lebensraum, als Transportweg oder auch dem Badespaß. Verschiebungen in ihren Pfaden spüren wir unmittelbar und oft sehr drastisch, mal als Dürre, mal als Flut. Und an vielen Verschiebungen sind wir Menschen inzwischen maßgeblich beteiligt, etwa wenn durch unsere Aktivitäten die Eiskappen an den Polen abschmelzen oder die Erdachse zu kippen beginnt, weil wir so viel Grundwasser abpumpen.[4]

Auch über den Kohlenstoffkreislauf wissen die meisten Menschen inzwischen mehr, als ihnen lieb ist. Kohlenstoff ist der Grundbaustein allen Lebens auf der Erde. Doch er kann auch über lange Zeiten als Kohlendioxid in der Atmosphäre verbleiben und trägt dort dazu bei, dass ein Teil der Strahlungswärme, die die Sonne zur Erde schickt, hier gehalten wird und der Planet nicht vereist. Gelangt jedoch zu viel Kohlendioxid in die Atmosphäre, etwa durch das Verbrennen von fossilen Rohstoffen, dann überhitzt der Planet. So wie jetzt.

Auch Stickstoff, Phosphor und Kalium, die drei anderen großen Bausteine des Lebens, sind beständig im Erdsystem unterwegs, mit ähnlich weitreichenden Folgen. Doch ihren Strömen schenken die meisten Menschen bisher kaum Beachtung. Dabei sind sie nicht nur für unser biologisches Überleben essenziell und für das ganzer Ökosysteme. Sie haben auf ihre stille, stetige Weise auch einen mächtigen Einfluss auf unser gesellschaftliches Zusammenleben, auf unsere Geschichte und unsere Kultur. Kriege gehen auf sie zurück, ganze Nationen verdanken ihnen ihre Existenz, sie prägen unseren Alltag, unsere Sprache, unsere Lebenswelt, bringen Wohlstand für einige und anderen Vernichtung.

Und noch etwas macht sie interessant. Ständig werden sie vom Leben verbraucht. Doch obwohl sie knapp sind, gehen sie niemals aus. Das ist kein billiger Taschenspielertrick der Erde, das hat System. Ein System, von dem wir uns eine Menge abgucken können. Ein Kreis mag nichts weiter sein als eine Abstraktion. Doch eine nützliche. Und die Kreislaufwirtschaft der Erde ist ein mehr als nützliches Vorbild dafür, wie wir unsere eigene Zukunft erhalten können.

Die drei Elemente, einmal in Bewegung gesetzt, entfalten gewaltige Kräfte, die Erde zu gestalten. Als diejenigen, die sie zunehmend in Bewegung setzen, übernehmen wir damit eine große Verantwortung. Allein deswegen lohnt es sich, sich näher mit ihnen zu befassen.

Den verschlungenen Strömen von Stickstoff, Phosphor und Kalium um die Erde zu folgen ist nicht immer ganz einfach. Aber das macht nichts.

Wir machen es wie beim Riesenrad auf dem Rummelplatz: Wir steigen an der Basis ein, beim Ursprung ihrer Kräfte. Wir sehen, wie die drei nicht nur unser Herz betreiben, sondern alles Leben auf der Erde. Und auch, dass sie nicht nur nähren, sondern auch zerstören können. Und wir lernen, dass sie Gesetzen folgen, denen auch wir unterliegen, sosehr wir uns auch mühen, sie zu beugen. Dabei tritt am Anfang der Stickstoff in den Vordergrund, weil er chemisch und historisch oft der erste ist. Doch keiner der drei wirkt jemals allein. Sie alle sind unersetzlich.

Dann beginnt die Rundfahrt. Wir steigen auf mit unserem

Riesenrad, der Blick weitet sich, und wir schauen in die Geschichte. Wir sehen, was die Menschen alles darangesetzt haben, um die essenziellen Substanzen zu erlangen. Wir sehen, welche Folgen unsere Abhängigkeit von den drei Elementen hatte und noch immer hat. Und wie wir sie noch verstärkt haben, indem wir aus den lebensnotwendigen Nährstoffen weltweit gehandelte Rohstoffe gemacht haben, die bis heute nicht nur unsere Wirt- und Landschaft mitbestimmen, sondern auch unser gesellschaftliches Zusammenleben und unsere Kultur. Wir sehen, welchen Gewinn diese Rohstoffe uns gebracht haben, aber auch, welchen Schaden ihre Gewinnung mit sich bringt.

Im dritten Teil wird das ganze Ausmaß der Folgen unseres Nährstoffkonsums sichtbar. Es trifft den ganzen Planeten. Die gigantischen Ströme vor allem an Stickstoff und Phosphor, die wir in Bewegung gesetzt haben, um immer mehr Menschen zu ernähren, drohen, das System Erde an seine Grenzen zu bringen. Vor allem im Wasser, aber auch zu Lande und in der Luft. Wir haben aus den Nährstoffen Schadstoffe gemacht.

In Teil vier wenden wir uns wieder dem Boden zu, denn dort erwartet uns eine Vielzahl möglicher Lösungen. Hier unten werden Stickstoff, Phosphor und Kalium zu Wertstoffen, die wir zwar nutzen, aber nicht verbrauchen wollen. Eine solche regenerative Kreislaufwirtschaft ist möglich. Das macht uns die Erde seit vielen Millionen Jahren vor. Es wird allerdings nicht reichen, sich nur ein paar Kniffe abzugucken. Um dauerhaft im Erdsystem bestehen zu können, müssen wir uns ändern – und zwar sowohl unser Verhalten als auch den Blick auf unseren Platz in der Welt.

Die drei Elemente haben also viele Gesichter. Und mehr Macht über unser Leben, als die meisten von uns ihnen wohl zugestehen würden. Darin steckt eine Menge Zündstoff. Buchstäblich.

Interessiert? Na dann: Einsteigen bitte! Kommen Sie, sehen Sie, staunen Sie! Willkommen in der Welt von Stickstoff, Phosphor und Kalium.

Teil I
Nährstoff

In der großen Verkettung von Ursachen und Wirkungen darf kein Stoff, keine Thätigkeit isoliert betrachtet werden.
Alexander von Humboldt

Rohe Kräfte

Reiner Stickstoff ist ein farbloses, geruchloses, ungiftiges und reaktionsträges Gas. Beinahe langweilig. Und doch kann Stickstoff gewaltige Kräfte freisetzen. Am frühen Abend des 4. August 2020 tat er genau das. Auf katastrophale Weise, im Hafen der libanesischen Hauptstadt Beirut.

Dort war in einer Lagerhalle ein Feuer ausgebrochen, ausgelöst wahrscheinlich durch ein paar fliegende Funken bei Schweißarbeiten. Eingelagerte Feuerwerkskörper gerieten in Brand, das Feuer weitete sich aus, es gab eine erste Explosion, gefolgt von einer weit heftigeren zweiten. Videos zeigen, wie der Druck dieser Explosion eine gewaltige Kuppel aus Wassernebel aufwölbt, dann rast die Stoßwelle wie eine Wand aus komprimierter Luft über die Stadt hinweg. Ganze Quartiere wurden verwüstet, mehrere Krankenhäuser mussten schließen, ein Kreuzfahrtschiff kenterte. Über 200 Menschen starben, Tausende wurden verletzt, Hunderttausende obdachlos. Anstelle des Lagerhauses ist nur noch ein gefluteter Krater zu sehen.

An dem rotschwarzen Rauch über dem Hafen sahen Experten sofort: Das war Stickstoff. Genauer: Ammoniumnitrat, eine Stickstoffverbindung, die als Ausgangsmaterial für verschiedene Sprengstoffe dient, die vor allem im Bergbau gebraucht werden. Ammoniumnitrat ist an sich relativ harmlos, doch in Kombination mit einem Brennstoff und wenn es großer Hitze oder Druck ausgesetzt ist, kann es explodieren. Schwere Industrieunfälle in den USA und auch in China gehen auf Ammoniumnitrat zurück. Deswegen müssen bei der Lagerung normalerweise strenge Sicherheitsvorschriften beachtet werden. Doch das Ammoniumnitrat in Beirut war dort nie für eine Einlagerung vorgesehen.

Die Chemikalie kam ursprünglich aus Georgien und sollte an eine Sprengstofffabrik in Mozambik geliefert werden.[1] Aus finanziellen Gründen entschied der russische Eigner jedoch, dass das Frachtschiff einen Zwischenstopp in Beirut einlegen sollte, um zusätzliche Ladung aufzunehmen. Dort setzten die libanesischen Behörden das Schiff wegen technischer Mängel fest. Das war 2013. Wenig später wurde das Schiff von seinem Eigentümer aufgegeben, mitsamt seiner heiklen Fracht. Als die Crew von Bord ging, wurden die Säcke mit Ammoniumnitrat an Land gehievt und blieben dort jahrelang schlecht gesichert in einer Halle liegen. Das marode Schiff sank später an anderer Stelle im Hafen. Viele Libanesinnen und Libanesen sahen in der Explosion das tragische Resultat von jahrzehntelanger Korruption und Misswirtschaft in ihrem Land und gingen voller Wut auf die Straße. Wenige Tage später trat die Regierung zurück. Stickstoff kann also als träges Gas in der Luft herumhängen. Oder er kann in wenigen Sekunden die Geschichte eines Landes verändern.

Und in einigen Jahrzehnten die Geschichte der ganzen Menschheit. Ausgerechnet am markantesten Wahrzeichen der Katastrophe in Beirut, an den hoch aufragenden Türmen des zentralen Getreidespeichers gleich neben dem Krater im Hafen, zeigt sich die eigentliche Gestaltungsmacht von Stickstoff. Denn dort, am Fuß der aufgerissenen Zylinder aus Stahlbeton schwelen und rotten wie ausgespien Berge aus Weizen und Mais. Diese Massen an Getreide würde es ohne Stickstoff nicht geben. Bei aller Sprengkraft, die im Stickstoff schlummert –

seine wahre Superkraft liegt nicht darin, Leben zu vernichten. Sondern darin, es wachsen zu lassen.

Phosphor und Kalium führen ein ähnliches Doppelleben. Auch sie können mächtige zerstörerische Kräfte freisetzen, im Schießpulver etwa, oder in den verheerenden Phosphorbomben, die im Zweiten Weltkrieg ganze Städte verwüstet haben und die trotz internationaler Abkommen noch immer eingesetzt werden. Doch auch sie sind gleichzeitig unersetzlich für alles Leben auf der Erde. Und obwohl die drei Elemente so ein formidables *Trio infernale* abgeben, ist es diese, ihre nährende Kraft, die die Geschicke der Menschheit weit mehr bestimmt, als die meisten Menschen das wohl erwarten würden.

Der Getreidespeicher im Hafen von Beirut fasste in intaktem Zustand rund 100 000 Tonnen. Diese Größe war notwendig, um die regelmäßigen Getreideimporte aufzunehmen, ohne die das Land seine Menschen nicht ernähren kann. Die Mengen an Weizen, Gerste und Mais, die notwendig sind, um diesen und zahllose vergleichbare Speicher in den Häfen der Welt zu füllen, sind ohne Dünger nicht denkbar. Und in diesem Dünger sind Stickstoff, Phosphor und Kalium die wichtigsten Elemente. Die drei werden oft in einem Atemzug genannt, oft in der Kurzformel NPK, zusammengesetzt aus den chemischen Zeichen für Stickstoff (N), Phosphor (P) und Kalium (K). Gemeinsam bildet dieses elementare Dreigespann eine der entscheidenden Grundlagen für die Ernährung der Welt.

Das ist an sich keine neue Entwicklung. Die drei Elemente sind wesentlicher Bestandteil allen Lebens auf der Erde, und wir haben sie schon immer über die Nahrung aufgenommen. Doch dass Menschen die globalen Ströme von Stickstoff, Phosphor und Kalium gezielt manipulieren, um Nahrung zu erzeugen, das ist eine Neuerung aus den letzten 12 000 Jahren, als die

Menschen anfingen, sesshaft zu werden und Landwirtschaft zu betreiben. Um zu verstehen, warum das ohne Dünger nicht geht, müssen wir uns vorübergehend von den Menschen ab- und den Pflanzen zuwenden.

Nahrung für alle

Pflanzen sind etwas Besonderes. Anders als die meisten anderen Lebewesen können sie die Energie des Sonnenlichts einfangen und mit Wasser aus der Erde und Kohlendioxid aus der Luft in feste Masse umwandeln. Essbare Masse. Damit sind sie die Grundlage fast aller Nahrungsnetze auf dem Planeten. Auch unserer. Doch sie könnten das nicht ohne Stickstoff, Phosphor und Kalium. Natürlich haben sie keinen Pulsschlag und auch keine Nerven oder Knochen, in denen die drei Elemente zum Einsatz kommen könnten. Dafür sind sie grün. Die meisten jedenfalls. Und damit fängt es an.

Pflanzen (wie auch einige Bakterien und Algen) sind grün, weil sie den Farbstoff Chlorophyll enthalten. Das Chlorophyll dient dazu, die Sonnenenergie einzufangen, und ein zentraler Baustein von Chlorophyll ist Stickstoff. Genügend Stickstoff heißt mehr Chlorophyll, heißt mehr Energie, heißt mehr Grün. Oft sieht man den Pflanzen direkt an, wie gut ihre Stickstoffversorgung gerade ist.

Und noch an anderer Stelle im komplexen Spiel der Photosynthese ist Stickstoff essenziell: in einem Enzym mit dem großen Namen Ribulose-1,5-bisphosphat-carboxylase/-oxygenase, besser bekannt als RuBisCo oder einfach Rubisco. Enzyme sind wichtige chemische Werkzeuge im Stoffwechsel. Sie bestehen aus Proteinen, und Proteine enthalten Stickstoff. Es gibt Tausende Enzyme in jeder Pflanze, die Tausende von Reaktionen in der Sekunde in Gang setzen. Unter ihnen hat Rubisco eine Schlüsselrolle. Es steht sozusagen an der Schwelle von der anorganischen zur organischen Welt, indem es hilft, das Kohlendioxid aus der Luft aufzubrechen, sodass der darin enthaltene Kohlenstoff weiter zu Zucker verarbeitet und in der Pflanze verbaut werden kann. An Rubisco kommt keiner vorbei. Seine Reaktionen sind das Nadelöhr der Photosynthese. Doch Rubisco ist weder schnell noch präzise. Im Gegenteil. Es ist langsam und tüdelig.[2] Entsprechend schlecht ist sein Ruf. Selbst unter seriösen Wissenschaftlerinnen und Wissenschaftlern fallen Ausdrücke wie »Faulpelz« und »Trantüte«, wenn von Rubisco die Rede ist. Um dieses Maß an Inkompetenz einigermaßen auszugleichen, produzieren Pflanzen Rubisco en masse. Es ist wahrscheinlich das mengenmäßig häufigste Enzym der Erde. In vielen Pflanzenblättern macht es nahezu die Hälfte des gesamten Proteingehalts aus. Entsprechend viel Stickstoff brauchen die Pflanzen für seine Produktion.[3]

Stickstoff steckt noch in vielen anderen wichtigen Verbindungen im Pflanzenleben, nicht zuletzt im Erbmaterial der DNA. Dort hat auch Phosphor eine wichtige Funktion, denn durch seine chemischen Eigenschaften ist er in der Lage, besonders stabile Verbindungen zwischen den DNA-Bausteinen zu knüpfen und so das biologische »Gedächtnis« eines Organismus vor dem Verlust zu bewahren. Ohne eine stabile DNA würden die Zellen in eine »biochemische Amnesie« verfallen und »wüssten« nicht mehr, wie sie Enzyme und alles andere herstellen sollen oder was sie sonst noch zu tun haben.[4] Phosphor ist außerdem ein wichtiger Bestandteil der Zellmembranen, die das Innere der Zelle vom Äußeren trennen. Und wie Ihre Herzzellen können auch Pflanzenzellen ohne das Energiespeicher-

Molekül Adenosintriphosphat (ATP) nicht arbeiten. Auch Phosphor ist daher für das Pflanzenwachstum unerlässlich.

Kalium dagegen wird nicht direkt beim Aufbau neuer Pflanzenteile verwendet. Stattdessen reguliert es unter anderem den Wasserhaushalt der Pflanze. Eine hohe Kaliumkonzentration in den Zellen führt dazu, dass eine Pflanze viel Wasser aufnimmt. Im Leitungssystem der Pflanzen hat das zum Beispiel Einfluss auf den Wurzeldruck, der dafür sorgt, dass der Pflanzensaft mitsamt den Nährstoffen aus dem Boden nach oben strömen und die Pflanze versorgen kann. Auch in den Blättern steigt mit dem Kaliumgehalt der Druck, der sogenannte Turgor, über den die Pflanze unter anderem das Öffnen und Schließen der Blattporen steuert, durch die das Kohlendioxid überhaupt erst in die Pflanze hineinkommt (um dann von Rubisco zerlegt zu werden).

Die Elemente sind also schwer beschäftigt in der Pflanze und werden dringend gebraucht. Die Versorgung mit diesen Nährstoffen regeln Pflanzen normalerweise selbst, indem sie da sterben und verrotten, wo sie gewachsen sind, und ihre Nährstoffe so an den Boden zurückgeben zum weiteren Gebrauch für die Nachbarn und indem sie das nutzen, was auf anderen Wegen, etwa durch Verwitterung oder durch andere Lebewesen, in den Boden an ihrem Standort eingetragen wird. Und wenn das nicht reicht, dann wachsen sie eben nicht.

Landwirtschaft läuft anders. Wenn man Pflanzen anbaut, um sie anderswo zu verzehren, dann führt das dazu, dass dem Boden Nährstoffe entzogen werden. Wenn man außerdem den Boden umgräbt, etwa um neue Pflanzen zu pflanzen, wird der Humus, der organische Anteil des Bodens, in dem die meisten Nährstoffe sitzen, schneller abgebaut, und die Nährstoffe schwinden. Jede Form von Landwirtschaft muss also Wege finden, die Nährstoffbestände im Boden wieder aufzufüllen.

Dung und Dünger

Diese Erfahrung machten schon die ersten Landwirtinnen und Landwirte, die es je gab. Sie lösten das Problem, indem sie nach ein paar Ernten einfach weiterzogen und an anderer Stelle neues Land umbrachen und sich so ein neues Nährstoffreservoir erschlossen. Oft brannten sie Flächen nieder, und mit der Asche kamen eine Zeit lang zusätzliche Nährstoffe ins System.

Andere frühe Bauern ließen sich die Nährstoffe bringen, etwa indem sie sich in den Überschwemmungsgebieten von Flüssen niederließen, wo Hochwasser immer wieder nährstoffreichen neuen Schlamm heranspülten.[5] Doch Verbrennen und Weiterziehen ist beschwerlich und verbraucht große Flächen, und Schwemmlandschaften sind begrenzt. Die meisten traditionellen Landwirtschaften setzten daher auf irgendeine Form des Recyclings von organischem Material.

Das Naheliegendste war es natürlich, Ernteabfälle wie Halme und Spelzen gleich wieder aufs Feld zu schaffen und in den Boden einzuarbeiten. Doch das ist mühsame Arbeit (besonders zu einer Zeit, als der Pflug noch nicht erfunden war). Vor allem aber war das Stroh ein wichtiger Rohstoff für eine ganze Reihe konkurrierender Zwecke, etwa als Baumaterial, Brennstoff oder Tierfutter, und damit eigentlich zu wertvoll, um es einfach wieder aufs Feld zu geben. Das gilt für viele kleinbäuerliche Betriebe bis heute.

Eine weitere wichtige Nährstoffquelle war Dung, und zwar sowohl der von Tieren als auch der von Menschen. Im Tierdung wird ein Teil der Nährstoffe aus dem Stroh und aus allem anderen, was die Tiere gefressen haben, aufkonzentriert und kann in vergleichsweise kompakter Form wieder aufs Feld gebracht werden. Vor allem die »Waldweide«, bei der Kühe oder Schweine tagsüber mehr oder weniger frei im Wald unterwegs waren und nur nachts eingehegt wurden, war eine gute Methode, Nährstoffe aus der Umgebung »einzusammeln«. Mist als Düngemittel ist schon bei den alten Griechen beschrieben, und im alten Rom schätzte man schon vor rund 2000 Jahren Hühnerkot als den überlegenen Dünger gegenüber allem anderen Mist.[6] Jeder Güllesprenger, hinter dem Sie auf der Landstraße herschleichen, ist also die Fortsetzung einer jahrtausendealten Recyclingkultur.

Ideal ist diese Form der Düngung allerdings auch nicht. Der Transport vom Ort der Tierhaltung aufs Feld ist aufwendig und ineffizient, denn ein Großteil der Masse, die transportiert werden muss, ist nicht Dünger, sondern Wasser. Das gilt vor allem, wenn wie im Fall der Gülle der Urin mit gesammelt und ausgebracht wird. Auch geht ein beträchtlicher Teil der Düngewirkung unterwegs verloren, weil sich die Nährstoffe zum Teil in die Luft verflüchtigen oder aus dem Boden ausgewaschen werden, bevor sie von den Pflanzen auf dem Acker aufgenommen werden.

Menschlicher Dung und Urin sind ebenfalls sehr reich an Nährstoffen, denn wie alle Tiere scheiden auch wir einen Großteil der mit der Nahrung aufgenommenen Nährstoffe gleich wieder aus. So finden sich zum Beispiel bei Erwachsenen 75 bis 90 Prozent der täglich aufgenommenen Stickstoffmenge direkt im Urin wieder.[7]

In China und auch in Japan gab es daher noch bis weit ins 20. Jahrhundert hinein die Tradition, die menschlichen Exkremente in den Städten einzusammeln und auf den umliegenden

Feldern auszubringen, die sogenannte »Nachterde«, ein schöner Name für ein vielleicht nicht ganz so schönes, aber doch sehr wertgeschätztes Produkt. Doch obwohl in China in einigen Regionen bis zu 80 Prozent aller menschlichen Exkremente recycelt wurden, war die Ausbeute an Nährstoffen begrenzt. Der kanadische Umweltwissenschaftler Vaclav Smil, der viele Nährstoffströme untersucht hat, schätzt die Menge an Stickstoff, die auf diesem Weg auf die Felder kam, auf etwa 20 Kilogramm pro Hektar. Zu wenig, um eine ständig wachsende Bevölkerung zu ernähren.[8]

Neben Ernteabfällen, Mist und Urin wurden überall auf der Welt noch viele andere organische Materialien recycelt: Rückstände aus Ölpressen, Kompost aus Markt- und Küchenabfällen, Schlamm aus Gräben, Teichen und Kanälen, alte Knochen und Abfälle aus dem Schlachthaus und alle möglichen anderen Stoffe, in denen sich Stickstoff, Phosphor und Kalium sammelten. Oft war der Nährstoffgehalt gar nicht besonders hoch – doch jeder Krümel, der half, die Fruchtbarkeit der Böden zu erhalten, war kostbar und eine Menge extra Arbeit wert. Dünger hatte man nie genug.

Wenn Recycling nicht mehr ausreicht, muss man neue Nährstoffquellen finden. Eine der wirkungsvollsten in der Geschichte war der Anbau von Hülsenfrüchtlern, den sogenannten Leguminosen. Zu dieser artenreichen Pflanzenfamilie gehören nicht nur Erbsen, Linsen und Bohnen, sondern auch Kichererbsen, Soja, Lupinen, Luzerne, Wicken und Klee. Die Wissenschaftsjournalistin Anne Preger berichtet, dass Bäuerinnen und Bauern in China schon vor mindestens 2500 Jahren Leguminosen pflanzten, um ihre Böden fruchtbarer zu machen.[9] Die Methode war so wirkungsvoll, dass sie von vielen ansonsten durchaus unterschiedlichen Kulturen auf vier Kontinenten unabhängig voneinander in verschiedenen Varianten entwickelt wurde.[10] Mal wurden die eiweißreichen Hülsenfrüchte als Tierfutter genutzt, mal für den menschlichen Verzehr, mal als Untersaat gepflanzt, gemischt mit anderen Kulturen, mal als Teil einer Fruchtfolge im Wechsel mit Getreide.

In Deutschland machten im 17. und 18. Jahrhundert vor allem Klee und Luzerne einen Unterschied, auch dank des rastlosen Einsatzes zweier »Klee-Influencer«, wie Preger schreibt: Dem Pastor Philipp Ernst Lüders in Schleswig-Holstein und dem Schreiber Johann Christian Schubart in Sachsen-Anhalt, der später für seine Aufklärungsarbeit sogar geadelt wurde und fortan den Namenszusatz »Edler von dem Kleefelde« tragen durfte. Beide suchten nach Wegen, die Situation der Bauernfamilien zu verbessern, von denen viele damals in großer Armut lebten. Durch den Anbau von Klee als Zwischenfrucht konnten die Bauern ihre Erträge in kurzer Zeit deutlich steigern. »Wer früher sieben elende Kühe hielt, hatte nun zwölf bis vierzehn Kühe und jede von ihnen gab mehr Milch als man ehemals von zweien erhielt«, zitiert Preger aus einem dankbaren Nachruf für den Pastor.[11]

Auch in England trugen die Leguminosen wesentlich dazu bei, die landwirtschaftliche Produktion zu steigern. Dort nahmen zwischen den Jahren 1300 und 1800 die Ernteerträge von Weizen um gut zwei Drittel zu, die von Gerste und Hafer sogar noch etwas mehr. Ein Wissenschaftler aus Oxford schätzte 2008 in einer Studie ab, dass etwa die Hälfte dieser Zuwächse auf den Anbau von Hülsenfrüchtlern zurückzuführen ist.[12] Damit verbesserten die Leguminosen nicht nur die Versorgung der Landbevölkerung. Sie bereiteten auch den Boden für die industrielle Revolution, die in der zweiten Hälfte des 18. Jahrhunderts in den Städten Englands ihren Anfang nahm. Denn die zusätzlichen Erträge setzten nicht nur die notwendigen Arbeitskräfte auf den Höfen frei, die dann in die Städte ziehen konnten. Sie sorgten auch dafür, dass diese vielen neuen Arbeiterinnen und Arbeiter in den Städten ernährt werden konnten. Der Historiker G. P. H. Chorley schlussfolgert deswegen sogar, dass die innovative Wirkung der Gründüngung durch Hülsenfrüchte durchaus mit der der Dampfmaschine zu vergleichen sei.[13]

Doch obwohl man die Leguminosen seit Jahrtausenden erfolgreich zu nutzen wusste – der Grund für ihre gute Düngewirkung blieb lange Zeit ein Rätsel. Erst Ende des 19. Jahrhunderts fand die Wissenschaft die Antwort. Und sie ist winzig.

Die erste Erkenntnis war, dass Hülsenfrüchte den Boden mit Stickstoff anreichern, statt ihm das wertvolle Nährelement zu entziehen, wie es alle anderen Pflanzen tun. Das heißt, die Leguminosen mussten Zugriff auf eine andere Stickstoffquelle haben. Dafür kam nur der Stickstoff aus der Luft infrage. Doch wie war das möglich? Für eine Stickstoffgewinnung aus der Atmosphäre sind Pflanzen normalerweise nicht ausgestattet. Leguminosen schon. Genauer: Sie haben sich Helfer gesucht, die den Stickstoff für sie aus der Atmosphäre fischen und in den Boden ziehen können. Diese Helfer sitzen in kleinen Knöllchen im Wurzelwerk der Pflanzen. Es sind spezielle Bakterien, sogenannte Rhizobien oder »Knöllchenbakterien«, mit denen die Hülsenfrüchte in einer sehr fruchtbaren Symbiose leben. Anders als ihre pflanzlichen Partner können die Bakterien Nitrogenase herstellen, ein Enzym, das den Luftstickstoff knacken kann. Das kostet die Bakterien zwar einiges an Energie, aber im Gegenzug bekommen sie wasserlösliche Kohlenhydrate und Zucker als Nahrung von der Pflanze, und das ist für beide Seiten offenbar ein gutes Arrangement. Von dem nun auch der Mensch profitiert. Besonders gute Stickstoffsammler sind die

Rhizobien von Klee und Luzerne. Der Umweltwissenschaftler Smil schätzt, dass ihr Anbau in der vorindustriellen Landwirtschaft mindestens 100 bis 150 Kilogramm Stickstoff pro Hektar zusätzlich aufs Feld brachte.[14] Das ist mehr als das Fünffache von dem, was man mit Dung als Dünger bewirken konnte.

Es gab also große Fortschritte im Nährstoffmanagement. Die Erträge stiegen und damit auch die Zahl an Menschen, die ein Stück Ackerland ernähren konnte. Laut Smil wurden beim Wanderfeldbau, bei dem Menschen die Versorgung mit Nährstoffen nur in sehr geringem Maß beeinflussten, nur etwa 0,1 bis 0,6 Menschen von den Erträgen auf einem Hektar Land satt. Um einen ganzen Menschen ausreichend zu versorgen, waren unter dieser Bewirtschaftung also große Flächen notwendig. Dagegen schafften es die produktivsten traditionellen Landwirtschaftssysteme, in denen mehr als drei Viertel des Stickstoffbedarfs von den Menschen bereitgestellt wurden, pro Hektar mehr als zehn Menschen zu ernähren. In Regionen mit weniger günstigen Klimaten waren es immerhin noch fünf.[15] Das sind beachtliche Erfolge. Doch der Dünger reichte noch immer nicht.

Das Gesetz des Minimums

Im 19. Jahrhundert stießen die traditionellen Methoden, Nährstoffe herbeizuschaffen, an ihre Grenzen. Waldweiden und andere Flächen, die sich als Viehweide und damit als Nährstoffsammelplatz nutzen ließen, wurden immer knapper. Die intensive Nutzung menschlicher Fäkalien brachte immer stärkere gesundheitliche Belastungen mit sich, vor allem durch Parasiten wie Spul- oder Hakenwürmer. Und die Hülsenfrüchtler waren zwar wegen ihrer Düngewirkung willkommen, doch ihr Ertrag ist relativ gering. Und wenn sich auf derselben Fläche ein Vielfaches an Getreide gewinnen ließ, dann gab man diesem meist den Vorzug. Auch sind Hülsenfrüchte oft aufwendig in der Verarbeitung, sodass der Konsum zurückging, sobald andere, weniger umständliche Feldfrüchte zur Verfügung standen. All diese Entwicklungen machten deutlich: Die traditionellen Methoden der Nährstoffgewinnung und -rückgewinnung aus den eigenen Flächen heraus waren ausgereizt. Gleichzeitig wuchs die Bevölkerung in Europa rasant und deutlich schneller als die Erträge auf den Äckern.[16] Viele Menschen hungerten, und die Frage der Bodenfruchtbarkeit beschäftigte nicht länger nur Bäuerinnen und Bauern, sondern zunehmend auch die Wissenschaft.

Auch der junge Philipp Carl Sprengel sah es als seine wichtigste Aufgabe, die Fruchtbarkeit der Ackerböden zu erhalten. Sprengel kam selbst vom Land, von einem Hof im kleinen Schillerslage bei Hannover.[17] Schon mit fünfzehn Jahren begann er im nahen Celle an der Akademie von Albrecht Thaer, einem der bedeutendsten Agrarwissenschaftler seiner Zeit, zu studieren. Danach sammelte er als Berater auf großen Gütern in Sachsen, Thüringen und in Schlesien im heutigen Polen umfassende praktische Erfahrung mit verschiedenen Bodenbeschaffenheiten, Klimaten und Fruchtfolgen. Als Sprengel schließlich 1821 sein Studium der Naturwissenschaft an der Universität Göttingen aufnahm, galt er bereits als einer der erfahrensten und kundigsten Agronomen im Land. 1823 promovierte er in Chemie. 1826 widerlegte er die damals vorherrschende »Humustheorie« der Pflanzenernährung, im Widerspruch zu seinem Mentor Thaer, der einer ihrer prominentesten Verfechter war.

Nach dieser »Theorie« galt damals Humus als der Hauptnährstoff der Pflanzen, vor allem als Quelle für Kohlenstoff. Außerdem nahm man an, dass die Pflanzen eine besondere innere »Lebenskraft« hätten, mit der sie weitere wichtige Bausteine wie zum Beispiel Kalium selbst herstellen konnten. Doch mit seinen Experimenten an verschiedenen Humus-Extrakten wies Sprengel nach: Nicht der Humus ernährt die Pflanzen, sondern anorganische Salze wie Nitrate, Sulfate, Chloride und Phosphate, die im Humus lagern. Pflanzen brauchen daher auch keine besondere »Lebenskraft«, sondern ziehen sich die notwendigen Mineralstoffe aus dem Boden und den Kohlenstoff aus der Luft. Heute wissen wir, dass die organischen Verbindungen im Humus durchaus wichtige Funktionen haben. Aber Nährstoffe sind sie nicht. Die Nährstoffe sind anorganisch.

Für Sprengel war sofort klar, dass diese Erkenntnisse radikal neue Möglichkeiten der Düngung eröffneten.[18] In einer Welt mit einer hungrigen und schnell wachsenden Bevölkerung konnte seine Mineralstofftheorie für viele Menschen die Rettung bedeuten. Doch in den 1820er- und frühen 1830er-Jahren, als er seine Erkenntnisse veröffentlichte, fanden sie in der breiteren landwirtschaftlichen Community wenig Resonanz.

Etwa zur gleichen Zeit war ein junger Chemieprofessor in Gießen dabei, systematisch Hunderte von Pflanzen und Pflanzenteilen und viele Organe von Tieren zu verbrennen und die Aschen auf ihre Bestandteile zu untersuchen. Der junge Mann hieß Justus Liebig (damals noch ohne »von«). Als Sohn eines »Handelsmannes« kam er aus eher kleinen Verhältnissen. Das Gymnasium verließ er ohne Abschluss, und auch seine Apothekerlehre brach er ab, wahrscheinlich, weil sein Vater das Lehrgeld nicht aufbringen konnte.[19] Stattdessen half Justus im Laden, wo er unter anderem einfache Chemikalien wie Lacke und Firnisse verkaufte, die der Vater in einem kleinen Labor und im Hof seines Hauses herstellte. Zu ihren Kunden gehörte ein Chemieprofessor, der sich schließlich bereitfand, den jungen Liebig zunächst als »Famulus« in seinem Labor assistieren zu lassen, und ihm später zu einem ordentlichen Studienplatz an der Universität Bonn verhalf.

Justus Liebig erwies sich als begabter und ausgesprochen vielseitiger Chemiker. Im Laufe seiner Forschungen entwickelte er eine Reihe von neuen, hochpräzisen Messgeräten und legte so die Basis für eine neue Epoche der organischen Chemie. Wie Sprengel kam auch Liebig in seinen Analysen zu dem Schluss, dass »Mineralsubstanzen«, also Kohlensäure, Wasser, Ammoniak, sowie »Phosphorsäure, Schwefelsäure, die Alkalien, Kalk-, Bittererde, Eisen« und einige weitere die »Nahrungsmittel« der Pflanze seien.[20] Und nicht Humus. Als er dies erkannte, war Liebig bereits ein weltbekannter Wissenschaftler mit einer langen Liste viel beachteter Publikationen. Sein erstes Buch über die »Agriculturchemie« erschien 1840. Es wurde sofort zu einem internationalen Bestseller mit über zwanzig Auflagen in nur wenigen Jahren.[21]

Warum Liebigs Buch solche Aufmerksamkeit fand, Sprengels frühere Erkenntnisse aber nicht, ist schwer nachzuvollziehen. Liebig war ein anderer Typ als Sprengel, prominent und streitbar, ein energischer und lebhafter Redner. Und wahrscheinlich war zur Mitte des Jahrhunderts auch der Druck auf die Landwirtschaft noch größer, endlich neue Wege zu finden, um die immer weiter wachsende Bevölkerung zu ernähren. Sprengel protestierte, weil Liebig seine Arbeit nicht angemessen im Buch zitierte. Doch vergebens. 1845 wurde Liebig für seine Verdienste in dem neuen Feld der Agrarchemie geadelt. Sprengels Pionierleistung dagegen geriet für viele Jahre in Vergessenheit.

Eine wichtige Erkenntnis, die ebenfalls oft mit Liebig verbunden wird, aber schon 1828 von Sprengel formuliert wurde, ist das sogenannte »Gesetz des Minimums«.[22] Liebig hat es bekannt gemacht und erweitert, und es ist die entscheidende Grundregel für den Düngeerfolg auf dem Acker. Es besagt in etwa Folgendes: Für ein optimales Wachstum muss eine Pflanze ausreichend mit Licht und mit allen notwendigen Nährstoffen versorgt werden. Mangelt es auch nur an einem, dann kann man von den anderen so viel zugeben, wie man will – die Pflanze wächst trotzdem nicht so gut, wie sie könnte. Wie gut eine Pflanze wächst, entscheidet sich also an der Ressource, die bezogen auf den Bedarf der Pflanze gerade am knappsten ist, im Minimum eben. Dieser »limitierende Faktor« kann ein Nährstoff sein, aber auch Wasser oder Licht. In den Worten Sprengels: »Wenn eine Pflanze 12 Stoffe zu ihrer Ausbildung bedarf, so wird sie nimmer aufkommen, wenn nur ein einziger an dieser Zahl fehlt, und stets kümmerlich wird sie wachsen, wenn einer derselben nicht in derjenigen Menge vorhanden ist, als es die Natur der Pflanze erheischt.«[23] Die Pflanzenernährung ist also wie eine Kette, und die jeweils knappste »Zutat« ist wie das schwächste Glied. Fehlt eines, bremst alles.

Dieses neue Wissen – die Mineralstofftheorie und das Gesetz des Minimums – eröffnete einen ganz neuen Blick auf die ewige Düngerfrage. Wenn man weiß, welche Mineralstoffe die Pflanze zum Wachsen braucht, dann ist es egal, woher die Nährstoffe kommen. Man muss nur genügend davon beschaffen. Und plötzlich rückten bis dahin eher obskure Substanzen in den Blick, aus bis dahin, zumindest für Europäer, eher obskuren Ecken der Welt. Zum Beispiel aus den trockenen Küstenregionen Südamerikas.

Teil 2
Rohstoff

Seid ihr bereit, und um den Preis welchen Opfers,
gut miteinander zu leben?
Bruno Latour

Nährstoffe aus Übersee

Kurz bevor Liebig geboren wurde, erreichte im Jahr 1802 sein künftiger Forscherkollege Alexander von Humboldt nach einem beschwerlichen Abstieg von den Anden die Westküste Perus. Nahe der Hauptstadt Lima, wo er sich aufhielt, um einige astronomische Messungen vorzunehmen, stach ihm im Hafen von Callao der beißende Geruch von Ammoniak in die Nase, der von einigen Frachtkähnen herüberwehte. *Huanu* nannten die Einheimischen die gelblich braune Substanz, die sie weiter südlich auf Vogelinseln vor der Küste abgruben.[1] Einhellig lobten sie ihre ausgezeichnete Düngewirkung und die guten Geschäfte, die sie damit entlang der Küste machten. Humboldt nahm eine Probe mit und ließ sie, kaum dass er 1804 zurück war in Europa, von Chemikern seines Vertrauens analysieren.[2]

Der *Huanu* von den peruanischen Inseln verdankt seine Existenz einer besonderen Fügung von Umständen. Die Inseln liegen in einer Meeresregion mit ungewöhnlich nährstoffreicher Strömung, die sehr viele Fische satt macht, die ihrerseits sehr viele Seevögel ernähren. Diese siedeln in großen Kolonien auf den Inseln und produzieren große Mengen Exkrement. Und weil das Klima in der Gegend äußerst trocken ist, werden die Nährstoffe nicht ausgewaschen, sondern reichern sich auf den Inseln an. Das Prinzip ist also ähnlich wie bei der traditionellen Waldweide, nur dass es eben nicht Kühe sind, die Gras fressen, sondern Vögel, die die Nährstoffe aus der Umwelt in Form von Fischen einsammeln und als Konzentrat nutzbar machen.

Humboldts Experten in Europa kamen schnell zu dem

Schluss, dass dieser »Guano«, wie sie den fremden Stoff nannten, zu einem Viertel aus Harnsäure bestand und damit ungewöhnlich viel Stickstoff enthielt. Auch der Anteil an Phosphor war hoch. Wenn diese seltsame Substanz die kargen Küsten Perus erblühen lassen konnte, vielleicht konnte sie dann auch ausgelaugte Böden in anderen Teilen der Welt wiederbeleben? Aus dieser Hoffnung heraus begann das, was der Umwelthistoriker Gregory Cushman das »Guano-Zeitalter« nennt, ein weltweiter und zeitweise höchst lukrativer Handel mit, nun ja, Vogelschiss.[3]

Bis der Guano-Boom so richtig in Schwung kam, vergingen allerdings einige Jahrzehnte. Der neue Dünger war im Vergleich zum heimischen Mist sehr teuer, und die Lieferzeiten waren lang. Die ersten Feldversuche in Europa scheiterten. Nach der Unabhängigkeit von Spanien Mitte der 1820er-Jahre wollte die neue peruanische Regierung die Wirtschaft fördern und sandte erneut Guanoproben nach Europa. 1840, im gleichen Jahr, als Liebig sein Buch von der »Agriculturchemie« veröffentlichte, gelang es dem peruanischen Geschäftsmann Francisco Quirós y Ampurdia, mit französischen Investoren, einem englischen Handelshaus und der peruanischen Regierung einen Deal zu schließen, der ihm die exklusiven Schürfrechte auf den Chincha-Inseln, dem reichhaltigsten Guano-Reservoir Perus, sicherte. Quirós wäre über diesem Geschäft beinahe bankrottgegangen.[4] Doch in neuerlichen Feldversuchen nicht nur auf den Britischen Inseln, sondern auch an klimatisch und landwirtschaftlich so unterschiedlichen Orten wie München, Massachusetts oder Mauritius soll Guano Ertragssteigerungen von 30 bis zu sagenhaften 300 Prozent gebracht haben.[5] Die Nachfrage schnellte nach oben, und Quirós und Konsorten wurden reich. Durch den Export von Nährstoffen wurde die bis dahin eher abseits liegende Region an der Westküste Südamerikas immer enger in das weltweite Handelssystem hineingezogen, mit weitreichenden Folgen für die peruanische Wirtschaft und Gesellschaft und für die Ökosysteme entlang der Küste. Mehr als die Hälfte der Einnahmen aus dem Guanohandel ging an den peruanischen Staat. Die Lizenzen für den Abbau wurden über Jahrzehnte die Haupteinnahmequelle für das Land. Viele einflussreiche Familien machten in dieser Zeit ihr Vermögen.[6] Sogar die Wurzeln der heutigen Umweltbewegung lassen sich auf den Guanohandel zurückführen.[7]

1841 lieferten 23 Schiffe 6300 Tonnen Guano nach England. Im selben Jahr kam auch die erste große Lieferung des »köstlichen Mittels«, wie Humboldt den stinkenden Vogelmist nannte, über England nach Deutschland.[8] Humboldt war mit seiner Begeisterung nicht allein. In der Zeitschrift *Die Gartenlaube* hieß es 1863 über den neuartigen Dünger: »Hätte einer unseren biederen ackerbautreibenden Altvordern gesagt ›Es wird eine Zeit kommen, wo der Bauer den besten Mist vom entgegengesetzten Ende der Erde, viele, viele Hundert Meilen über weite Meere her beziehen wird‹ – sie hätten ihn ausgelacht und die Richtigkeit in seinem Oberstübchen in Zweifel gezogen. Und doch ist diese Zeit gekommen, kein einsichtsvoller Landwirth lacht mehr über die Zumuthung, seine Felder mit antipodischem Dünger zu durchsetzen; der nimmer rastende menschliche Unternehmungsgeist hat das ehemals Unmögliche und Lächerliche möglich und vernünftig gemacht, tagtäglich sind viele mit Dünger schwerbelastete Schiffe auf hoher See, während der europäische Landmann mit kluger Berechnung den Mehrbetrag erwägt, den ihm das kostbare Düngmittel bei der nächsten Ernte verschaffen soll.«[9]

Hauptabnehmer für den antipodischen Dünger war England, gefolgt von Frankreich, Deutschland und Belgien. Parallel zu Sprengel und Liebig in Deutschland hatten auch andere europäische Wissenschaftler wie der französische Chemiker Jean-Baptiste Boussingault und die englischen Agrarwissenschaftler John Bennet Lawes und Joseph Henry Gilbert die Wirkung von Stickstoff, Phosphor und Kalium als Pflanzennährstoffe erforscht und waren zu ähnlichen Schlüssen über den Nutzen der Mineraldüngung gekommen. Die Nachfrage nach Guano stieg daher schnell. Im Jahr 1870 erreichte der Export sein Maximum mit 700 000 Tonnen.[10]

Doch der plötzliche Düngerreichtum währte nicht lange. Die enormen Gewinne, die der Guanohandel einbrachte, verführten dazu, möglichst viel von den Vorkommen auf den Inseln in möglichst kurzer Zeit abzubauen, ohne Rücksicht auf Menschen oder Vögel. Der Vogelkot lag knochenhart in meterdicken Schichten. Tausende chinesischer Arbeiter schufteten zwischen den stinkenden Bergen unter brutalen Bedingungen und gruben einen Rohstoff ab, der nicht so schnell nachwuchs.[11] Die Seevogelbestände gingen zurück und brachen schließlich zusammen, als zu der Zerstörung ihres Lebensraums auch noch Klimaschwankungen hinzukamen. Ausgerechnet Justus von Liebig, einer der »Väter« der Mineraldüngung, warnte schon in den 1850er-Jahren davor, dass die Guanovorräte bald erschöpft sein würden.[12] Die peruanische Regierung stellte die Inseln und ihre Seevögel schließlich unter Schutz, doch die Guanoproduktion erreichte nie wieder die Bedeutung, die sie im 19. Jahrhundert hatte.

Trotz seiner weithin guten Presse sollte man jedoch die absoluten Mengen an Guano, die tatsächlich auf den Feldern in Europa und Nordamerika landeten, nicht überbewerten, warnt der Umwelthistoriker Cushman.[13] Eine Untersuchung von landwirtschaftlichen Wirtschaftsbüchern in England zeige zum Beispiel, dass in der Zeit zwischen 1840 und 1879 nur ein Viertel der Landwirtschaftsbetriebe Guano zum Düngen benutzte. Es waren vor allem reiche Großgrundbesitzer, die in dieser Zeit mit allen möglichen Mitteln und Methoden experimentierten, um die Erträge ihrer Ländereien zu verbessern, und die ihre Erfolge laut herausposaunten.

Doch auch wenn die Mengen anfangs noch relativ gering waren, so veränderte Guano doch das landwirtschaftliche Denken von Grund auf. Bis zum »Guano-Zeitalter«, so schreibt Cushman, seien Landbesitz und Arbeitskräfte die Grundlage für Prestige und Wohlstand gewesen. Doch schon im 18. Jahrhundert wurden mit dem Abbau von Kohle, später Öl, Erdgas und Uran, große Mengen zusätzlicher Energie verfügbar, und die Arbeitskraft wurde frei für andere Tätigkeiten, zum Beispiel in der Fabrik. Mit der Entdeckung von Guano als Dünger wurde deutlich, dass man nicht nur Brennstoffe, sondern auch Nährstoffe aus anderen Teilen der Welt heranschaffen konnte, statt sie nur aus den eigenen Flächen heraus zurückzugewinnen. Die drohende Gefahr, eine wachsende Bevölkerung nicht mehr ernähren zu können, schien durch die neuen importierten Dünger gebannt – oder zumindest zeigten sie einen Weg. Doch sie verschoben auch den Schwerpunkt in der damaligen intensiven Landwirtschaft von der Idee der Bewahrung der Bodenfruchtbarkeit mit eigenen Mitteln hin zu einem System, das auf Durchsatz und Verbrauch basiert.[14] Die Wirkung dieses Wandels spüren wir bis heute. »Peruanischer Guano war der Einstieg in die Sucht der modernen Landwirtschaft nach Kunstdünger und anderen Inputs«, schreibt Cushman.[15]

Nährstoff aus der Wüste

Als die Guanoblase schließlich platzte, war der peruanische Staat hoch verschuldet. Seine Regierenden jedoch waren zunächst kaum besorgt. Denn der Vogelmist von den Inseln war nicht der einzige nährstoffhaltige Rohstoff, den das Land der Welt zu bieten hatte. Im Schatten der Geschäfte mit Humboldts »köstlichem Mittel« waren Kaufleute, Ingenieure und Tausende von Arbeitern dabei, ein neues und wesentlich ergiebigeres Nährstoffvorkommen zu erschließen. An einem Ort, den kaum jemand als Quell erdumspannender Fruchtbarkeit erwarten würde – im scheinbar grenzenlosen Ödland der Atacama.

Dort zieht sich über mehr als 700 Kilometer ein Band von flachen Nitratlagerstätten durch eine der trockensten Wüsten der Erde, von der Region Tarapacá im Norden bis auf die Höhe von Taltal südlich von Antofagasta. Das *Caliche*-Gestein, oder »Felsensalz«, enthält an einigen Orten bis zu 70 Prozent Nitrate, und auch weniger reiche Lagen boten mit 25 bis 50 Prozent Nitrat noch eine ergiebige Ausbeute.[16] Im nährstoffhungrigen 19. Jahrhundert war ein solcher Rohstoff für viele kostbarer als Gold.

Der Abbau nahm schnell an Fahrt auf. Zwischen 1850 und 1870 stieg der Export von Natriumnitrat aus der Atacama von etwa 30 000 Tonnen auf über 180 000 Tonnen pro Jahr.[17] In Bolivien, auf dessen Territorium ein großer Teil der Nitratvorkommen lag, versuchte die Regierung schon bald, sich über Steuern und Abgaben einen größeren Anteil an den Gewinnen zu sichern. Doch viele der Salzminen in der Wüste wurden von ausländischen Firmen betrieben, viele mit Sitz in Chile, oft mit britischen und anderen Teilhabern. Als die bolivianische Regierung 1879 schließlich versuchte, Anlagen des größten Minenbetreibers, der Compañía de Salitres y Ferrocarril de Antofagasta (CSFA), wegen angeblich nicht entrichteter Steuern zu beschlagnahmen, marschierten chilenische Soldaten im Nachbarland ein, um die Geschäftsinteressen der Kompanie zu schützen.[18] Bolivien war damals über einen Freundschaftsvertrag mit Peru verbündet, darum besetzte Chile auch gleich große Teile peruanischen Territoriums, inklusive der Chincha-Inseln mitsamt ihren Guanovorkommen und der Hauptstadt Lima. Der folgende Krieg um die Wüste und ihre Schätze wurde überwiegend auf See und sehr erbittert gefochten.[19] Er endete 1884 mit einem klaren Sieg für Chile. Peru musste die Region Tarapacá und einen Teil seiner Guanoerlöse abgeben. Bolivien verlor nicht nur seine gesamten Nitratvorkommen, der Krieg kostete das Land auch die Stadt Antofagasta und den direkten Zugang zum Meer. Chile dagegen gewann die alleinige Kontrolle über die größten natürlichen Lagerstätten von Natriumnitrat auf dem Planeten.[20] Der kostbare Rohstoff wird seitdem unter dem Namen Chilesalpeter gehandelt.

Ihre Größe und ihr hoher Stickstoffanteil machten die unwirtlichen Salpeterfelder in der Wüste zu einer begehrten und umkämpften Ressource. Doch wie sie eigentlich entstanden waren, blieb lange ein Rätsel. Hatte es in der Atacama einmal Wasser gegeben, und die Stickstofflager sind die Überreste einer verlorenen Pflanzenwelt? Oder war es auch hier der Vogelkot aus großen Kolonien, der in prähistorische Salzseen hineinsickerte? Die Antwort fanden Wissenschaftler erst im späten 20. Jahrhundert: Nicht das Vorhandensein von Wasser war es, das zu den Ablagerungen geführt hatte, sondern im Gegenteil: die ausgeprägte Trockenheit der Wüste.[21]

Die Atacama liegt tausend bis dreitausend Meter über dem Meeresspiegel auf einem Hochplateau im Regenschatten der

Cordillera de la Costa, dem Küstengebirge im Westen, und dem Andenmassiv im Osten. Niederschläge fallen im Schnitt nur alle drei bis vier Jahre, in einigen Regionen auch nur alle acht bis zehn. Unter diesem Regime können sich nur wenige stickstoffverzehrende Mikroorganismen und Pflanzen halten. Derweil lagern sich auch ohne Niederschläge ständig kleinste Mengen an Stickstoffverbindungen und andere Substanzen aus der Atmosphäre ab.[22] Normalerweise würden diese schnell wieder von Lebewesen aufgenommen. Wenn da aber keine sind, dann reichert sich der Stickstoff langsam an. Sehr langsam. Doch die Atacama ist nicht nur eine der trockensten Wüsten der Erde, sie ist auch eine der ältesten. Der Stickstoff hatte also Zeit. Mindestens fünfzehn Millionen Jahre, vielleicht sogar noch deutlich länger.[23] Da kommt einiges zusammen.

Der Abbau des Salpeters in dieser lebensfeindlichen Umwelt ist hart und gleichzeitig relativ einfach, denn das nitrathaltige *Caliche*-Gestein liegt nahe der Oberfläche unter einer losen Schicht Geröll, die leicht abgegraben oder gesprengt werden kann. Die rohen Brocken Felsensalz wurden in nahe gelegene Salpeterwerke geschafft, dort grob zermahlen und dann mit heißem Wasser versetzt, um die Salze auszulösen. Dann wurden sie an der Sonne getrocknet, in Säcke verpackt und in den Häfen in Iquique und Antofagasta verschifft.

Schon 1895 überstieg der Export eine Million Tonnen Salpeter pro Jahr, zehn Jahre später war es noch einmal die Hälfte mehr.[24] Und anders als in vielen anderen rohstoffreichen, aber wenig entwickelten Nationen blieb ein Gutteil der Gewinne im Land. Etwa die Hälfte der Produktionskosten für Chilesalpeter entfiel auf Steuern.[25] Mit den Exporten stiegen daher auch die Einnahmen für den chilenischen Staat. Und der investierte. In Telefonleitungen und Elektrizitätswerke, Straßen und Schulen,

Verwaltung und Militär. Die Salze aus der Wüste finanzierten Chiles Eintritt in die moderne Welt.[26]

Der größte Teil des geförderten Salpeters ging nach Europa und Nordamerika, die Säcke sorgfältig gestapelt in den Laderäumen Hunderter Schiffe. Zu den prächtigsten unter ihnen gehörten die Viermastbarken der Hamburger Reederei Laeisz, bekannt als die »Flying P-Liner«, weil alle ihre Namen mit dem Buchstaben P begannen und niemand die tückische Route um Kap Hoorn schneller und zuverlässiger bediente als die Frachtsegler aus Deutschland – die *Pamir*, die *Peking*, die *Padua* und andere. Die *Passat* kann man heute in Travemünde besichtigen. 115 Meter lang, gut 14 Meter breit, fuhr sie mit 4100 Quadratmetern Segel und etwa dreißig Mann Besatzung in dieser Zeit die Route Hamburg–Iquique. Ihre Transportkapazität liegt bei 4700 Tonnen – ein Leichtgewicht gegenüber den gigantischen Massengutfrachtern, die heute für den Transport von Erzen, Kohle oder Getreide genutzt werden und die doppelt oder sogar dreimal so lang sind und mehr als das Zwanzigfache an Ladung tragen können. Doch zu ihrer Zeit waren die deutschen Frachtsegler *state-of-the-art*, und spätestens wenn man in einem ihrer Laderäume zwischen den stählernen Spanten steht, wird klar, dass auch diese Schiffe beträchtliche Massen bewegen konnten.

Die *Passat* wurde am 24. Dezember 1911 in Dienst gestellt – zu einer Zeit, als die stärker befahrenen Routen längst von Dampf- und Motorschiffen bedient wurden. Doch Salpeter war eine gewinnträchtige und gleichzeitig nicht sehr eilige Fracht, und die Reederei Laeisz war sehr geschickt darin, die Effizienz der schlanken Segler immer weiter zu optimieren. Sie arbeitete nicht nur eng mit der 1875 gegründeten Deutschen Seewarte zusammen, um die besten Wetterdaten für die Navigation zu bekommen, sie heuerte auch die besten Kapitäne an und pflegte gute Kontakte zu Hafenbehörden und den Betreibern der Leichter, den kleinen Ladeschiffen, die die Salpetersäcke vom Kai zu den großen Seglern schafften.[27] Viele Frachtschiffe lagen in Chile zwei bis drei Monate auf Reede, bevor sie die Rückreise antreten konnten. Bei den P-Linern dagegen vergingen zwischen Ein- und Auslaufen gerade einmal zwei Wochen. Der imposante Laeiszhof, ein Kontorhaus am Hamburger Nikolaifleet, ist bis heute Sitz der Reederei. Die Geschäfte gingen gut.

Seinen weltweiten Aufschwung verdankte der Chilesalpeter nicht nur seinen hervorragenden Eigenschaften als Düngemittel. Schnell wurde er auch zu einem wichtigen Ausgangsstoff für zahlreiche Prozesse in der chemischen Industrie, vor allem für die Herstellung von Schwefelsäure und damit indirekt auch von Soda, das unter anderem bei der Produktion von Glas und Seife, Stofffarben, Keramikglasuren, Papier und Bleichen unerlässlich war. Schwefelsäure und die ebenfalls aus Chilesalpeter gewonnene Salpetersäure waren außerdem wichtige Reagenzien bei der Produktion von neuen, hochexplosiven Sprengstoffen wie Nitroglycerin und dem von Alfred Nobel daraus weiterentwickelten »Dynamit«. Die USA verwendeten Ende des 19. Jahrhunderts fast die Hälfte ihrer stetig wachsenden Salpeterimporte für Sprengstoff.[28] Eisenbahnen und Straßen, Tunnel und Minen, der Durchbruch des Panama-Kanals – viele der großen amerikanischen Infrastrukturprojekte dieser Zeit wären ohne Chilesalpeter nicht möglich gewesen. In Europa überwog der Einsatz als Dünger, doch auch hier war Chilesalpeter ein wichtiger Rohstoff für Sprengstoffe und Munition. Bis heute kommt solchen »dual-use«-Substanzen, die man sowohl für zivile als auch militärische Zwecke einsetzen kann, eine besondere staatliche Aufmerksamkeit zu.

Zum weltweit größten Abnehmer des »weißen Goldes« entwickelte sich Deutschland. Um 1900 importierte es mehr als 350 000 Tonnen pro Jahr, 1912 waren es über 900 000 Tonnen[29] – mehr als ein Viertel der gesamten Salpeterexporte aus Chile.[30] Damit deckte das Deutsche Reich mehr als die Hälfte seines gesamten Bedarfs an lebenswichtigem Stickstoff.[31] Für einige Unternehmer und Bankiers bedeutete das großen Wohlstand. Doch für viele andere bot die wachsende Abhängigkeit von den Nitraten aus Übersee zunehmend Anlass zur Sorge.

Die Nitratlager in den Weiten der Atacama waren zwar reichhaltig, aber nicht unerschöpflich, und die Erinnerung an den Guano-Boom und den darauffolgenden Zusammenbruch war noch frisch. Und auch ohne eine unmittelbare Rohstoffknappheit unterlagen die Preise für Chilesalpeter auf dem Weltmarkt enormen Schwankungen, mal aus politischen Gründen wie dem Salpeterkrieg zwischen Chile und seinen Nachbarn, mal durch Naturkatastrophen wie Hochwasser und Erdbeben, die Ende des 19. Jahrhunderts mehrfach die Produktion unterbrachen.[32] Immer deutlicher zeichnete sich ab: Für einen so essenziellen Rohstoff, von dem sowohl die Ernährung der eigenen Bevölkerung als auch die Munitionierung des Militärs abhängt, möchte man nicht auf eine einzige Quelle angewiesen sein. Schon gar nicht auf eine am anderen Ende der Welt. Stickstoff war nicht länger nur Nährstoff und Sprengstoff. Er war ein strategischer Rohstoff geworden. Entsprechend motiviert war man in Deutschland, eine neue, möglichst unabhängige Stickstoffquelle zu finden. Es war Zeit, das größte Stickstoffreservoir der Erde anzuzapfen: die Luft.

Brot aus Luft

Alle Landtiere und -pflanzen brauchen Luft zum Atmen. Die Tiere holen sich dort ihren Sauerstoff, Pflanzen Kohlenstoff am Tag und Sauerstoff in der Nacht. Der Anteil von Sauerstoff am Gasgemisch der Luft liegt bei knapp 21 Prozent, der von Kohlendioxid bei nur 0,04 Prozent, doch auch das reicht zum Leben. Satte 78 Prozent der Luft sind Stickstoff. Das klingt nach viel und ist es auch. Doch mit dem Stickstoff ist das so eine Sache. Wenn Sie einatmen und wieder aus, dann strömt zwar sehr viel Stickstoff in Ihre Lungen, doch er strömt auch ganz und gar ungerührt wieder hinaus. Während wir Sauerstoff, und Pflanzen auch Kohlenstoff, aus der Luft ziehen können, kommen wir an den ebenso lebenswichtigen Stickstoff in der Luft nicht heran. Doch warum?

Stickstoff ist ein sehr besonderes Element. Er ist chemisch so veranlagt, dass er sehr flexibel in den Bindungen ist, die er eingehen kann. Er hat, wenn man so will, drei »Arme« und damit eine ganze Reihe von Möglichkeiten. Er kann einen Partner halten oder mehrere, mal fester, mal loser. Diese große Bandbreite ist wahrscheinlich einer der Gründe, warum Stickstoff in verschiedensten Lebewesen im Laufe der Evolution so viele lebenswichtige Aufgaben übernehmen konnte.

Die drei Arme sind auch der Grund, warum Stickstoff ein so guter Sprengstoff werden kann. Wenn zum Beispiel an allen dreien je ein Sauerstoffatom hängt, sind die Bindungen eher schwach – dann reicht schon ein kleiner energetischer »Schubs«, und es knallt.

In der Luft dagegen passiert das Gegenteil. In der Luft kann Stickstoff tun, was er am liebsten tut – er bindet sich mit allen drei Armen fest an ein anderes Stickstoffatom, und zusammen hängen sie träge und nahezu unzertrennlich in der Luft. Eine solche Dreifachbindung gehört zum Stabilsten, was die chemische Welt zu bieten hat. Sie zu lösen erfordert sehr viel Energie. Oder ein paar sehr ausgefuchste chemische Tricks. In der Natur gibt es seit Jahrmillionen nur zwei Wege, an den Luftstickstoff heranzukommen: Blitze (Energie!) oder Enzyme wie die Nitrogenase der Knöllchenbakterien, etwa im Klee. Das war's. Stickstoff ist also nicht selten. Er ist nur selten allgemein verfügbar.

Angesichts dieser besonderen chemischen Umstände kann man vielleicht verstehen, warum im März 1909 ein distinguierter Professor mit Schnauzbart aufgeregt aus seinem Labor über die Gänge rannte und jedem zurief: »Kommen Sie, es gibt Ammoniak!«[33]

Ammoniak ist eine Verbindung von Stickstoff mit drei Wasserstoffatomen. Bei Raumtemperatur ist es ein farbloses Gas mit stechendem Geruch, wie man ihn zum Beispiel aus dem Schweinestall kennt. In Wasser gelöst als »Salmiakgeist«, ist Ammoniak ein scharfes Putzmittel. In der chemischen Industrie ist Ammoniak der Grundstoff für die Herstellung nahezu aller weiteren Stickstoffverbindungen. An seiner wirtschaftlichen Gewinnung aus Luft hatten sich die Chemiker der Welt bis dahin die Zähne ausgebissen.

Einige der besten Chemiker saßen damals in Deutschland. Einer von ihnen war Fritz Haber, zu dieser Zeit Professor für physikalische Chemie und Elektrochemie an der Technischen Hochschule Karlsruhe und zusammen mit seinem Team aus weiteren Weltklasse-Chemikern seit Jahren auf der Suche nach einem chemischen Verfahren, den trägen Stickstoff aus der Luft in vielseitig nutzbares Ammoniak zu überführen. Und zwar so, dass es sich rechnet.

Zu dieser Zeit war das Lichtbogenverfahren schon entwickelt, bei dem mithilfe von künstlichen Blitzen der Stickstoff aus der Luft mit Sauerstoff zu Stickoxiden verbunden wird, die dann zu Salpetersäure und anderen Stickstoffverbindungen weiterverarbeitet werden können. Der Energieaufwand für die Erzeugung der Blitze war jedoch so enorm, dass diese Methode nur an Orten mit billiger Wasserkraft wie etwa in Norwegen infrage kam. Für die meisten Länder war sie keine Option. Ähnlich verhielt es sich mit dem Kalkstickstoffverfahren, bei dem die Stickstofffixierung aus der Luft über ein Zwischenprodukt erfolgte. Auch dessen Herstellung verbrauchte viel Energie, wenn auch weniger als das Lichtbogenverfahren. Der Prozess wurde in Deutschland in einigen Werken eingesetzt. Langfristig erwies sich jedoch auch dieser Weg der industriellen Stickstofffixierung als nicht wirtschaftlich. Ammoniak wurde damals außerdem aus Ammoniumsulfat gewonnen, das als Nebenprodukt in Kokereien anfiel. Doch die Mengen reichten nicht annähernd aus, um den wachsenden Bedarf an Stickstoffverbindungen in Industrie, Militär und Landwirtschaft zu decken. Ammoniak blieb Mangelware.

Dabei erscheint die Reaktionsgleichung für die Synthese von Ammoniak, das »Rezept« gewissermaßen, zunächst denkbar einfach: Man nehme ein Molekül Stickstoff und drei Moleküle Wasserstoff, und heraus kommen zwei Moleküle Ammoniak. Doch wie Haber und viele vor ihm feststellen mussten: Nichts daran ist einfach. Um überhaupt eine Chance zu haben, die enge Dreifachbindung der Stickstoffmoleküle zu trennen, muss das Ganze bei Temperaturen von an die tausend Grad ablaufen. Doch bei solcher Hitze arbeiten die Katalysatoren nicht mehr gut genug, also die Hilfsstoffe, die man braucht, damit die Reaktion überhaupt abläuft. Die Temperatur kann man verringern, indem man den Druck in der Reaktionskammer erhöht. Doch höherer Druck bedeutet höhere Risiken und damit höhere Kosten.

Dazu kommt, dass die Reaktion reversibel ist, das heißt, sie läuft in beide Richtungen ab: Stickstoff und Wasserstoff werden zu Ammoniak, aber Ammoniak zerfällt auch wieder in Stickstoff und Wasserstoff, wenn man es lässt. Bei hohem Druck bleibt mehr Ammoniak übrig. Aber die Reaktion wird sehr langsam. Erhöht man die Temperatur, wird sie schneller. Aber es zerfällt auch mehr Ammoniak. Und mehr Energie verbraucht sie auch, und es sollte ja wirtschaftlich sein. Selbst Haber war zwischendurch fast so weit, das Ganze für hoffnungslos zu erklären.[34]

Der einzige Ausweg aus diesem Geflecht an chemischen Zwickmühlen war ein neuer Katalysator, der dafür sorgte, dass die Reaktion auch bei niedrigeren Temperaturen, also bei etwa 500 bis 600 Grad, schnell genug ablief. Nach Jahren des Herumexperimentierens brachte Haber schließlich etwas Osmium aus einer Berliner Glühlampenfirma mit, für die er als Berater arbeitete.[35] Und mit Osmium funktionierte es. Daher die Begeisterung an jenem Märztag 1909. Es gibt Ammoniak!

Ein Jahr zuvor hatte Haber einen Vertrag mit der Badischen Anilin- und Sodafabrik im nahen Ludwigshafen geschlossen, die seine Arbeit seitdem finanzierte.[36] BASF, oder die »Badische«, wie sie weithin genannt wurde, war damals das größte Chemieunternehmen der Welt und an einem Verfahren, endlich unabhängig und kostengünstig an Stickstoff zu kommen, natürlich höchst interessiert. Doch noch war man dort skeptisch, vor allem angesichts der gewaltigen Drücke, unter denen die Experimente abliefen. Haber und sein Team optimierten ihre Versuchsanlage daher in den nächsten Monaten weiter und konnten schließlich am 2. Juli 1909 vor einer Gruppe von BASF-Experten demonstrieren (nicht ohne eine allerletzte Panne, als die hohen Herren schon im Labor standen), dass die Anlage nicht nur ausreichende Mengen an Ammoniak produzierte, sondern auch stabil über Stunden hinweg laufen konnte – eine wichtige Voraussetzung für eine großtechnische Umsetzung. Der *proof of concept* war erbracht. Habers Arbeit als Grundlagenforscher war damit getan. Doch eine industrielle Stickstoffproduktion hatte man damit noch lange nicht.

Die zu erdenken und vor allem zu bauen war die Aufgabe der Industriechemiker und Ingenieure bei BASF. Anhand von Unterlagen aus dem Firmenarchiv und anderen Quellen hat der Umweltwissenschaftler Vaclav Smil ausführlich die zahlreichen Herausforderungen dokumentiert, die die Wissenschaftler und Techniker überwinden mussten, um den handlichen Tischapparat in Habers Labor in eine Pilotanlage im Industriemaßstab weiterzuentwickeln, die imstande war, nicht nur ein paar Hundert Milliliter Ammoniak am Tag zu produzieren, sondern Tonnen.[37]

Die größte Hürde war der Reaktionsofen. Er musste ausreichende Mengen der heißen und ätzenden Gase fassen und gleichzeitig enormem Druck standhalten können. Doch die ganze Hochdrucktechnik war neu, das heißt, es gab keine vorgefertigten Bauteile, keine Leitungen und Ventile, keine Pumpen und Kompressoren, keine Messinstrumente, keine Verfahren, um die hochreinen Ausgangsstoffe herzustellen. Alles musste neu entworfen, konstruiert und getestet werden. Und es musste ein neuer Katalysator her, denn Osmium lieferte zwar gute Ergebnisse, aber es war viel zu selten und zu teuer. Der Weltvorrat an Osmium, den BASF vorsichtshalber aufgekauft hatte, lag bei etwa einhundert Kilogramm. Damit kam man nicht weit.

Jede einzelne dieser Aufgaben erforderte ein ganzes Team an Spezialisten. Gebündelt in einer einzigen Anlage, erschienen die Herausforderungen den meisten von Habers Zeitgenossen als überwältigend. Doch ein Chemiker bei BASF war zuversichtlich, dass sich alle diese Probleme lösen ließen. Er hatte bei der Badischen einen guten Ruf und seine Chefs hörten auf ihn. Sein Name war Carl Bosch.

Doch Boschs Zuversicht wurde schnell auf eine harte Probe gestellt. Zuerst begannen die stählernen Reaktionsöfen, die er zu Testzwecken hatte bauen lassen, zu zerbröseln – nach nur achtzig Stunden Betriebszeit unter hohem Druck und gänzlich unerwartet. Nichts in den vorhergehenden Experimenten deutete darauf hin, dass derart korrosive Zwischenprodukte entstehen könnten. Bosch, der in seiner Ausbildung eine Zeit lang in einer Metallhütte gearbeitet und Hüttenwesen studiert hatte, bevor er Chemiker wurde, kam der Ursache für das seltsame Verhalten der stählernen Behälter schließlich auf die Spur. Unter dem hohen Druck war es der ansonsten harmlose Wasserstoff, der in die Stahlwände »einsickerte«, dort mit Kohlenstoff reagierte und den Stahl spröde werden ließ. Doch Stahl war das einzige Material, das den hohen Temperaturen und dem hohen Druck standhalten konnte. Bosch musste also einen anderen Weg finden, um einerseits die Gase im Reaktor zu halten und andererseits der Kammer genug Stabilität zu geben.

Seine Lösung am Ende war bestechend einfach. Bosch verstand: Weil er den Wasserstoff nicht daran hindern konnte, in den Stahl zu diffundieren, musste er dafür sorgen, dass er im Stahl zumindest keinen Schaden anrichtete. Ein bisschen wie chemisches Jiu-Jitsu – die Kraft des Gegners umlenken, statt sie zu bekämpfen. Bosch ließ also den Reaktor mit einer Schicht aus weichem Stahl auskleiden, der wenig Kohlenstoff enthielt und durch den der Wasserstoff hindurchsickern konnte, ohne ihn zu zersetzen. Alle anderen Gase blieben im Reaktor. In den äußeren Reaktormantel aus härterem Stahl, der mehr Kohlenstoff enthielt, ließ Bosch winzige Löcher bohren, durch die der Wasserstoff weiter nach außen entwich, bevor er mit dem Kohlenstoff reagieren konnte. Die Verluste durch wegsickernden Wasserstoff waren zu verschmerzen. Hauptsache, der Ofen hielt.

Die Korrosion durch Wasserstoff war nur eines von etlichen technischen Problemen. Immer wieder gab es Explosionen und teure Reparaturen. Parallel lief die Suche nach dem neuen Katalysator. Sie lag in den Händen des Chemikers Alwin Mittasch aus der Oberlausitz, der von der Universität Leipzig nach Ludwigshafen gekommen war. Seine Aufgabe war gigantisch. Unter Tausenden von chemischen Substanzen musste er die wenigen finden, die unter den extremen Bedingungen der Hochdrucksynthese bestehen konnten. Angesichts der Vielzahl an Stoffen, die infrage kamen, entwickelte er mit seinem Team ein Testgerät, mit dem sie systematisch und in schneller Folge verschiedenste Proben analysieren konnten. Zu Spitzenzeiten waren dreißig dieser Geräte im Einsatz. Doch der Aufwand zahlte sich aus. Nach nur wenigen Monaten zeigte sich der erste gute Katalysator-Kandidat, ein Magnetitgestein aus den Gällivare-Minen in Nordschweden. Warum allerdings ausgerechnet dieses Eisenerz so gut funktionierte, war allen ein Rätsel. Normalerweise versuchte man, möglichst reine Stoffe als Katalysatoren zu benutzen. In diesem Fall jedoch waren es offenbar bestimmte Verunreinigungen, die diese Probe von allen anderen absetzten. Eine neue Testreihe mit allen möglichen Zusatzstoffen bestätigte: Es ist ein bestimmter Mix aus eisenhaltigem Erz und anderen Stoffen, der die besten Ergebnisse hervorbrachte. Selbst Haber, der die Suche nach einem Katalysator zu Genüge kannte, musste einräumen, dass er mit so einem Ergebnis nie gerechnet hätte. Eisen gab es nun wirklich in Hülle und Fülle.

So schafften Bosch und seine Kollegen innovativ, beharrlich und weitaus schneller als erwartet die Hindernisse für die Ammoniaksynthese im großen Stil aus dem Weg. Nach nur vier Jahren Technologieentwicklung und Bauzeit eröffnete BASF am 9. September 1913 im Dörfchen Oppau im Norden von Ludwigshafen das erste Werk zur Ammoniaksynthese mit dem neuen Hochdruck-Verfahren nach Haber-Bosch. 1914 produzierte die Anlage 20 Tonnen reaktiven, nutzbaren Stickstoff – pro Tag. Dann kam der Krieg.

Bei seinem Eintritt in den Ersten Weltkrieg hatte das Deutsche Kaiserreich Stickstoffvorräte für etwa ein halbes Jahr.[38] Doch das schnelle Kriegsende, mit dem die deutsche Militärführung offenbar gerechnet hatte, stellte sich nicht ein. Stattdessen passierte, was viele befürchtet hatten. Durch die britische Seeblockade war das Reich von der Versorgung mit Chilesalpeter abgeschnitten. Die stattlichen P-Liner waren in Südamerika festgesetzt. Gleichzeitig wurde im Stellungskrieg an der Westfront so viel Munition verschossen wie nie zuvor. Dass der Krieg nicht schneller zu Ende ging, lag auch an dem neuen Haber-Bosch-Verfahren.[39] Zwar war das Werk in Oppau eigentlich für die Düngemittelproduktion konzipiert, doch Bosch und seine Kollegen schafften es in kurzer Zeit, die Anlage auf die Produktion von Salpeter umzurüsten. BASF baute außerdem ein neues Ammoniakwerk in Leuna bei Merseburg in Sachsen-Anhalt, außer Reichweite der französischen Luftwaffe.[40] Und schon bald übernahmen weitere Chemieunternehmen das neue Verfahren. Auch wenn im Krieg noch der meiste Stickstoff in die Munitionsherstellung ging und nicht genug in die Landwirtschaft – die Versorgung mit der strategischen Ressource war von nun an gesichert.

Wie eng Wachstum und Zerstörung beim Stickstoff zusammenliegen, zeigte sich im Werk Oppau noch einmal, als der Krieg schon vorbei war. Das Werk hatte wieder auf die Produktion von dringend benötigten Düngemitteln umgestellt, als am 21. September 1921 eine Explosion das Gelände erschütterte, die noch 300 Kilometer entfernt in der Erdbebenwarte in München die Nadeln zum Ausschlagen brachte.[41] Am Mannheimer Schloss auf der gegenüberliegenden Rheinseite zerbrachen Fensterscheiben, und im dreißig Kilometer entfernten Heidelberg stellten Straßenbahnen wegen herabstürzender Bauteile den Betrieb ein. Über 500 Menschen starben, etwa 2000 wurden zum Teil schwer verletzt. Ausgelöst wurde die Explosion durch routinemäßige Lockerungsarbeiten in einem Lagersilo. Historische Aufnahmen zeigen einen gewaltigen Krater auf dem Betriebsgelände, zerrissene und bizarr verformte Stahlkonstruktionen und abgedeckte Wohnhäuser. Die Bilder ähneln auf beklemmende Weise den Nachrichtenbildern aus Beirut knapp hundert Jahre später. Auch in Oppau war es Ammoniumnitrat gewesen, das explodierte. Es ist bis heute das größte Unglück in der deutschen Chemieindustrie.[42]

Doch Stickstoff griff noch auf viele weitere Arten in die Geschichte ein.

Das neue Ammoniakwerk in Leuna, bei seinem Bau die modernste Chemiefabrik der Welt, wurde später einer der wichtigsten Rüstungsbetriebe der Nazi-Diktatur, kriegswichtig unter anderem wegen der Herstellung von synthetischen Treibstoffen aus Kohle, dem »Leuna-Benzin«, und mit mehr Luftabwehr verteidigt als Berlin.[43] Tausende von Zwangsarbeitern, KZ-Häftlingen und Kriegsgefangenen produzierten dort unter unmenschlichen Bedingungen den Chemikaliennachschub für das »Reich«. Nach dem Krieg wurde die Fabrik als »VEB Leuna-Werke Walter Ulbricht« weitergeführt. Es war der größte chemische Betrieb der DDR. Fast 30 000 Menschen arbeiteten dort. Doch auch die Umweltbelastungen im sogenannten Chemiedreieck zwischen den Buna-Werken in Schkopau, Leuna und Bitterfeld gehörten in dieser Zeit zu den schwersten im Land. Heute ist das Gelände ein »Industriepark« mit etwa 130 Firmen, im Zentrum eine Raffinerie.

Fritz Haber und Carl Bosch erschlossen über die Ammoniaksynthese die Hochdruckchemie als neues Forschungsfeld und industrielle Methode. Beide wurden dafür mit dem Nobelpreis ausgezeichnet, Haber 1918, Bosch erst 1931. Beide machten vorzügliche Karrieren in Forschung und Industrie, und beide trugen mit ihrer Forschungsarbeit auch zur militärischen Nutzung von Stickstoff und anderen Verbindungen bei. Bosch sicherte mit dem »Salpeterversprechen«, das auf seinem neuen Verfahren zur Salpetergewinnung aus Ammoniak beruhte, im Ersten Weltkrieg den Nachschub an Munition und schuf später als Vorsitzender der BASF die IG Farben, die im Zweiten Weltkrieg für viele Kriegsverbrechen verantwortlich war. 1935 verlor er auf Druck des NS-Regimes seinen Chefposten. Er starb 1940.

Haber war maßgeblich an der Entwicklung von Chlorgas und Phosgen als Chemiewaffen beteiligt und plante und überwachte 1915 selbst den ersten Einsatz von Chlorgas in der Schlacht bei Ypern. Sowohl Haber als auch Bosch waren, vielleicht aus unterschiedlichen Gründen, zum Ende ihres Lebens kranke, gebrochene Männer.[44] Stickstoff war über weite Abschnitte das bestimmende Element in ihrem Leben. Die Auswirkungen spüren wir bis heute.

Das Haber-Bosch-Verfahren zur Synthese von Ammoniak aus Luft und Wasserstoff gilt als eine der wichtigsten technologischen Entwicklungen des 20. Jahrhunderts.[45] Es hat buchstäblich die Welt verändert – in einem Ausmaß, das wir möglicherweise noch immer nicht vollständig erfassen.

Stickstoff satt

Die neue Ammoniaksynthese transformierte nicht nur die chemische Industrie und verlängerte den Ersten Weltkrieg. Durch den massenhaften Einsatz des durch sie gewonnenen Stickstoffs als Düngemittel veränderte sie auch die Landwirtschaft und damit das Landschaftsbild in weiten Teilen der Erde. Die gesamte Lebensmittelproduktion veränderte sich von Grund auf. Ohne den Stickstoff aus dem Haber-Bosch-Verfahren wäre das weltweite Bevölkerungswachstum des 20. Jahrhunderts nicht möglich gewesen. Der Umwelthistoriker Smil nennt das Haber-Bosch-Verfahren darum auch den »Zünder der Bevölkerungsexplosion«.[46]

Vor Haber-Bosch war der verfügbare Stickstoff knapp. Für seine Gewinnung war man auf Importe und Nebenprodukte aus der Kohleverarbeitung angewiesen. Alle anderen Methoden erwiesen sich als zu aufwendig und zu teuer. Heute wird nahezu der gesamte Ammoniak der Welt im Haber-Bosch-Verfahren erzeugt, 150 Millionen Tonnen reaktiver Stickstoff pro Jahr.[47] Etwa 70 Prozent davon gehen in die Produktion von Düngemitteln. Der Energieaufwand dafür ist erheblich. Er macht über ein Prozent des weltweiten Energieverbrauchs aus. Doch durch den Dünger, den wir mit diesem einen Prozent produzieren, können wir die Menge an Nahrung, die wir auf dem Planeten erzeugen, etwa verdoppeln. Synthetische Stickstoffdünger ernähren heute etwa die Hälfte der Weltbevölkerung – vier Milliarden Menschen.[48] Das sind mehr, als zu Habers und Boschs Zeiten auf der Erde lebten.

Auch die geopolitischen Abhängigkeiten, durch die Stickstoff Anfang des 20. Jahrhunderts knapp werden konnte, sind weitgehend überwunden. Mit dem Haber-Bosch-Verfahren kann Stickstoff überall auf der Erde aus der Luft gewonnen werden. Dass er manchmal dennoch knapp wird, etwa durch Lieferengpässe während der Coronavirus-Pandemie im Jahr 2020 oder nach dem russischen Angriff auf die Ukraine 2022, liegt daran, dass für die Versorgung mit Prozessenergie und die Gewinnung des Wasserstoffs, den man für die Reaktion braucht, häufig Erdgas genutzt wird. Dessen Verfügbarkeit und Preis können die Gewinnung von Stickstoff und die Herstellung der Düngemittel durchaus begrenzen. An sich ist der Vorrat an Stickstoff in der Luft jedoch so gut wie unbegrenzt. Dank Haber und Bosch und ihrer zahlreichen Mitarbeiterinnen und Mitarbeiter gibt es daher zum ersten Mal in der Geschichte der Menschheit Stickstoff satt.

Doch Stickstoff satt reicht nicht. Denn auch der größte Erfindergeist unterliegt Gesetzen. Und das Gesetz des Minimums ist unerbittlich.

Stickstoff ist ein sehr wirkungsvoller Dünger, und er gilt weithin als »Motor des Pflanzenwachstums«. Doch aller Stickstoff der Welt kann wenig bewirken, wenn nicht auch genug Phosphor und Kalium vorhanden sind. So das Gesetz. Und trotz aller Schwierigkeiten, die Haber und Bosch überwinden mussten, um Stickstoff zu gewinnen, ist er doch in gewisser Weise der »einfachste« der drei Nährstoffe. Ein paar findige Chemiker, ein guter Katalysator, reichlich Hitze und Druck, und voilà – ein schier unerschöpflicher Vorrat an Stickstoff steht bereit. Brot aus Luft.

Phosphor und Kalium sind anders veranlagt. Sie existieren nicht als Gase, zumindest nicht in der Natur. Stattdessen ziehen sie in mehr oder weniger festen Verbindungen durch Gewässer, Boden und Stein, in Geschwindigkeiten von Tagen oder Jahrmillionen und über weite Strecken in Konzentrationen, die den Abbau nicht lohnen. Die wenigen Vorkommen, die man abbauen kann, liegen häufig tief im Fels. Auch Phosphor und Kalium sind also schwer verfügbar und damit knapp. Und so begann im hungrigen 19. Jahrhundert nicht nur die Jagd nach Stickstoff, sondern auch die nach den beiden anderen Zugpferden im elementaren Dreigespann. Und sie dauert bis heute an. Denn bei Phosphor und Kalium reicht es nicht, neue Technologien zu erfinden. Für Phosphor und Kalium muss man Berge versetzen.

Monte Kali

Der Aufstieg auf den weißen Tafelberg beginnt im Westen. Vom Hexentanzplatz geht es steil bergan, 30 Prozent Gefälle, stracks in der Falllinie, keine Serpentinen, nichts. Eher wie Treppensteigen. Es ist windig, tiefgraue Wolken ziehen schnell.

Der harschige Untergrund sieht mit seiner schmutzigen Schicht aus Sedimentgestein und etwas Flugasche aus wie eine Gletscherzunge im Sommer. Doch er ist nicht aus Eis oder Schnee, sondern aus Salz. Und die ratternde Maschinerie parallel zu unserer Route ist kein Skilift, sondern ein Förderband, das laufend neues Salz nach oben bringt. Um die tausend Tonnen pro Stunde, jeden Tag, den ganzen Tag, bis auf wenige, fest getaktete Stopps zwecks Wartung. Gut 120 Millionen Kubikmeter sind es schon.

Das Salz kommt aus der Fabrik am Fuß des »Monte Kali«. So nennen die Menschen in der Region ihren markanten Nachbarn. Doch der »Monte« ist kein Berg, keine Aufwölbung der Erde, über Jahrmillionen geformt durch Tektonik und Erosion, sondern eine menschgemachte Halde, angehäuft in wenigen Jahrzehnten. Ein Endlager für Abfälle aus der Kaliproduktion. Er besteht darum auch nicht aus Kali, sondern im Wesentlichen aus Steinsalz, das die meisten als »Kochsalz« kennen.

Die weiße Rückstandshalde zwischen Fulda und Eisenach, eng an der Grenze zwischen Hessen und Thüringen, ist das weithin sichtbare Kennzeichen des Werra-Kalireviers, einer der wichtigsten Kali-Förderstätten der Welt. Dass so ein gewaltiges Bauwerk in der Landschaft geduldet wird, zeigt auch die herausragende wirtschaftliche Bedeutung, die der Kali-Bergbau hier seit mehr als hundert Jahren hat.

Das Betreiberunternehmen, die K+S AG mit Sitz in Kassel, präsentiert die Salzhalde gerne als Touristenattraktion. Besonders beliebt seien die »Sunset-Touren« im Sommer, erzählt uns der Haldenführer. An die 200 Menschen kämen an so einem Abend, um vom weißen Berg herab den Sonnenuntergang zu betrachten. An diesem windigen Morgen im Frühjahr 2023 sind wir jedoch nur zu fünft. Ein Pärchen aus dem Nachbarort, eine Urlauberin, die Kollegin Kamerafrau und ich.

Wir gewinnen schnell an Höhe. Vom Rand des Plateaus sehen die Hänge noch steiler aus als von unten. Wer hier über die Klippe geht, rollt gut 200 Höhenmeter abwärts, weit und breit nichts, was einen aufhalten könnte. »Mit anderen Halden, in der Kohle zum Beispiel, können Sie so was nicht machen«, erklärt uns der Haldenführer mit einem gewissen bergmännischen Stolz. »Die rutschen Ihnen weg. Aber das Salz wird nach dem Aufschütten wieder hart, durch Feuchtigkeit und später durch den Druck der Halde. Darum halten die Hänge, obwohl sie so steil sind.« Er benennt für uns die Berge der Umgebung: Hoher Meißner, Alheimer, Knüllgebirge mit Eisenberg, Wasserkuppe, Großer Inselsberg und, ganz in der Nähe, der Dreienberg, dessen 524 Meter über null die Halde nicht überragen darf. Am Fuß der Halde liegt eine Burgruine, gleich daneben die ehemalige Zonengrenze. Wir schauen auf grüne Wiesen, den Fluss, eine satte Agrarlandschaft im Vorfrühling. Im Hintergrund ragt eine zweite Halde aus den Regenwolken. Noch mehr Salz. Meersalz.

Ja wirklich, Meersalz. Die steilen Halden sind die letzten sichtbaren Überreste eines Meeres, des Zechsteinmeeres, das sich einst im großen Germanischen Becken von Polen bis England und von der Nordsee bis nach Süddeutschland erstreckte. Von hier oben, vom hohen Rand des weißen Berges, fällt es erstaunlich leicht, sein inneres Auge ein wenig zusammenzukneifen und sich viele Millionen Jahre zurück und einige Tausend Kilometer südwärts zu versetzen, um eine Ahnung zu bekommen von den Metamorphosen, die die Landschaft unter uns durchlaufen hat, bevor sie zu einem wohlhabenden Kali-Revier wurde.

Deep Time, »Tiefenzeit«, sagen die Geologen gerne, wenn sie in die früheren Erdzeitalter abtauchen. Nicht nur, weil die geologischen Prozesse, die sie untersuchen, oft weit in die Erdgeschichte zurückreichen, in die Tiefe der Zeit also. Sondern auch, weil die älteren Gesteine meist tiefer in der Erde liegen als die jüngeren, die Zeit also in der Abfolge der Schichten gelesen werden kann. Nicht immer die absolute Zeit, aber die relative: Erst ist dies passiert und dann das und dann jenes. Für die Ursprünge der Kali-Salze in Hessen und Thüringen führt diese Reise in die Tiefenzeit ins späte Perm, 257 Millionen Jahre »tief«, ungefähr.[49] Das scheint ungeheuer lange her. Doch die Ereignisse von damals wirken bis in die Gegenwart hinein.

Bezogen auf die gesamte Erdgeschichte, ist das Perm eine der eher jüngeren Perioden. Es liegt mitten im Phanerozoikum, dem »Zeitalter des sichtbaren Lebens«. Das heißt, bis dahin ist schon viel passiert auf dem Planeten. Das Leben ist entstanden und hat sich von winzigen Einzellern zu komplexen Wesen entwickelt. Tiere und Pflanzen haben die Ozeane verlassen und legen nun im Perm eine neue Vielfalt an den Tag. Unter den Landwirbeltieren entstehen zum Beispiel die ersten, noch sehr reptilienhaften Vorläufer der heutigen Säugetiere, die Therapsiden, die wie große, bullige Echsen aussehen. In der Pflanzenwelt lösen im Perm die ersten nacktsamigen Pflanzen, die

Vorfahren der heutigen Nadelbäume, Farne und deren Verwandtschaft als dominierende Gruppe ab. Und bei den Insekten starten im Perm die Käfer ihre Entwicklung. Sie sind heute eine der artenreichsten Tiergruppen der Erde.

Viele dieser neuen Arten und Lebensformen entstanden durch Anpassungen an die neuen und oft sehr harschen Klimabedingungen im Perm. Zu dieser Zeit haben sich die Kontinente der Erde zu einem einzigen Superkontinent zusammengeschoben, Pangaea. Dessen Landmassen reichen von knapp unterhalb des Nordpols bis in die Antarktis. Der Rest des Planeten war ein gewaltiger Ozean, Panthalassa, größer als der Pazifik und der Atlantik zusammen. Fulda und Eisenach hätten damals deutlich näher am Äquator gelegen, bei etwa 20° nördlicher Breite, also da, wo heute zum Beispiel Kuba liegt oder Thailand oder die südliche Sahara.

Auch im Perm gab es gemäßigte und feuchtere Klimazonen, und die Wasserkreisläufe rund um den riesigen Ozean lösten heftige Monsunregen aus.[50] Doch im Binnenland am Äquator war es heiß und trocken. Und dann, gegen Ende des Perms, in einer kurzen Phase von wenigen Millionen Jahren – geologisch gesehen also »plötzlich« –, öffnete sich ein Graben zwischen Grönland und Norwegen, die damals noch dicht beieinanderlagen, und Salzwasser aus dem Weltmeer überflutete Mitteleuropa und schuf das Zechsteinmeer.[51]

Es wurde ein flaches Meer mit wenig Austausch zum Ozean. In dem ariden Klima begann es schnell zu verdunsten. Schon bald war das Wasser mit gelösten Salzen übersättigt, und die bis dahin frei flottierenden Salzbestandteile wie Natrium-, Kalium- oder Chloridionen begannen, sich in Kristallen zusammenzuschließen, in geometrisch geordneten Gittern also, ein Teilchen neben dem anderen, fest verbunden durch elektrostatische Anziehungskräfte. So wuchsen sie zu starren, salzigen Krusten. Nicht alle gleichzeitig, sondern in einer chemisch exakt bestimmten Reihenfolge: Schwer lösliche Verbindungen kristallisierten zuerst, die am leichtesten löslichen erst ganz zum Schluss. Zuerst setzten sich also Kalk und Gips ab, dann Steinsalz, das bei Weitem häufigste Salz, und erst ganz am Ende, als kaum noch Wasser vorhanden und aus dem weiten Meer schon fast eine Salzpfannenlandschaft geworden war, auch die magnesium- und kaliumhaltigen Salze. Dieser Vorgang wiederholte sich mehrmals. Immer wieder strömte Salzwasser aus dem Ozean ins Zechsteinmeer, verdunstete und hinterließ neue Salzschichten. Im Werra-Kalirevier konzentrierten sich die winzigen Ionen so zu Salzlagern von zum Teil über 300 Metern Dicke, mit drei mächtigen Lagen Steinsalz und zwei schmaleren Lagen Kali.[52]

Inzwischen kommt die Erde nicht zur Ruhe. Noch während das Zechsteinmeer verdunstet, beginnt Pangaea, sich aufzulösen. Europa driftet nach Norden, ein paar Zentimeter im Jahr, ein paar zig Kilometer in einer Million Jahren. Gebirge erheben sich und werden wieder rund geschliffen, neue Gesteinsschichten lagern sich in dem vertrockneten Becken ab. Unter ihrem Druck wird das spröde Salz plastisch, und die Gitter verschieben sich. Es beginnt zu »fließen«, wie die Geologen sagen. Die waagerechten Salzlagen wölben sich auf und werfen Falten wie ein zusammengeschobenes Tischtuch, Hunderte, manchmal tausend Meter tief in der Zeit.[53]

Heute dauert der Weg zu diesem Salz neunzig Sekunden. Dann erreicht der Förderkorb in der Grube Merkers den Kali-Flöz *Hessen* in rund 650 Metern Tiefe. Die Grube Merkers ist Teil des Verbundwerks Werra, eines Zusammenschlusses von vier ehemals eigenständigen Bergwerken rund um den Monte

Kali. In diesem Revier wird seit Ende des 19. Jahrhunderts Kali gefördert, zunächst aus dem Flöz *Hessen*, später auch aus dem rund 60 Meter tiefer liegenden Flöz *Thüringen*. Seit 1993 wird in der Grube Merkers kein Kali mehr abgebaut. Stattdessen wird sie als Besucherbergwerk genutzt.

Vom Förderkorb geht es durch eine Art Schleuse. Beim Öffnen der Türen spüren wir einen Luftzug. Das »Wetter« sagen die Bergleute zu der lebenswichtigen Atemluft, die unablässig von oben durch den Berg gepumpt wird. Sie haben ihre eigene Sprache hier. Tiefe ist »Teufe«, die langen Tunnel sind »Strecken«, die niedrige Decke ist die »Firste«. Im offenen Mannschaftswagen sitzen sich die Besucher in zwei behelmten Reihen gegenüber. Über uns Salz, unter uns auch. Wo die Tunnel sind, war früher das Kali. Jetzt liegt es irgendwo auf einem Acker.

Unsere Fahrer haben uns vor der Abfahrt versichert, dass wir die ganze Zeit nicht schneller als mit Tempo dreißig unterwegs sein würden. Doch auf der zugigen Pritsche in den engen Gängen fühlt es sich an, als trainierten die Männer mit ihren signalgelben Lastwagen für die Rallye Paris-Dakar. Die Piste folgt den Wellen und Falten der Salzlager. Statt auf ebenen Bahnen jagen wir also im Berg auf und ab und einmal sehr steil hinunter. Unauffällig schnalle ich den Helm fester.

Das Netzwerk aus Tunneln und Schächten, Rettungskammern, Förderbändern und Kabeltrassen erstreckt sich über Hunderte von Kilometern, immer den Kalischichten nach. Ein ehemaliger Elektrosteiger erzählt uns, er sei im Jahr 20 000 Kilometer unter Tage gefahren. »Das ganze Jahr im Cabrio«, sagt er und grinst. Die Gänge sind grob behauen, zweckmäßig und solide. An einer Stelle bremsen die Wagen, und wir sehen für einen Moment rötliche Kalisalze in der Wand schimmern.

Doch die meiste Zeit sind die Wände stumpf und grau. Die ganze Anlage hat den Charme einer Tiefgarage.

Hier und da bekommt man eine Ahnung von den Mühen, die der frühe Kalibergbau mit sich brachte. In einer Nische sind Wachspuppen mit Schaufeln und handbetriebenen Bohrern ausgestellt, leicht geduckt in einem knapp mannshohen Gang. Als Rohstoff entdeckt wurde Kali 1856 in Staßfurt im heutigen Sachsen-Anhalt. Dort gab es schon seit dem Mittelalter eine Saline zur Salzgewinnung, und in der Mitte des 19. Jahrhunderts wollte die preußische Bergverwaltung neue Vorkommen erschließen, um den steigenden Bedarf an Steinsalz zu decken. Auf dem Weg zu den Steinsalzschichten mussten die neuen Schächte auch durch eine Lage Kalisalze getrieben werden. Kalisalze schmecken bitter. Darum galten sie als weitgehend unbrauchbar und landeten zunächst als Abraum auf der Halde. Doch schon bald begann sich die damals noch junge chemische Industrie für die bitteren Salze zu interessieren.[54]

Denn Kalium war, in Form von Kalisalpeter, ein wichtiger Rohstoff für die Herstellung von Schwarzpulver, das damals zivil in immer größeren Mengen im Steinkohlebergbau und beim Eisenbahnbau gebraucht wurde und militärisch für alle Arten von Schusswaffen. Kalisalpeter war jedoch bis dahin ein knappes Gut. Am ehesten zu gewinnen war er in Form von kristallinen Ausblühungen an Stallwänden und Jauchegruben oder in eigens, oft von Amts wegen, zum Zwecke der Salzgewinnung angelegten Salpeter-»Plantagen« oder »-gärten«, die von Bäuerinnen und Bauern mit dem Mist und Urin ihrer Tiere beliefert werden mussten. Einzig England hatte zu dieser Zeit Zugriff auf eine große natürliche Lagerstätte in Indien und bestimmte mit dem sogenannten »Bengalsalpeter« den Weltmarkt. Diese Abhängigkeit empfand der Deutsche Zollverein, auf dessen Gebiet auch die Vorkommen in Staßfurt lagen, zunehmend als Nachteil.[55]

In Form von Pottasche war Kalium außerdem ein wichtiger Rohstoff für die damalige Glas- und Seifenproduktion und auch für die Herstellung von Beizen und Farben für die Textilindustrie. Auch hier war der Zollverein von Importen abhängig. Mitte des 19. Jahrhunderts geriet die Versorgung ins Stocken, unter anderem weil in der Folge des Krim-Krieges die Lieferungen aus Russland und aus anderen Gebieten unterbrochen wurden und später nie wieder ihr altes Niveau erreichten.[56]

Eine heimische Kali-Quelle war daher mehr als willkommen. Schnell kauften Chemiefabriken in Berlin und Magdeburg das Staßfurter Rückstandskali auf, und schon 1861 begann man in einem eigenen Bereich des Bergwerks mit dem gezielten Abbau der Kalisalze. Wegen der großen Nachfrage unternahm kurz darauf auch das benachbarte Herzogtum Anhalt erste Bohrungen. Um 1863 begann dort die Kaliförderung aus zwei Schächten in Leopoldshall, einer eigens gegründeten Siedlung nur wenige Kilometer von Staßfurt entfernt. So entstand ein Revier, das für die folgenden gut zwanzig Jahre praktisch die gesamte Kaliförderung der Welt ausmachte.[57]

Die Entdeckung des neuen Rohstoffs fiel in eine bewegte Zeit. In England war die industrielle Revolution schon in vollem Gange, nun setzte sie sich auch in Deutschland durch. Die deutsche Reichsgründung 1871 brachte für die Industrie und den Agrarkapitalismus einen neuen großen Markt und viel staatliche Unterstützung. Der stetig wachsenden und oft verarmten Bevölkerung brachte der Aufstieg der Industrie neue Zukunftsperspektiven. Immer mehr Menschen zogen in die Städte, wo sich ihr Lebensstil meist grundlegend veränderte, nicht nur was ihre Lebenschancen und Risiken anging, sondern das gesamte Zusammenleben: Freizeitgestaltung, politische Partizipation, Umgang mit Massenmedien. Häufig wurde sogar ihre Sprache eine andere.[58]

Ein besonderer Sog ging von den neuen Industrierevieren aus, und auch das Staßfurter Kali lockte viele Menschen in die bis dahin sehr ländliche Gegend. Innerhalb von wenigen Jahren siedelten sich rund um Staßfurt mehr als ein Dutzend Industrieunternehmen an, die in der Gewinnung von Kaliumchlorid aus Abraumsalzen ein gutes Geschäft witterten. Einige gingen ebenso schnell wieder pleite. Und doch verbreiteten sie ein regelrechtes »Chlorkaliumfieber«, das die kleine Stadt für immer veränderte. In den 1870er-Jahren sollen 200 Schlote im und um das Stadtgebiet gestanden haben.[59] Die Kalifabriken beschäftigten Tausende neuer Arbeitskräfte, meist ehemalige Tagelöhner aus der Landwirtschaft, aber auch Bergleute aus den nahen Braunkohlerevieren, den Mansfelder Kupferschiefergruben und den Wettiner Steinkohlelagern.[60] Diese plötzliche intensive Industrialisierung auf engstem Raum brachte die Infrastruktur der kleinen Stadt an ihre Grenzen. Zeitgenossen berichten von »bodenlosen schlammigen Straßen«. Die abfließenden Salzlaugen aus den Fabriken verdarben das Trinkwasser. Schon in den 1860er-Jahren war in Staßfurt »kein trinkbares Süßwasser mehr zu erbohren«. Die Kriminalitätsrate war hoch. »Leute mit klangvollem Namen und schlechter Vergangenheit ließen sich hier nieder«, hieß es.[61]

Die Chemieindustrie entwickelte sich in dieser Zeit zu einem wichtigen Motor der deutschen Volkswirtschaft, eine Rolle, die sie bis heute innehat. Die jungen Kaliwerke, die mit ihren Produkten unter anderem die Farbenindustrie belieferten, hatten daran einen großen Anteil.[62] Doch trotz des Booms in den Gründerjahren begann die Nachfrage aus der Chemie nach

Kaliumchlorid Mitte der 1880er-Jahre zu stagnieren. Schwarzpulver, das wichtigste Endprodukt für die in Staßfurt geförderten Kalisalze, wurde zunehmend von neuen, wirkungsvolleren Sprengstoffen wie Dynamit verdrängt. Die Kalifabrikanten und -bergwerke suchten daher dringend neue Absatzmöglichkeiten für ihre Produkte. Zu ihrem Glück (und durchaus mit ihrem Zutun) eröffnete sich dem Kali in den folgenden Jahren buchstäblich ein neues Feld.

Durch einen historischen Zufall lagen die ersten Kali-Minen der Welt am südlichen Rand der Magdeburger Börde, einem der größten Zuckerrübenanbaugebiete Europas. Dort machte den Bauern seit Jahren die »Rübenmüdigkeit« der Böden zu schaffen.[63] Die Erträge begannen zu sinken, eine Bedrohung für die Profite aus der Zuckerindustrie. Der Grund für die müden Rüben: Kalium-Mangel. Ausgerechnet.

Zuckerrüben mögen gemäßigte Temperaturen, viel Licht, eine gute Wasserversorgung und tiefgründige, nährstoffreiche Böden. Und sie mögen Kalium. In der Vergangenheit hatte man sich das zunutze gemacht, um aus der Rübenmelasse, die bei der Zuckerproduktion als Abfall übrig bleibt, Pottasche zu machen. Doch Mitte der 1850er-Jahre war der Rübenindustrie ihr eigener Erfolg zum Verhängnis geworden. Die hohen Gewinne aus der Zuckerherstellung förderten einen Rübenanbau in Monokultur. Die intensive Nutzung entzog den Böden die Nährstoffe jedoch schneller, als man sie mit den damals üblichen Düngemethoden aus Mist und Kompost nachliefern konnte. Die Landwirte begannen also, Dünger von außerhalb heranzuschaffen, Knochenmehl etwa oder später Chilesalpeter. Diese Importdünger deckten den Bedarf an Stickstoff und Phosphor ab und erlaubten zumindest eine Zeit lang weiter hohe

Erträge. Kalium jedoch lieferten sie kaum – und irgendwann wurden die kaliumhungrigen Rüben nicht mehr satt. Die Rübenbauern hatten daher schon früh begonnen, mit Abfallprodukten aus der Staßfurter Chlorkalium-Produktion zu experimentieren, um ihre Rübenwirtschaft aufrechtzuerhalten.[64] Und sie hatten Erfolg. Von 1861 bis 1873 verdoppelten sie ihre Erträge und zeigten all denen, die damals noch an der Düngewirkung von Kali zweifelten: Kali wirkt.

Die Kalifabrikanten nahmen diese Ergebnisse auf und verbreiteten sie in einer Kampagne mit Vorträgen und mehrseitigen Reklamebeilagen in verschiedenen Fachblättern eifrig weiter.[65] Dennoch blieb der Kalieinsatz als Dünger in Deutschland zunächst ein Nebenzweig. 1872 machte sein Anteil nur etwas über fünf Prozent aller Erzeugnisse der Kaliindustrie aus.[66] Doch das sollte sich ändern.

Schon früh erschlossen sich die Kaliproduzenten auch Märkte im Ausland. Ein wichtiger Abnehmer waren die USA, nachdem auch in der »Neuen Welt« keine neuen Ackerflächen mehr zu finden waren und die Erträge sich nur noch durch Intensivierung des Anbaus auf den vorhandenen Flächen steigern ließen. Vor allem die amerikanischen Tabak- und Baumwollplantagen hatten großen Bedarf an dem Nährstoff und auch das nötige Kapital, um den Kalidünger aus Europa zu importieren. Auf großen Frachtseglern reiste das Kali ab Hamburg über den Ozean. Auch Brasilien, Ceylon und Kuba begannen, Kalidünger aus den Staßfurter Minen zu importieren.[67]

Dort hatte sich der wilde Kalimarkt der Gründerjahre inzwischen konsolidiert. Kalifabriken und -bergwerke hatten sich zu einem Kartell zusammengeschlossen und bestimmten die Preise, allerdings hatten die finanzstärkeren Bergwerke gegenüber den Kalifabriken zunehmend das Sagen. Um von der neuen, nahezu unbegrenzten Nachfrage aus der Landwirtschaft zu profitieren, gingen sie dazu über, ihre Kali-Rohsalze mit wenig Aufwand selbst aufzubereiten und als Dünger zu verkaufen, anstatt den Umweg über die Kalifabriken zu nehmen.[68] Systematisch bauten sie neue Handelsbeziehungen und Vertriebsstrukturen auf. 1885 beispielsweise schloss das Kali-Kartell einen Vertrag mit der damals neu gegründeten Deutschen Landwirtschafts-Gesellschaft (DLG), die Kalidünger im großen Stil aufkaufte und direkt an die Landwirte weitervertrieb.[69] Auch von Staats wegen gab es Unterstützung für den neuen Industriezweig. So wurde zum Beispiel der Bahntransport durch die Einführung von »Specialtarifen« für Dünger deutlich billiger, sodass die Handelsgewinne der Kaliindustrie im Inland nicht länger durch hohe Frachtkosten aufgezehrt wurden. Mit der Verwendung des Kalisalzes Kainit als Düngerrohstoff setzte außerdem eine erste Standardisierung ein.[70] Bis dahin hatten die Kalifabriken ihre Dünger nach eigenen, mehr oder weniger wirksamen Rezepturen zusammengerührt, und für die Landwirte war es nicht immer leicht gewesen, guten Dünger von nutzlosen Pulvern zu unterscheiden. Kainit hat von Natur aus eine günstige Mischung verschiedener Elemente und einen relativ hohen Kaligehalt und war damit den meisten Mixturen aus der Industrie überlegen. Für die Landwirte brachte das mehr Sicherheit. Für die Bergwerke einen neuen Absatzmarkt.

Alle diese Faktoren führten dazu, dass der Einsatz von Kalisalzen in der Landwirtschaft anstieg, und zwar schnell. 1880 wurden knapp über 29 000 Tonnen umgesetzt.[71] Zehn Jahre später war es mit gut 71 000 Tonnen schon mehr als das Doppelte.[72] Motiviert durch die steigende Nachfrage, wurden neue Kalilagerstätten erschlossen, fast alle im urzeitlichen Zechsteinmeer. Ab 1886 war es das Norddeutsche Kalirevier im Großraum Hannover, unter anderem mit einem Schacht in Bad Salzdetfurth. 1892 begannen die Bohrungen für die erste Förderanlage im Südharz-Revier rund um Bleicherode und Sondershausen. 1893 stieß man im Werra-Fulda-Revier auf die ersten Kalivorkommen. 1904 fand man außerdem im Elsass, das damals zu Deutschland gehörte, im Oberrheingraben ein weiteres, deutlich jüngeres Kalivorkommen aus dem Tertiär.[73]

Diese rasant wachsende industrielle Förderung stellte schnell den ganzen Weltmarkt für Kali auf den Kopf. Kleinere Produzenten in Schottland oder Frankreich, die Pottasche für die Glas- oder Seifenproduktion aus Seetang (Kelp) oder in Meersalinen aus Mutterlauge produzierten, hatten gegen die hoch konzentrierten Kalisalze aus den deutschen Minen keine Chance mehr. Zum Ende des Jahrhunderts hatte Deutschland damit praktisch das Weltmonopol für Kali. [74]

Wie groß die internationale Abhängigkeit von den Düngesalzen damals schon war, zeigte sich in den USA. Das Land war nach wie vor der größte Importeur der Staßfurter Salze. Als diese Kalilieferungen während des Ersten Weltkriegs plötzlich abrissen, löste das in der intensiven Landwirtschaft Nordamerikas einen regelrechten Kali-Notstand aus. Hastig begann man, nach alternativen Kaliquellen zu suchen, etwa aus Salzsolen im Bundesstaat Nebraska oder aus Kelp-Asche an Kaliforniens Küsten. Doch sobald das Kali aus den Bergwerken wieder zur Verfügung stand, kehrten die Landwirte zu den konzentrierten Salzen zurück.[75]

Mit Kriegsende fiel das Elsass mitsamt seinen Kaliminen zurück an Frankreich, und Deutschland verlor sein Monopol. Zwar schlossen sich die deutschen und französischen Kaliproduzenten schnell zu einem neuen Kartell zusammen, und der Kalihandel kam wieder in Gang, doch die internationalen Kräfteverhältnisse begannen sich zu verschieben. Zwischen 1920 und 1931 wurden in Polen, Spanien, Palästina, den USA und der Sowjetunion neue, zum Teil sehr ergiebige Kalilagerstätten erschlossen. Die größte bekannte Kalilagerstätte liegt heute in der kanadischen Provinz Saskatchewan, und Kanada ist mit etwa 13 Millionen Tonnen der mit Abstand größte Produzent.[76] Wichtige Förderländer sind außerdem Russland, China und Belarus, die gemeinsam im Jahr 2023 etwa 40 Prozent der weltweiten Kaliproduktion von 39 Millionen Tonnen abdeckten.[77]

Deutschland gilt inzwischen als rohstoffarmes Industrieland – beim Kali jedoch ist es ein wichtiger Akteur auf dem Weltmarkt geblieben. Mit 2,6 Millionen Tonnen pro Jahr ist es der fünftgrößte Kaliproduzent der Erde und der Hauptlieferant für ganz Europa.

Die Schächte in Staßfurt, in denen der Kali-Boom einst begann, wurden schon im Oktober 1900 nach einem Wassereinbruch stillgelegt. In den Jahren darauf senkte sich als Folge des Bergbaus das gesamte Stadtzentrum ab, viele Häuser bekamen Risse und drohten einzustürzen. Seit 1905 mussten daher das Rathaus, die Schule, eine Kirche und etwa hundert weitere Gebäude abgerissen werden.

Statt Dutzender Kaligruben Anfang des 20. Jahrhunderts fördern heute in Deutschland noch drei Bergwerke Kali: Zielitz bei Magdeburg, Neuhof-Ellers bei Fulda und das Werra-Verbundwerk. Durch sie ist das wertvolle Salz aus dem Zechsteinmeer weiterhin unterwegs in alle Welt und bringt Tausende Menschen in Lohn und vielen Millionen Brot. Doch bei allem Wohl und Wohlstand, den das Salz brachte und noch immer bringt – sein Abbau fordert auch einen Preis.

Kali im Fluss

Im Besucherbergwerk an der Werra erreichen wir den Kalirohsalzbunker, eine gewölbte Halle, 250 Meter lang, knapp sechs Etagen hoch – ein Kirchenschiff im Salz. Hier wurde das Rohsalz gesammelt, bevor es an die Oberfläche kam, ein gigantischer Pufferspeicher, damit über Tage die Fabriken nicht stillstanden, während unter Tage am Wochenende die Gewinnung ruhte. Heute wird der Raum nur noch als Konzertsaal genutzt, doch seine Dimensionen lassen ahnen, was für Mengen an Salz hier umgeschlagen wurden.

Etwa 70 000 Tonnen Rohsalz am Tag fördert das Verbundwerk Werra aktuell. Jede Tonne Rohsalz, die aus dem Bergwerk kommt, besteht nur zu etwa einem Viertel aus nutzbaren Kalisalzen. Der Rest ist Abfall. Bevor das Kali also Dünger werden kann, muss das wertvolle vom wertlosen Salz getrennt werden. Eines der gängigsten Verfahren ist die sogenannte Flotation: Das Rohsalz wird in großen Wannen mit einer speziellen Flüssigkeit versetzt, in der die Kalisalze an der Oberfläche aufschwimmen und abgeschöpft werden können. Das wertlose Steinsalz bleibt in der Flüssigkeit zurück. Diese und ähnliche salzige Abwässer werden seit über hundert Jahren in die Werra geleitet.

Die Werra oberhalb der Kaliwerke ist ein typischer, mäßig belasteter Mittelgebirgsfluss mit einem Salzgehalt von 0,4 Promille. Die Werra unterhalb der Kaliwerke ist auf einer langen Strecke ein Brackwasser mit mehr als zehnmal so viel Salz.[78] Ein paar Promille Unterschied klingen vielleicht nicht dramatisch. Doch für die Lebewesen in der Werra liegen zwischen diesen Werten Welten. Denn sie leben in diesem Wasser. Ständig wird ihr ganzer Körper umströmt, so wie unserer von der Luft. Und so, wie wir es merken, wenn die Luft um uns herum dünner wird oder dicker oder stinkt, so spüren Wasserwesen wie Schnecken, Krebse oder Köcherfliegenlarven, wenn ihr Lebensraum salziger wird. Das ist wichtig, denn sie stehen mit dem Wasser in einem ständigen Austausch, und ihr Salzhaushalt ist genau auf die Salzmenge und auch auf die Zusammensetzung der Salze im Wasser abgestimmt. Wird diese Balance gestört, geht es den Tieren an den Kragen. Einige überleben auch im salzigen Wasser, doch die Vielfalt geht verloren. Das System wird ärmer.

Fische sind homöostatisch, das heißt, anders als die meisten Kleintiere und Pflanzen können sie ihren Salzhaushalt aktiv regulieren und an die Umgebung anpassen. Doch das kostet Energie, die dann für die Fortpflanzung oder die Immunabwehr fehlt. Neue Studien an verschiedenen Süßwasserfischen zeigen: Bei hohen Salzgehalten ist ihr Gesundheitszustand schlechter, Wunden verheilen langsamer oder gar nicht, Larven schlüpfen zu früh oder haben Missbildungen, etwa Verformungen der Wirbelsäule. Erwachsene Fische können ihre Kiemenstruktur anpassen, um die Salzionenaufnahme aus dem Wasser zu verringern, zum Beispiel indem sie die äußerste Hautschicht, das Kiemenepithel, verdicken. Doch damit verringern sie auch ihre Kapazität zum Gasaustausch, das heißt, das »Atmen« wird ihnen schwerer. Auf die Dauer wird dieser Stress zu hoch, und die Bestände schrumpfen, empfindliche Arten verschwinden ganz.[79]

Bis heute gilt die Werra auf etwa 150 Kilometern unterhalb der Kaliwerke als einer der am stärksten belasteten Flüsse Europas.[80] Doch sie ist kein Einzelfall. Auch in anderen Kalirevieren, etwa in Kanada oder Spanien, sind Flüsse durch Salzabwässer belastet. In der Werra ist der Höhepunkt der Einleitungen inzwischen überschritten. Noch in den 1980er-Jahren wurden an der Messstelle in Gerstungen in Thüringen Chloridwerte von nahezu 30 Gramm pro Liter (d. h. 30 Promille) gemessen.[81] Das ist mehr als in weiten Teilen der Ostsee. Nach 1990 wurden viele Kaliwerke geschlossen, und die Einleitungen gingen zurück. Seit dem Jahr 2000 liegen die Werte aufgrund von gesetzlichen Auflagen und verschiedenen technischen Maßnahmen in der Regel unter dem Grenzwert von 2,5 Gramm pro Liter. Auch die starken produktionsabhängigen Schwankungen bei den Einleitungen, die für viele Organismen zusätzlichen Stress bedeuteten, sind zurückgegangen. Doch auch unter diesen verbesserten Bedingungen ist der ökologische Zustand der Werra schlecht.

Lange Zeit wurden Abwässer aus den Kaliwerken auch in tiefere Gesteinsschichten zurückgeleitet. »Verpresst«, sagen die Bergleute. Doch das Salz blieb nicht in der Tiefe, um dort »auszusüßen«, sich also über die Jahrhunderte zu verdünnen, sondern stieg mit dem Grundwasser wieder auf. So gelangte es auf Umwegen doch wieder in den Fluss und auch in die Trinkwasserbrunnen von mehreren Gemeinden. 2021 wurde die Verpressung in den Untergrund daher endgültig eingestellt.

Und auch die Lagerung der Salzrückstände auf großen Halden wie dem Monte Kali löst das Problem der Salzabwässer nicht. Dabei fing alles so vielversprechend an. Mitte der 1970er-Jahre begann das Unternehmen K+S mit einem eigens entwickelten Verfahren, die Kalisalze auf trockenem Wege von den unerwünschten Restsalzen zu trennen.[82] Dazu wird das aufgemahlene Rohsalz elektrostatisch aufgeladen und dann durch ein Hochspannungsfeld geleitet, in dem sich die Salzbestandteile entsprechend ihrer elektrischen Ladung sortieren und damit trennen. Das Verfahren verbraucht weniger Energie als die klassischen Nassverfahren und produziert keine Abwässer, sondern nur trockene Salzabfälle, die man auf Halden lagern kann.

Aber die Halden bleiben natürlich nicht trocken, denn auch in der Mitte Deutschlands regnet es. Mit den Niederschlägen wird das Salz ausgewaschen. Und der Weg des Wassers führt wie immer zum Fluss. Deswegen gibt es ja überhaupt Flüsse. Ein Teil der Sickerwässer wird inzwischen in großen Rückhaltebecken aufgefangen und später kontrolliert abgeleitet, um die Salzlast zu dosieren. Doch auch dieses salzhaltige Wasser geht in die Werra. Und selbst wenn ab 2028 tatsächlich keine »hochmineralisierten Prozessabwässer« mehr aus den Fabriken abgeleitet werden sollten, wie es der Bewirtschaftungsplan für das Flussgebiet im Moment vorsieht: Die Haldenabwässer bleiben.[83]

Um sie weiter zu reduzieren, sollen die Halden nun abgedeckt werden. »Bis Ende des Jahres ist das hier grün«, sagt unser Haldenführer mit einer großen Handbewegung in Richtung eines frisch planierten blütenweißen Bereichs auf dem Plateau des Salzberges, einige Fußballfelder groß. Unser Besuchergrüppchen muss etwas ungläubig geguckt haben, denn schnell führt er aus: Dünnschichtabdeckung ... wasserundurchlässige Folie ... Mutterboden ... Kokosmatte ... angesät ... Zisterne für Brauchwasser. Bis 2035 soll das Plateau komplett begrünt sein. »Und die Flanken?«, fragen wir. Ja, die Flanken. Die seien natürlich die deutlich größere Oberfläche, räumt er ein. Und ja auch sehr steil. Da werde noch an einem Konzept gearbeitet.

Thomas Norgall ist stellvertretender Geschäftsführer im hessischen Landesverband der Umweltorganisation BUND. Er verfolgt die Entwicklungen an der Werra seit mehr als zehn Jahren. Mit seinem Verband hat er mehrere Klagen gegen das Regierungspräsidium in Kassel angestrengt, die genehmigende Behörde des Landes Hessen, und so unter anderem das Ende der Verpressung der Abwässer erwirkt. Im Interview macht er klar, dass er von den Abdeckungsbemühungen wenig hält.

»Selbst wenn die Haldenabdeckung gelingen sollte«, sagt er, »würde sie die Auswaschung der Salze ins Grundwasser und in die Werra nur verzögern, aber nicht ewig stoppen.« Norgall fordert darum, dass alle Salzrückstände wieder unter die Erde geschafft werden, zurück in die ausgebeuteten Salzminen, aus denen sie kamen. Teilweise werde das auch schon gemacht. »Anders ist die Versalzung der Werra nicht in den Griff zu bekommen«, sagt er. Allerdings räumt auch Norgall ein: »Natürlich ist das aufwendig. Und auch entsprechend teuer. Diese wirtschaftliche Seite kann man nicht ignorieren.« Denn wenn der Kali-Produzent pleitegehe, dann fielen die Halden an den Staat. Die Salzlasten blieben jedoch bestehen. »Darum ist es heute mit dem Umweltschutz komplizierter als früher«, sagt er. »Man kann nicht mehr einfach fordern, ›Macht die Dreckschleuder zu!‹, und alle Probleme sind gelöst.« Man könne nur darauf drängen, dass bessere Lösungen gefunden werden. Auch wenn sie aufwendiger sind. »Oder«, fügt er hinzu, »wir entscheiden uns als Gesellschaft, dass diese 150 Kilometer Fluss nicht zu retten sind. Doch das wäre mit geltendem Recht nicht vereinbar.«

Auf dem Salzberg scheint es, als wollte das Wetter das Thema Auswaschung noch einmal besonders betonen. Aus den Sturmwolken stürzt plötzlich Regen, in dicken Tropfen und großer Menge. Statt zum vorgesehenen »Picture Point« fürs Gruppenfoto eilen wir im Wolkenbruch die Halde hinunter. Auf halber Strecke sind wir nass bis auf die Haut, mühsam beschützen wir Kamera und Notizbuch. Das Wasser steht in den Bergschuhen. Das dunkle Leder ist am nächsten Tag weiß von Salz. Und braucht mehrere Waschungen, bis das alte Salz aus dem Zechsteinmeer wieder ganz gelöst ist.

Uns hat die plötzliche Naturgewalt sehr beeindruckt, doch

für die Kalisalze ist nichts daran ungewöhnlich. Immerfort wechseln sie zwischen Lösung und Kristall, zwischen fließend und starr. Zwischen Salzstock und Weltmeer, Laugenbad und Halde, Acker und Fluss.

Und doch muss man staunen. Während das Zechsteinmeer verdunstete, entwickelten sich die Vorfahren einer Spezies von heute, die ohne das Salz nicht leben kann – eben weil ihre Vorfahren ihren Ursprung in den salzigen Meeren der Vorzeit hatten und die Evolution, wie sie es immer tut, mit dem arbeitete, was sie vorfand. Mit Kalium, zum Beispiel. Darum gräbt diese Spezies – wir – Millionen Jahre später nach dem Salz aus der Tiefe und macht daraus einen Rohstoff. Das alte Salz prägt nicht nur unser Leben, sondern auch unsere Lebensart. Es befördert die frühe Industrialisierung und später die industrialisierte Landwirtschaft. Um die Minen wachsen Städte, die Nahrung für die Bevölkerung kommt von den gedüngten Feldern. Die Kumpel in den Minen sind stolz auf ihre Arbeit, ihre Gemeinden blühen. Und auf 150 Kilometer Fluss ist das Salz so dick, dass Fischeier schwellen und Köcherfliegen fliehen.

Doch Kali allein hätte wahrscheinlich längst nicht so viel Einfluss gewonnen, wenn nicht beinahe zur gleichen Zeit auch die anderen Dünger zu ähnlich günstigen Preisen verfügbar geworden wären. Aus den Salpeterfeldern der Atacama strömte mehr und mehr Stickstoff auf deutsche Äcker. Und auch für Phosphor, den unersetzlichen Dritten im Düngemitteldreigespann, eröffneten sich nach langer Suche endlich neue Quellen. Allerdings zeigt sich gerade beim Phosphor auch besonders deutlich, wie ein Nährstoff, einmal in Bewegung gesetzt, seine Wirkung rund um den Planeten entfaltet – im Positiven, aber auch mit fatalen Konsequenzen.

Wo liegt Banaba?

Über einem grünen Hügel in Neuseeland setzt ein schmales Doppeldeckerflugzeug zur Landung an. Es ist ein windiger Sommertag in den frühen 1950er-Jahren, der Zweisitzer ist eine de Havilland DH.82 »Tiger Moth«, eigentlich ein Schulflugzeug der Neuseeländischen Luftwaffe. Doch nun, in Friedenszeiten, finden die kleinen, gutmütigen Maschinen auch zivil Verwendung. Wie auch ihre Piloten.[84]

Die Maschine holpert über die improvisierte Piste auf einer Schafweide, ein Traktor schaufelt mit dem Frontlader ein grobes weißes Pulver in den Trichter eines mobilen Ladekrans. Der Kran schwenkt hinüber zum Cockpit. Der vordere Sitz ist ausgebaut, ersetzt durch einen Ladebunker. Ein Helfer öffnet einen Schieber, das Pulver strömt in den Bunker, feiner Staub überzieht Instrumente, Gesichter, Fliegerbrille. Das Ganze dauert nur wenige Minuten. Der Propeller läuft weiter, die Tiger Moth setzt sich wieder in Bewegung. Der Helfer umklammert das Ende der unteren Tragfläche, als Widerlager, damit die Maschine möglichst eng um ihn herumschwingt. Die Zeit zum Wenden ist knapp. Dann lässt er los, das Flugzeug knattert den Hang hinunter bis zur Geländekante und hebt ab. In der Ferne das Meer.[85]

Die Tiger Moth ist als Schulflugzeug so beliebt wegen ihres Flugverhaltens. »Easy to fly, but difficult to fly well«, sagen die Piloten, leicht zu fliegen in Standardsituationen, aber anspruchsvoll bei fortgeschrittenen Manövern. In der Agrarfliegerei also praktisch immer. Zwischen den steilen Hügeln fliegen sie in geringer Höhe, immer den Konturen des Geländes nach. Fliegen sie zu hoch, verstreut sich ihre Fracht zu weit. Fliegen sie zu tief – nun ja. Flugzeit ist teuer, die Kehren sind scharf, bei einer Bö in Bodennähe bleibt wenig Raum für Fehler. Doch die Risiken scheinen es wert zu sein.

Über dem Hang gegenüber öffnet der Pilot die Ladeklappe und lässt eine weiße Wolke hinter sich: reinstes Superphosphat, Phosphatgestein mit Schwefelsäure behandelt, der Dünger der Wahl für die neuseeländischen Böden. Die Wolke sinkt langsam zu Boden, die Tiger Moth kippt ab und kehrt zum Ladepunkt zurück, an einem guten Tag noch viele Dutzend Male.

Dieses *aerial topdressing,* das Düngen mit Flugzeugen aus der Luft, wurde in Neuseeland entwickelt. Pestizide und Saatgut werden auch anderswo aus der Luft verteilt, Dünger jedoch wird in den meisten Gegenden der Welt mit Fahrzeugen am Boden ausgebracht. In den hügeligen Weidelandschaften Neuseelands ist das kaum möglich. Doch Dünger wird dringend gebraucht. Denn die grünen Hügel Neuseelands, Inbegriff des Inselstaats, in dem mehr Schafe als Menschen leben, und Basis seines Wohlstands, waren nicht immer so grün. Sie wurden so grün gemacht. Und die Düngerfliegerei in den Fünfzigern ist nicht nur ein guter Job für pensionierte Kampfpiloten. Sie ist auch Bestandteil eines gigantischen Terraforming-Projekts, das bis heute andauert.

Die Grünland-Revolution

Als vor etwa 800 Jahren die ersten polynesischen Einwanderer, die Vorfahren der heutigen Maori, begannen, die beiden großen Inseln südöstlich von Australien zu besiedeln, war das Land fast vollständig bewaldet. Immergrüne Kauri-Bäume im Norden, ausgedehnte Steineiben- und Scheinbuchenwälder (*Podocarpus* und *Nothofagus*) weiter im Süden. Gras wuchs nur in den Hochlagen oberhalb der Baumgrenze oder an besonders trockenen Standorten.[86]

Wissenschaftliche Pollen- und Bodenanalysen zeigen, dass die Zahl der Brände auf den Inseln mit der Ankunft der Menschen schlagartig zunahm. Über die Gründe weiß man wenig. Manche der Feuer waren vermutlich mit Absicht gelegt, vielleicht um Moas aus den Wäldern aufzuscheuchen, gut mannsgroße Laufvögel, die inzwischen ausgestorben sind, oder um Platz zu schaffen für das Anpflanzen von Nutzpflanzen wie der Keulenlilie (*Cordyline australis*), aus denen die Maori Nahrung, Medizin und Fasern für Seile, Körbe und Kleidung gewannen. Doch die meisten Brände entwickelten sich wohl unabsichtlich aus Lagerfeuern oder Kochstellen. Welche Absichten die frühen Siedler auch verfolgten, ihre Feuer begannen, die Landschaft zu formen.[87]

Die abgebrannten Wälder kamen nicht wieder. An ihrer Stelle breiteten sich Farne und büschelige Tussockgräser aus, robuste einheimische Gräser, die in fast allen Lebensräumen der Inseln gedeihen können, sobald der Wald verschwunden ist. Als im frühen 19. Jahrhundert die ersten europäischen Siedler die Inseln erreichten, hatte sich fast ein Drittel der neuseeländischen Wälder in offenes Grasland gewandelt.[88]

Mit den Europäern kamen die ersten Weidetiere. Schafe vor

allem, von denen viele Neuseeländer im Stillen und nur halb im Scherz noch heute vermuten, sie seien die eigentlichen Herrscher im Land. Schafe sind genügsam, sie fressen auch Tussockgras. Es ist nicht so nahrhaft wie die europäischen Gräser, doch solange es ausreichend Platz gibt, werden genug Schafe satt, um eine produktive Weidewirtschaft zu betreiben.

Auch Tussockgras ist genügsam. Die Büschel wachsen langsam und leben lange. Feuer verkraften sie gut – Beweidung aber nicht. Schon gar nicht an den jungen, besonders schmackhaften Trieben nach einem Feuer. Für eine wachsende Schafwirtschaft ist das keine gute Basis. Schon bald brauchten die europäischen Siedler und ihre Schafe nicht nur mehr Flächen, sondern auch anderes Gras.

Die neuen Siedler rodeten die Wälder oder brannten sie nieder, um neues Kulturland zu gewinnen. Sie brachen die Tussockwiesen um und pflanzten eine Fruchtfolge aus Getreide, Futterrüben und Weidegräsern mit Saatgut, das sie aus Europa importierten. Eine »gute und andauernde Weide mit englischem Gras« wurde zum Qualitätsmerkmal für die neuseeländische Landwirtschaft.[89] Die Mühen machten sich bezahlt. In wenigen Jahrzehnten etablierten sich die neuseeländischen Schafwirte als Lieferanten für die anspruchsvollen Tuchmacher von Bradford in England, dem damaligen Zentrum der industriellen Wollverarbeitung.[90] Derweil kamen zu den Schafen in Neuseeland immer mehr Kühe, zur Wolle immer mehr Butter, Milch und Fleisch.

In Europa schritt die Industrialisierung voran, die Städte wuchsen. Es gab immer mehr Menschen, die essen mussten, und immer mehr, die sich besseres Essen leisten konnten. Vor allem mehr Fleisch.

In dieser Zeit lernten in den USA die großen Schlachthöfe

in Chicago ihre Waren mit Salzlake und Eis zu kühlen und in Eisenbahnwaggons ganzjährig durchs ganze Land zu schicken (statt nur im Winter mit offenen Türen zu fahren).[91] Doch das war keine Option für Produzenten, deren Fleischwaren nicht nur einen halben Kontinent, sondern zwei Weltmeere entfernt von ihrem potenziellen Markt heranwuchsen.

Der Durchbruch für die neuseeländischen Fleischproduzenten kam 1882 mit der ersten erfolgreichen Lieferung von Tiefkühlfleisch nach London mit der *Dunedin*, einem umgebauten Auswandererschiff. Die Reederei hatte das schnelle Passagierschiff mit einem dampfgetriebenen Bell-Coleman-Kompressor ausstatten lassen – einer neu entwickelten Kältemaschine, die Luft als Kältemittel nutzte und die den ganzen Lagerraum des Schiffes dauerhaft auf Gefriertemperatur halten konnte. Zweimal sollen auf dieser ersten Fahrt Funken aus der Kühlmaschine die Segel in Brand gesteckt haben.[92] Und als das Schiff bei Flaute in den Tropen lag und eine Kühlleitung blockiert war, soll der Kapitän persönlich in den Laderaum gekrochen sein, um die historische Fracht von 4311 gefrorenen Schafen, 598 Lämmern, einigen Schweinen und 2200 Schafszungen zu retten.[93] Er ist dabei offenbar fast erfroren und musste von seiner Crew an einem Seil aus dem Schacht gezogen werden.

Trotz dieser Schwierigkeiten erreichte die *Dunedin* ihr Ziel nach nur 98 Tagen, und von den fast 5000 gefrorenen Tieren an Bord war nur eines verdorben. Die Verbindung zu den Fleischmärkten Englands war hergestellt. Der wirtschaftliche Aufschwung Neuseelands schien gesichert.

Die steigende Nachfrage nach Fleisch und Milchprodukten sorgte dafür, dass die Betriebe in Neuseeland immer weiter expandierten, in immer abgelegenere, immer steilere Lagen des Hügellands.[94] Das ging vor allem auf Kosten der Wälder. In den

1880er- und 1890er-Jahren nahmen die Rodungen noch einmal deutlich zu. Doch auch die Zahl an Hochwassern, Erdrutschen und Dürren begann in dieser Zeit drastisch zu steigen.[95] Die europäischen Gräser waren zwar nahrhafter als die heimischen, taten sich aber auf den sauren, nährstoffarmen Böden Neuseelands schwer. Auf frisch gerodeten und abgebrannten Flächen gediehen sie gut, aber die Schafwirte sahen deutlich, wie die Düngewirkung der Aschen nach einigen Jahren nachließ und die eingeführten Gräser den Boden mit ihren Wurzeln nicht mehr halten konnten. Schon früh benutzten sie daher Kalk, um die Böden zu neutralisieren, und auch Knochenmehl als Dünger.[96]

Im Ersten Weltkrieg requirierte das Vereinigte Königreich die landwirtschaftlichen Produkte Neuseelands und kaufte Fleisch, Wolle, Käse und Butter zu hohen Preisen, oft mehr als die Hälfte über den gängigen Marktpreisen. Das führte nach dem Krieg zu einem kurzen Boom in der neuseeländischen Landwirtschaft und festigte die Rolle des Landes als »Großbritanniens Farm«.

Doch schon während des Krieges war die Produktivität der Flächen gesunken, unter anderem wegen ausgebliebener Düngerlieferungen. Statt Aufschwung folgte auf den Krieg die Rezession. Mehr als einem Drittel der zurückgekehrten Soldaten, die in einem groß angelegten staatlichen Förderprogramm Land erworben hatten, gelang es nicht, damit ihren Lebensunterhalt zu bestreiten. Und auch in vielen etablierten Betrieben waren die Weiden in einem schlechten Zustand, manchmal bis zu dem Punkt, dass der kahle Boden hervorkam. Kaninchenplagen und wuchernde Unkräuter machten den Viehwirten zusätzlich zu schaffen.[97]

Doch die Weidewirtschaft war inzwischen zum Rückgrat der

gesamten neuseeländischen Wirtschaft geworden. Schwächelnde Gräser waren nicht akzeptabel. Das Landwirtschaftsministerium ergriff daher in den 1920er- und 30er-Jahren entschiedene Maßnahmen, die zu dem führten, was Wissenschaftler heute oft die »Grünland-Revolution« nennen. Wie in der »Grünen Revolution«, die gut eine Generation später den Ackerbau in vielen Regionen der Welt von Grund auf veränderte, setzte die neuseeländische Regierung auf den systematischen Einsatz von Phosphatdünger und eigens gezüchtetem, besonders produktivem Saatgut. Eine »Duokultur« aus importiertem Weidelgras (auch bekannt als Ausdauernder Lolch oder Dinkelspelze) und Weißklee wurde zum neuen Ideal für neuseeländische Weiden erhoben.[98] »Es ist nicht richtig, wenn eine solch beträchtliche Fläche an Land nicht ihren angemessenen Beitrag leistet«, erklärte damals Bruce Levy, einer der Hauptarchitekten des neuen Weideregimes.[99] Eine erfolgreiche Bewirtschaftung des Grünlands sei technisch mindestens so anspruchsvoll wie jede Form von Landwirtschaft »mit dem Pflug«, gab sein Vorgesetzter Alfred Cockayne zu, aber die Wirkung stelle sich ein »mit einer Geschwindigkeit, die an das Magische grenzt«.[100]

Die Idee ist einfach: Der Dünger bringt mehr Phosphat in den Boden, dadurch wächst der Klee besser. Dessen Knöllchenbakterien binden mehr Stickstoff, dadurch wächst das Gras besser. Doch trotz aller »Magie« nimmt die Erosion in den 1930er-Jahren weiter zu. 1938 überschwemmt eine schwere Sturzflut auf der Nordinsel ein Camp von Eisenbahnarbeitern und tötet 22 Menschen.[101] Überall im Hügelland zeigen Erdrutsche, dass das Gras den Boden nicht halten kann. Bäche werden zu reißenden Schlammströmen, ganze Hänge rutschen ins Tal. Dazu kommen Blähsucht beim Vieh durch zu viel Klee und Vergiftungen durch einen mutterkornartigen Pilz im Weidelgras.[102] Dann wird im Zweiten Weltkrieg auch noch der Phosphatdünger rationiert, weil durch das Kriegsgeschehen die Lieferungen aus Übersee ausbleiben.[103] Nach dem Krieg ist die Situation auf den Weiden Neuseelands entsprechend bitter. Doch die Not im Commonwealth ist groß, die Menschen im Mutterland müssen ernährt werden. Großbritanniens Farm muss liefern, irgendwie.

1948 sind ungefähr 85 Prozent des angesäten Graslands in Neuseeland Weidelgraswiesen.[104] Das Düngen von Hand, wie es bisher üblich war, ist auf diesen gewaltigen Flächen nicht mehr möglich, selbst als wieder ausreichende Mengen an Dünger zur Verfügung stehen. Das neuseeländische Landwirtschaftsministerium beginnt daher schließlich mit Versuchen zur Düngung aus der Luft.

Die Experimente erweisen sich als erfolgreich, und als wenige Jahre später der Koreakrieg ausbricht und die USA weltweit große Mengen an Wolle aufkaufen, um ihre strategischen Lager zu füllen, sind plötzlich ausreichend Geld und Nachfrage vorhanden, dass sich die Düngerfliegerei für die neuseeländischen Viehwirte auch wirtschaftlich lohnt.[105] Bis Ende der 1950er-Jahre gründen sich Dutzende von Firmen, die sich auf die Düngung der Weiden aus der Luft spezialisiert haben.[106] Die improvisierten Tiger-Moth-Doppeldecker werden bald durch eigens entwickelte Leichtflugzeuge ersetzt. Zwischen 1949 und 1980 streuen diese *Topdresser* über 27 Millionen Tonnen Phosphatdünger und andere Nährstoffe über das Land. Die Zahl der Schafe erreicht 1982 mit 70 Millionen ihren Höchststand.[107] Der Dünger aus der Luft ermöglicht der Weidewirtschaft in Neuseeland noch einmal eine große Expansion und sichert dem Land seinen Wohlstand auf Jahrzehnte.

Doch dieser Wohlstand ist teuer erkauft. Nicht nur in Neuseeland, wo Düngen und andere Maßnahmen zum Schutz vor Erosion ihrer Weiden die Viehwirte jährlich Millionen kosten. Sondern vor allem in den Gegenden der Welt, wo der Phosphor herkommt, der diese ganze Weidewirtschaft überhaupt erst möglich macht. Denn während der Nährstoff für die Siedlerfamilien Neuseelands eine neue Lebensgrundlage und damit eine neue Heimat schafft, bringt die Ausbeutung seiner Lagerstätten anderswo für die Bevölkerung dort vor allem Zerstörung und den Verlust der Heimat.

Te aba – das Land und die Menschen

Während sich in Neuseeland die Tiger Moth über neu ergrünenden Hügeln durch die Lüfte schwingt, stampft auf einer kleinen Insel nahe am Äquator eine Dampflok wie eine eifrige Raupe durch eine Landschaft aus pockigen weißen Felstürmen. Hinter sich auf schmaler Spur eine Kette schaukelnder Loren.[108] Der Zug erreicht die Küste. Eine stählerne Ladebrücke ragt weit genug ins Meer, um große Schiffe zu befrachten, ein wichtiger Fortschritt gegenüber den hölzernen Stegen der frühen Jahre, denn das Manövrieren vor der kleinen Insel ist schwierig. Die Strömungen sind stark, die Küste ist steil und das Meer zu tief für die meisten Ankerketten. Mehr als ein Frachtschiff ist auf dem vorgelagerten Korallenriff schon leckgeschlagen und gesunken.[109]

Doch die rauen Brocken in den Loren sind es offenbar wert. Es ist Phosphatgestein höchster Güte, und in den 1950er-Jahren gehört die kleine Pazifikinsel Banaba zu den ergiebigsten Phosphatvorkommen der Welt. Zusammen mit der knapp 300 Kilometer weiter westlich gelegenen Insel Nauru liefert Banaba in dieser Zeit mehr als zwei Drittel des Rohstoffs für den kostbaren Phosphatdünger, der Tausende Kilometer weiter südlich die Weidewirtschaft Neuseelands vor dem Ruin bewahrt.[110]

Die ersten Europäer, die Banaba erreichten, waren Anfang des 19. Jahrhunderts vor allem Walfänger auf der Jagd nach Pottwalen. »In fruchtbaren Jahren«, schreibt der Umwelthistoriker Gregory T. Cushman, tauschten die Seeleute auf der Insel »Fisch, Feuerholz, Gemüse, Trinkwasser, kräftige neue Mannschaften und sexuelle Gefälligkeiten gegen süchtig machenden Tabak, metallene Werkzeuge, exotische Lebensmittel und die Chance, die Welt zu sehen«.[111] Dann fuhren sie weiter. An dem Erdreich unter den Palmen war niemand interessiert.

Etwa zur gleichen Zeit bereiste auf der anderen Seite des Pazifiks Alexander von Humboldt die Küste Perus und brachte die ersten Guanoproben zur Analyse nach Europa, und mit den ersten Erfolgen des Vogeldüngers begann die Suche nach allen möglichen neuen Düngerquellen. Im Süden Englands hatten die Paläontologin Mary Anning und andere Fossiliensammler ganze Felder mit Koprolithen entdeckt, den versteinerten Überresten von Dinosaurierkot, und mineralisierte Sedimente.[112] Die etwa kastaniengroßen Knollen sind reich an Phosphat. Bis der Handel mit diesen Urzeit-Exkrementen Mitte des 19. Jahrhunderts allmählich zum Erliegen kam, hatte man etwa zwei Millionen Tonnen der versteinerten Knollen ausgegraben und zu Dünger verarbeitet.[113]

In den Jahrzehnten zuvor war es vor allem Knochenmehl gewesen, mit dem man versuchte, die ausgelaugten Böden Europas zu besseren Ernten zu bewegen. Für diesen Zweck sollen von den Schlachtfeldern bei Waterloo Zehntausende Tonnen menschlicher und tierischer Knochen nach England verschifft worden sein. Deutschland importierte zu dieser Zeit ebenfalls Knochen, vor allem aus Russland, Nordamerika und Argentinien.[114] Mit der Kali-Förderung in Staßfurt erschloss sich Deutschland zum Ende des 19. Jahrhunderts außerdem eine weitere wichtige Nährstoffquelle. Doch Kali und Knochen reichten nicht. Der Vogelkot aus Übersee versprach mehr. Vor allem auch mehr Gewinn.

Der Erfolg des peruanischen Guanos lenkte zum ersten Mal den Blick der damaligen Handelsmächte auf die kleinen Inseln im Pazifik. In der Hoffnung, das peruanische Monopol zu umgehen, begann eine fieberhafte Suche nach weiteren »Vogelinseln«. 1856 erließen die USA den *Guano Islands Act,* ein Gesetz, das es Amerikanern erlaubt, unbewohnte Guanoinseln zeitweise zu besetzen. Insgesamt 66 Inseln weltweit haben die USA im Laufe der Geschichte auf dieser Basis in Besitz genommen, neun davon sind noch heute offiziell amerikanisches Staatsgebiet, darunter Jarvis und die Midwayinseln.

Andere Nationen wollten dem nicht nachstehen. Großbritannien, Frankreich, das Königreich Hawaii, Japan, Mexiko, Australien – sie alle beanspruchten im späten 19. Jahrhundert Inseln im Pazifik und vor der Küste Namibias als potenzielle Guanoquellen für sich.[115] Auch Deutschland strebte nach einer Position im Pazifik und besetzte 1888 die Insel Nauru, allerdings ohne zu ahnen, dass es damit auf eine wahre Schatzinsel gestoßen war.

Banaba und Nauru wurden als Düngerquellen erst relativ spät entdeckt. Die Guanojäger suchten vor allem nach Inseln mit großen Seevogelpopulationen, die entsprechend große Mengen an Vogelkot produzieren konnten, und weder Banaba noch Nauru hatten zu dieser Zeit große Kolonien vorzuweisen. Doch 1899 stolperte der Australier Albert Ellis über die reichen Vorkommen der beiden Inseln, beinahe buchstäblich, als ihm in einem Labor in Sidney ein Brocken Phosphatgestein auffiel, den die Laboranten als Türstopper benutzten. Ellis erinnerte dieser Brocken aus Nauru an eine andere Gesteinsprobe, die er wenige Jahre zuvor im Zuge seiner Arbeit als Erzprobierer und Prospektor für den Kaufmann und Guanomagnaten John T. Arundel auf einer anderen Insel genommen hatte. Doch das Ergebnis der chemischen Analyse überraschte auch ihn: Der Stein aus Nauru war ungewöhnlich reich an Trikalziumphosphat, also etwas anderes als Guano, aber ebenfalls ein sehr guter Dünger. Eilends herbeigeschaffte Gesteinsproben aus Banaba zeigten, dass ihr Phosphatgehalt sogar noch höher war. Ellis und Arundel erkannten sofort den enormen Wert dieser Vorkommen und wussten: Sie hatten keine Zeit zu verlieren. Wenige Monate später nahm Albert Ellis Kurs auf Banaba.[116]

Die Insel Banaba sitzt, wie auch Nauru, als sogenanntes »gehobenes Atoll« auf einem erloschenen Tiefseevulkan, der sich in der Kreidezeit vor etwa 120 Millionen Jahren vom Meeresgrund erhoben hat. Sowohl die Ozeane als auch das Land sind zu dieser Zeit reich belebt. Im Meer schwimmen, kriechen oder treiben Ichthyosaurier und Ammoniten, Rochen und Haie, Knochenfische, Seesterne, Meeresschildkröten und viele andere. An Land dominieren Dinosaurier das tierische Leben, doch auch Säugetiere sind schon vertreten, allerdings nur sehr kleine. In der Pflanzenwelt kommen in der Kreide zu Farnen, Bärlapppflanzen und Nadelbäumen die ersten Blütenpflanzen hinzu. Gräser dagegen liegen, als Banaba sich erhebt, noch einige Millionen Jahre in der Zukunft.[117]

Im Miozän, vor etwa 20 Millionen Jahren, liegt der Kraterrand Banabas so nah am Meeresspiegel, dass sich Korallen ansiedeln. Mit den Korallen kommen Fische und viele andere

Meereslebewesen. Die Strömungen um den Äquator bringen Nährstoffe aus den kühlen Tiefen nach oben, und um den Gipfel des Vulkanbergs herum wächst ein produktives Ökosystem heran, mit felsigem Riff, seichten Lagunen und reichem Sediment.[118] Über die Jahrmillionen hebt sich der Meeresboden langsam weiter, und die Inselberge mit ihm. Die Korallen sterben ab, doch das kalkige Riff, das sie gebaut haben, und die phospatreichen Sedimente dazwischen heben sich mit, gehen Verbindungen ein und versteinern. Heute liegt der höchste Punkt von Banaba um die achtzig Meter über dem Meer.

Angeschwemmte oder von Tieren verschleppte Nüsse, Sporen und Wurzelstücke keimen und fassen auf der kahlen Insel Fuß. Auf dem Sediment bildet sich Humus, die Insel wächst zu, ein grüner Klecks in den Weiten des Pazifiks, nicht viel mehr als sechs Kilometer im Quadrat.

Die ersten Menschen fanden vor etwa 2000 Jahren nach Banaba und dort ein neues Zuhause. Über drei Einwanderungswellen hinweg entwickelten sie ein eigenes und einzigartiges Gesellschaftssystem. Es war bestimmt durch Abstammungslinien und die besonderen Umweltbedingungen auf ihrer Insel und geprägt durch eine enge und innige Verbindung zwischen den Menschen und dem Land, auf dem sie lebten.[119] Der alte Vulkan im Ozean gab den Banabaern mehr als nur festen Boden unter ihren Füßen. Er wurde Teil ihrer Identität. Das spiegelt sich bis heute in der Sprache: Der Ausdruck *te aba* bezeichnet sowohl das Land als auch die Menschen.[120]

Anders als in den meisten benachbarten Kulturen war das Land auf Banaba nicht Gemeingut, sondern individueller Besitz. »Jede Person, Mann oder Frau, erwachsen oder Kind, hatte ihr eigenes, sorgfältig markiertes Stück Land, das sie nach eigenem Ermessen behalten, tauschen oder abgeben konnte«, schreibt die Anthropologin Katerina Teaiwa, die selbst banabaische Wurzeln hat.[121] Land verhalf zu Eigenständigkeit und gab Möglichkeiten, zu gestalten. Es war Währung und auch ein wichtiges Instrument zum Erhalt von Frieden und Gerechtigkeit auf der Insel. Das Forscherpaar Honor und Henry Maude listet 1932 eine lange Reihe von Anlässen und Umständen auf, wie und warum Land übergeben oder auch weggenommen werden konnte, darunter:

Te katautau: das Aufteilen von Land unter Kindern, indem man mit ihnen die Grenzen abgeht und Mutter und Vater entscheiden, welche Kinder Land aus der mütterlichen oder väterlichen Linie erhalten sollen

Te aba n nati: Land für adoptierte Kinder

Te nenebo: als »Blutgeld«, wenn das Land eines Mörders an die Familie des Opfers übergeht, in zwei Partien: *kie na* (die »Matte« für das Opfer) und *rabuna na* (das »Leichentuch« für das Opfer); auch das Kanu des Mörders wird übergeben als *bao na* (der Sarg)

Te aba n rau: das »Land des Friedenschließens«, das von einem Mann an den Ehemann der Frau übergeht, mit der er Ehebruch begangen hat

Te aba ni kamaiu: das »Land des Lebenspendens«, das an Menschen gegeben wird, die ihre Vorräte oder ihr spezielles Wissen etwa über den Fischfang teilen, vor allem in Zeiten von Hungersnot und Dürre

Te aba ni karaure: das »Land des Abschieds« als Zeichen besonderer Freundschaft außerhalb der eigenen Verwandtschaft[122]

Traditionell waren der Ozean und die Lüfte auf Banaba das Reich der Männer. Sie folgten den Fregattvögeln zu neuen Fischgründen, sammelten Treibholz, stiegen auf Bäume, um Früchte zu ernten. Alles Land dagegen lag in der Verantwortung der Frauen. Sie pressten Kokosöl, zogen Kürbisse groß, flochten Matten aus Pandanusblättern, stampften die Früchte zu einem haltbaren Mehl, kochten in Erdöfen, die wenig Brennstoff brauchten.[123] Frauen waren auch die Einzigen, die die *bwangabwanga* betreten durften, karstige Höhlen unter der Insel, in denen es Frischwasser gibt, überlebenswichtig vor allem in Jahren, in denen der Monsunregen ausbleibt.[124] Nach der banabaischen Überlieferung waren es *manai,* kleine Landkrabben, die den ersten Siedlerinnen den Weg zu diesen Wasserhöhlen zeigten. Den Eingang bewachte ein gewaltiger *ai,* ein Geist in Form eines Palmendiebs, einer einheimischen Krebsart mit mächtigen Scheren, die auf Bäume klettern kann. Dieser Geist ließ die Frauen passieren, die ihm eine Gabe seines Lieblingsbaums brachten, der Kokospalme, und sicherte so das Überleben der Inselbewohner. Kein Banabaer würde darum je einen Palmendieb töten. Erst spätere Siedler jagten den schmackhaften Krebs, bis er auf der Insel ausgerottet war.

Über viele Jahrhunderte war neben dem Land das Trinkwasser die wertvollste Ressource auf Banaba. Die Nutzungsrechte wurden entlang von Abstammungslinien vergeben, und bei lang anhaltender Trockenheit gab es strenge Regeln, wie viel Wasser die »Trinkenden am Stein« entnehmen durften.[125] Eine ideale Familie auf Banaba hatte daher einen Sohn zum Fischen, aber zwei Töchter, die Wasser sammeln konnten.[126]

Über viele Generationen haben die Banabaer so auf ihrer Insel überlebt, mit Dürren und Sturmfluten, guten Jahren und schlechten. Sie haben Kinder geboren und ihre Alten begraben, haben die Geister der Insel kennengelernt, wohlwollende wie böse, und Wege gefunden, mit ihnen und miteinander zu leben.

451 Banabaer sind auf der Insel zu Hause, als am 3. Mai 1900 das Schiff von Albert Ellis über den Horizont kommt. Wie es Brauch ist, haben ausgewählte Männer aus einer bestimmten Familie der Insel das Recht, als Erste an Bord zu gehen. Ihnen wird schnell klar, dass der Neuankömmling kein Walfänger ist. Er will kein Wasser, kein Brennholz, keinen Fisch. Er will Steine. Und offenbar sehr dringend. Noch am selben Tag lässt sich Ellis einen Vertrag unterzeichnen, der seiner Auftraggeberin, der Pacific Islands Company, für 999 Jahre exklusive Schürfrechte auf der ganzen Insel zusagt. Im Gegenzug sollen die Banabaer 50 Pfund im Jahr erhalten oder einen entsprechenden Gegenwert in Handelsgütern.[127] Ein lächerlicher Preis.

Die Banabaer machten Ellis schnell deutlich, dass die Männer, die diesen Vertrag unterschrieben haben, keineswegs berechtigt waren, über alles Land der Insel zu verfügen. Und doch, so beschreibt es der Umweltwissenschaftler Gregory Cushman, ist dieser Vertragsabschluss bis heute eines der am gründlichsten studierten Ereignisse in der pazifischen Kolonialgeschichte, weil er symbolisch für ein ganzes Jahrhundert ungerechter Behandlung der Inselbewohnerinnen und -bewohner steht. Unter den Banabaern gab es damals verschiedene Auffassungen. Einige waren durchaus interessiert an den neuen Handelsmöglichkeiten und dem Fortschritt, den diese der Insel bringen konnten. Andere waren skeptisch, vor allem was das Teilen der Trinkwasservorräte anging.[128]

Ellis war begeistert. Am Tag nach Vertragsabschluss schreibt er in sein Tagebuch: »Zusammen mit drei Einheimischen bin ich auf den Gipfel der Insel gestiegen, etwa anderthalb Meilen im Landesinnern und vielleicht 300 Fuß hoch … Die Inselmitte ist ein Plateau und besteht praktisch vollständig aus Phosphatgestein; viele Mauern der Eingeborenen sind ganz daraus gebaut, die Brocken in einer Größe, die man sofort verschiffen kann.«[129] Diese steinernen Mauern, die Ellis beschreibt, gehörten zu einem feinen Geflecht aus Begrenzungen und Terrassen, das die ganze Insel überzog. Sie dienten dazu, die komplizierten Eigentumsverhältnisse zu markieren. Oft waren sie Orte für wichtige Rituale in der banabaischen Gesellschaft.[130] Sie sind das Erste, was mit der Ankunft der Kolonialisten aus der Kulturlandschaft Banabas verschwindet. 1500 Tonnen der handlichen »Brocken« verlassen noch im selben Jahr die Insel.[131]

1901 reist der Geschäftsmann und Finanzier Arundel persönlich nach Banaba, um die Vermessung zu überwachen. Investoren für sein neues Bergbauvorhaben zu gewinnen fällt ihm leicht. Auf einer seiner Schiffspassagen trifft er den Plantagenbesitzer und Seifenproduzenten William Lever. Der steigt sofort mit ein. Jahre später wird er seine Firma Lever Brothers mit der Margarine Union zu Unilever fusionieren, bis heute einer der größten multinationalen Konzerne der Welt. Gegründet unter anderem auf den Gewinnen aus dem pazifischen Phosphatabbau.[132]

Bevor irgendjemand anderes Anspruch auf die Insel erheben kann, nehmen die Briten Banaba im Herbst 1901 offiziell in das britische Protektorat Gilbert- und Elliceinseln auf (heute die unabhängigen Staaten Kiribati und Tuvalu). Während auf Nauru noch mit den deutschen Kolonialherren verhandelt werden muss, fährt Arundels neu benannte Pacific Phosphates Company auf Banaba bereits die Produktion hoch.

Statt dem gelegentlichen Walfänger laufen nun jeden Monat Dutzende von Schiffen die kleine Insel an. Um das Verladen an der steilen Küste zu sichern, installieren Arundels Ingenieure riesige eiserne Ankerbojen, zu dieser Zeit die am tiefsten gegründeten der Welt. Die Frachter bringen tonnenweise Bauholz, Kohle und Stahl, Vorräte, Werkzeug und Maschinen. Und Menschen. Hunderte Arbeiter werden von den Gilbert- und anderen Inseln nach Banaba geholt, und auch aus China und Japan. Sie bauen Lagerhallen und Ladebunker, ein Kraftwerk, eine Anlage zur Wasseraufbereitung, Lokschuppen. Außerdem Quartiere für die Arbeiter, nach Volksgruppen getrennt, Häuser für die europäischen Manager und ihre Familien, Kantinen und Messen, Clubräume, einen Billardsaal, ein zweistöckiges Verwaltungsgebäude, Waschhäuser, Backhäuser, Krankenhäuser, Schulen.[133]

Anstelle des traditionellen Netzwerks aus steinernen Mauern und Terrassen überzieht schon bald ein Netz aus Bahntrassen die Insel. Eine Schmalspurbahn verbindet Phosphatsteinbrüche, Schiffsanleger, Trocknungsanlagen, Arbeiterbaracken, Werkstätten und die Siedlungen der Europäer. Eine ganze Flotte von vierrädrigen Dampflokomotiven der Berliner Firma Orenstein & Koppel wird aus Europa angeliefert. Sie schaffen nicht nur Phosphat, sondern auch Baumaterial und Waren, Maschinenteile und Menschen kreuz und quer über die Insel. An den steilen Hängen zur Küste, wo die Lokomotiven nicht weiterkommen, bauen die Ingenieure Schrägaufzüge mit breiten hölzernen Rampen. Als immer mehr frei gelegte Kalkfelsen das Gelände immer unwegsamer machen, errichten die Männer der Company Hunderte Meter überspannende Förderseilbahnen, um an das Phosphat zu kommen.[134]

Der Abbau zwischen den Kalkfelsen ist Knochenarbeit. Mit Schaufeln und Spitzhacken holen die Arbeiter das Phosphatgestein nach oben und schaffen es mit Schubkarren über schmale Bretterpfade zu den Trocknungsstationen. Die ersten Fabrikteile zur Phosphataufbereitung kommen gebraucht von anderen Inseln. Ellis ist nicht glücklich mit dem »Schrott«, mit dem er anfangs arbeiten muss. »Das Baumaterial, mit dem wir auf der Insel angefangen haben, hätte jedem Ingenieur, der auch nur ein bisschen auf sich hält, das Herz gebrochen«, notiert er später.[135] Doch mit den ersten verkauften Schiffsladungen Phosphat beginnt das Geld zu fließen, und die technische Ausrüstung verbessert sich schnell. Die neuen kohlegefeuerten Steinbrecher und Trockner bringen mehr Effizienz, aber auch schweren Rauch in der Luft – und Phosphatstaub in so großen Mengen, dass die Company es später für lohnend befindet, das Phosphat aus dem Staub mit elektrostatischen Abscheidern zurückzugewinnen. Über der einstmals ruhigen Insel im Pazifik liegt ein ständiger Lärm von Maschinen und Generatoren, von ratternden Zügen, pfeifenden Lokomotiven und gelegentlichen Sprengungen in den Steinbrüchen.[136]

Von Anfang an fuhr die Pacific Phosphates Company Gewinne ein, die »einen Ölindustriellen neidisch gemacht hätten«, wie Cushman schreibt.[137] »Der Phosphatabbau war für Arundel und Lever so lukrativ wie Gold.«[138] In ihren ersten dreizehn Betriebsjahren machte die Company einen Profit von 1,75 Millionen Pfund, was heute in etwa 284 Millionen US-Dollar entsprechen würde. Weniger als 0,1 Prozent davon gingen laut Cushman an die banabaischen Landbesitzerinnen und -besitzer. Später erhöhte die Company die Zahlungen an die Banabaer etwas, doch das Geld blieb in einem Treuhandfonds bei der Kolonialverwaltung hinterlegt.[139] 1908 machte der Phosphor von der kleinen Insel im Pazifik fünf Prozent der weltweiten Produktion aus.[140]

Nach dem Ersten Weltkrieg übernahmen 1919 die Regierungen von Großbritannien, Neuseeland und Australien mit der Britischen Phosphat-Kommission (British Phosphate Commissioners, BPC) den Phosphatabbau auf Banaba und Nauru. Arundel, Lever und die anderen Teilhaber der Pacific Phosphates Company erhielten insgesamt 3,5 Millionen Pfund als Entschädigung – die Menschen auf Banaba und Nauru praktisch nichts. Albert Ellis wurde der erste Phosphat-Bevollmächtigte für die neuseeländische Regierung.[141]

Die Ausbeutung der Phosphatvorkommen auf Banaba veränderte nicht nur die physische Landschaft der Insel, sondern auch ihre Kultur. Bis zur Ankunft der Kolonialherren hatten die Banabaer in lose verteilten Siedlungen zwischen den Palmenhainen gelebt. In der neuen Ordnung wurden sie in vier Dörfer umgesiedelt, jeweils um eine protestantische Kirche herum.[142] Die Anthropologin Teaiwa berichtet von diversen sogenannten »Eingeborenen-Erlassen«, die unter anderem regelten, wie Fahrräder zu beleuchten und umgefallene Bäume zu beseitigen waren, wer wo beerdigt und was wann gefeiert werden durfte. Tanzen, in der banabaischen Kultur ein wichtiges Medium zur Wissensweitergabe, war nur zwischen sechs und zehn Uhr abends erlaubt und nur mit besonderer Genehmigung der Behörden. Geprobt werden durfte tagsüber, dann aber nur mit maximal acht Personen.[143]

Die schiere Zahl an neuen Bewohnern, die für den Phosphatabbau herangeholt wurden, überstieg die Kapazitäten der Insel für das Verdünnen und Wegwaschen von menschlichen Exkrementen um ein Vielfaches. Immer wieder gab es Ausbrüche von Ruhr und anderen Magen-Darm-Infekten und auch von Kinderlähmung, Grippe, Tuberkulose. Dennoch, betont Cushman, war Banaba kein typischer Fall einer seuchengeplagten Pazifikinsel. »Im Vergleich zu anderen Orten in der Welt, inklusive vieler Mietskasernen in industrialisierten Ländern, war das Leben auf der Insel ein relativ gesundes.«[144]

Von den ersten Tagen des Abbaus an gab es zwischen den einheimischen Eigentümern und der Company Streit um Land. Einige der ergiebigsten Phosphatvorkommen lagen unter besiedelten oder mit Kokospalmen und anderen Nutzpflanzen bewachsenen Gebieten. Die Company wollte auch hier nach Phosphat graben und setzte die Eigentümer unter Druck. Viele von diesen weigerten sich jedoch, ihr Land für den Abbau zu verpachten, auch weil sie sahen, wie die Company immer wieder ihre Zusagen nicht einhielt, gerodete Palmenhaine und andere Nutzpflanzen wieder aufzuforsten. Die Früchte der Bäume waren eine wichtige Nahrungsgrundlage. Ohne sie waren die Menschen auf der Insel auf die Lebensmittel angewiesen, die die Company in ihren Läden verkaufte, Dosen und Reis aus Übersee zu hohen Preisen.[145]

Vor allem die Frauen Banabas wollten nicht zusehen, wie aus ihrem Zuhause ein industrieller Produktionsstandort wurde, aus der grünen, fruchtbaren Insel ein ausgeschabtes Gerippe. Der Phosphatabbau bedrohte nicht nur die Versorgung mit Trinkwasser und Lebensmitteln, er untergrub auch die wirtschaftliche und gesellschaftliche Stellung der Frauen auf der Insel. Die Männer konnten mit der Arbeit in den Steinbrüchen und dem Verkauf von Fisch Geld und Status erlangen. Die Arbeit und die Produkte der Frauen dagegen spielten in der neuen kolonialen Gesellschaft kaum noch eine Rolle. Auch politisch wurden die Frauen verdrängt. Dass ihre Stimme in den Ältestenräten der Insel das gleiche Gewicht hatte wie die der Männer, wurde von den Kolonialherren lange Zeit ignoriert. Auch wenn sie die würdevolle Stammesälteste Nei Teienemakin »die alte Königin« von Banaba nannten, so taten sie doch die meisten Frauen in den Dorfräten als »old hags«, als alte Schachteln ab.[146] Umso konsternierter waren sie angesichts des heftigen Widerstands, den ihnen die Frauen entgegensetzten. Der Historiker Barrie Macdonald zitiert aus einem Bericht von 1923: »Frauen, vor allem die Landbesitzerinnen in dem geplanten neuen Minenareal, sind zu diesem Zeitpunkt eigenwillig und blindlings gegen eine Übertragung ihres Landes, ganz gleich zu welchen Konditionen«, und beschreibt dann weiter, wie es zu einem späteren Zeitpunkt die Frauen waren, »die sich an die Bäume klammerten in einem Versuch, diese vor der Zerstörung zu bewahren«.[147] Frauen sorgten auch dafür, dass sich die Banabaer Landbesitzer zusammentaten, um geschlossen mit der Company und später mit der Phosphat-Kommission zu verhandeln.[148]

Dass der rücksichtslose Abbau das Überleben der Inselbewohner gefährdete, war auch den Kolonialherren schon früh klar. 1909 schrieb Arthur Mahaffy, ein hoher Kolonialbeamter für den West-Pazifik, in einem Bericht an die Regierung, dass Banaba in nur wenigen Jahrzehnten »gänzlich unbewohnbar für Menschen« werden würde, »eine reine Wüste aus spitzen Korallenfelsen«. Doch weder die privaten noch die staatlichen Betreiber waren bereit, den Inselbewohnerinnen und -bewohnern entgegenzukommen. Nach Ellis' Ansicht waren die Banabaer ohnehin »zu faul«, um etwas aus ihrem Land zu machen. Ein Teilhaber der PPC riet dazu, die Inselbewohner einfach zu ignorieren. Und der Industrielle Lever forderte, die Banabaer samt und sonders auf eine andere Insel umzusiedeln, um endlich unbeschränkten Zugriff auf die Phosphatvorkommen zu haben.[149] So blieb die Situation bis zum Zweiten Weltkrieg, als 1942 japanische Truppen Banaba und auch Nauru besetzten.

Die europäischstämmigen Bewohner waren kurz zuvor evakuiert worden, Banabaer und die Arbeiter von anderen Inseln ließ man zurück. Die japanischen Soldaten machten aus der abgelegenen Insel eine Festung. Doch ihre Versorgungslinien hielten nicht, und schon bald wurden die Lebensmittel knapp. Die Besatzer kontrollierten die mageren Vorräte mit brutaler Gewalt, schon kleinste Vergehen wurden bestraft, zum Teil mit öffentlichen Hinrichtungen. Beinahe hundert Inselbewohner verhungerten. 1943 deportierten die Japaner alle Banabaer und die Frauen und Kinder der übrigen Arbeiter in Lager nach Nauru und auf andere Inseln. Kurz darauf schnitten US-amerikanische Truppen Banaba gänzlich von der Versorgung ab. Dass dies auch für viele der verbliebenen Inselbewohner den Tod bedeutete, nahmen sie in Kauf. Die Überlebenden, mindestens 140 Männer von den Gilbert- und Elliceinseln, ließ der japanische Kommandant 1945 erschießen, zwei Tage nach der Kapitulation Japans. Ein Kriegsverbrechen, für das er später gehenkt wurde.[150]

Noch während des Krieges hatte die britische Kolonialverwaltung dem Industriellen Lever die Insel Rabi abgekauft, mit Geld aus dem banabaischen Treuhandfonds. Rabi (»Rambi« ausgesprochen) liegt gut 2000 Kilometer südöstlich von Banaba und gehört zur heutigen Republik Fidschi. Nach Kriegsende sammelte die Kolonialverwaltung die Banabaer aus den verschiedenen Lagern und von den verschiedenen Inseln ein. Ein Beamter malte ihnen ein düsteres Bild von den Bedingungen auf Banaba und erklärte, die Verwaltung habe weder die Ressourcen, ausreichend Lebensmittel nach Banaba zu schaffen, noch könne sie Unterkünfte bereitstellen. Auf Rabi dagegen seien die Bedingungen geradezu rosig, und die Banabaer hätten die Möglichkeit, dort für zwei Jahre in einer für sie vorbereiteten Siedlung zu leben, probehalber sozusagen. Alternativ könnten sie im Auffanglager bleiben, bis die Regierung entschieden habe, was mit ihnen geschehen soll. Etwa 700 Banabaer und 300 ihrer Angehörigen von den Gilbertinseln »wählten« daraufhin die Umsiedlung. Am 15. Dezember 1945 gingen sie zum ersten Mal in ihrer neuen Heimat an Land.[151]

Doch die Bedingungen, die sie auf Rabi vorfanden, waren kaum besser als das, was der Beamte ihnen Abschreckendes über Banaba erzählt hatte. Lebensmittel waren von Anfang an knapp, unter anderem weil ein schwerer Hurrikan einen großen Teil der versprochenen Kokosplantagen vernichtet hatte. Die Fischgründe waren mager im Vergleich zu den reichen Gewässern, die sie aus der Äquatorregion kannten. Und die hygienischen Bedingungen in der improvisierten Zeltstadt am Strand waren so schlecht, dass gleich in den ersten Monaten viele Banabaer an Ruhr und anderen Krankheiten starben, darunter viele der Dorfältesten. Die Banabaer begannen sich der Umsiedlung zu widersetzen, und nur nach langen Verhandlungen und vielen neuen Versprechungen ließen sie sich überzeugen, auf Rabi zu bleiben.[152]

Als Albert Ellis nach dem Krieg nach Banaba zurückkehrte, fand er eine Insel vor, auf der die meisten Produktionsanlagen intakt geblieben waren, die einheimische Bevölkerung aber fehlte. Aus seiner Sicht ein geradezu idealer Ausgang des Weltkriegs. Nun endlich hatte die Kommission den freien Zugang zu den Phosphatlagern der Insel, auf den sie so lange aus gewesen war. Und sie nutzte ihn. Das weitere Schicksal der Banabaer scherte sie wenig.

Die Nachfrage nach Phosphatdünger schnellte nach dem Krieg in die Höhe, getrieben auch durch neue Ausbringmethoden wie die Düngerfliegerei in Neuseeland. 1948 importiert Neuseeland insgesamt rund 305 000 Tonnen Phosphat. Gut die Hälfte davon stammt aus Banaba und Nauru, wobei Banaba nur einen kleinen Teil (ca. 12 600 Tonnen) und Nauru den weitaus größeren liefert (144 000 Tonnen). Zehn Jahre später ist der Verbrauch Neuseelands auf fast 498 000 Tonnen angewachsen, und Banaba und Nauru decken fast drei Viertel der Importe ab. 1958 kommen fast 50 000 Tonnen aus Banaba.[153]

Angesichts der guten Geschäfte werden die Förderanlagen auf Banaba modernisiert. Die Dampfloks werden ausgemustert und in einem ausgeschürften Teil der Insel zum langsamen Verrosten aufs Abstellgleis geschoben.[154] Das Schienennetz wird zurückgebaut und durch Straßen und Pisten ersetzt. Anstelle von Arbeitern mit Schaufel und Spitzhacke holen nun Seilbagger mit großen Greifern das Phosphat aus dem Boden, schwere Frontlader kippen es auf Lastwagen und Förderbänder. Die Familien der Kolonialbeamten und Bergbaumanager genießen ein unbeschwertes Leben am Strand und Partys am Swimming Pool.[155]

Die Banabaer versuchten mehrfach, ihre Insel zurückzubekommen oder wenigstens angemessen entschädigt zu werden. 1968 beantragten sie bei den Vereinten Nationen die Anerkennung ihrer Unabhängigkeit von der damaligen britischen Kolonie Gilbert- und Elliceinseln, doch ohne Erfolg. Anfang der 1970er-Jahre zogen sie in London vor Gericht, sowohl gegen die britische Krone als auch gegen die Phosphat-Kommission. Das Verfahren war aufwendig und lang, mit Hunderten von Anhörungen und sogar einem Ortstermin auf der Insel, und am Ende konnten die Banabaer tatsächlich einige Zugeständnisse erwirken. Doch eine angemessene Beteiligung an den enormen Phosphatgewinnen erreichten sie nie.[156]

Bis heute sind die Banabaer auf zwei Inseln zu Hause, schreibt die Anthropologin Teaiwa.[157] Seit 1970 sind die, die auf Rabi leben, Bürger von Fidschi. Nachdem ein Sturm die ursprüngliche Strandsiedlung zerstört hat, leben sie nun in vier Dörfern, die in Lage und Zusammensetzung den vier Dörfern auf Banaba ähneln. Banabaische und fidschianische Ortsnamen stehen nebeneinander, und es gibt Orte auf Rabi, wo die banabaischen Geister leben, und andere, wo die fidschianischen lauern.[158] Über die Jahrzehnte seit ihrer Ankunft haben die Banabaer auf Rabi eine eigene, fidschianisch-banabaische Identität herausgebildet. Viele Außenstehende sehen die Umsiedlung daher als einen Erfolg und sogar als Vorbild für mögliche bevorstehende Migrationsbewegungen im Zuge der Klimakrise. Doch Teaiwa weist darauf hin, dass die Lebenserwartung der Banabaer auf Rabi bis heute niedriger ist als die der Menschen in anderen Teilen Fidschis. Auch sei die medizinische Versorgung unzureichend, und junge Frauen würden früher heiraten und Kinder bekommen als anderswo auf den Inseln, alles Anzeichen für einen schlechteren sozialen Status. Auch bleiben die Banabaer eine Minderheit auf Fidschi, und viele fühlen sich durch nationalistische Bewegungen im Land bedroht, schreibt die Wissenschaftlerin.[159]

Die Insel Banaba ist heute Teil der unabhängigen Republik Kiribati. Die Banabaer haben eine Vertretung im kiribatischen Parlament, und der Ältestenrat der Banabaer auf Rabi ist an Entscheidungen, die Banaba betreffen, beteiligt. Etwa 300 Menschen leben derzeit auf der Insel, vor allem auch, um die Ansprüche der Banabaer auf ihr Land aufrechtzuerhalten.[160]

Der Phosphatabbau auf Banaba endete 1979. Nicht einmal

achtzig Jahre hat es gedauert, die über Jahrmillionen gewachsenen Phosphatvorkommen der Insel zu verbrauchen. Das Land und die Menschen, einst so eng verbunden, sind nun weit über andere Inseln und Kontinente verstreut.

Anders als zu Zeiten des Phosphatabbaus, als jede Woche mehrere Schiffe die Insel anliefen, ist Banaba heute nicht leicht zu erreichen. Katerina Teaiwa berichtet von ihrem ersten Besuch im März 1997: »Ich kam mit einem Boot der Regierung. Das hatte alles Mögliche an Bord: Frauen und Kinder; Besatzungsmitglieder; frei laufende Hühner, Enten und Hunde; Corned Beef und Fisch in Dosen; Säcke mit Reis; kiloweise zerstoßene Kava-Wurzeln in Papiertüten; und meinen Vater, Tabakitoa.«[161] Es ist Nacht, als sie die Insel erreichen. Am nächsten Morgen bietet sich Teaiwa ein außergewöhnlicher Ausblick: »Banaba war ein ausgedörrtes Feld aus Felsbrocken und zackigen Kalkzinnen, die aufrecht aus der grauen Erde ragten, dazwischen hier und da ein paar Flecken dunkelgrünes Laub. Betonbauten, bei denen das Dach fehlte, und Lagerhäuser aus Wellblech lagen verstreut in der Landschaft … Ein indigoblauer Ozean umgab die Insel und füllte den ganzen Horizont …. Karstige Felsen und rostiger Stahl in einem weiten blauen Meer: keine idyllische Inselszenerie, sondern ein industrielles Ödland mitten im Ozean.«[162]

Der benachbarten Insel Nauru erging es kaum besser. Zwar konnten die Nauruer 1968 ihre Unabhängigkeit erreichen, und eine Zeit lang gehörte die junge Republik zu den reichsten Ländern der Erde, gemessen am Pro-Kopf-Einkommen. Doch seit den 1990er-Jahren ist der Phosphatabbau stark zurückgegangen, die riesigen Vermögen sind zerronnen, und vom einstigen Wohlstand ist nicht mehr viel übrig. Wie auf Banaba sind die natürlichen Lebensgrundlagen weitgehend verwüstet. Die Arbeitslosigkeit ist hoch, das Gesundheitswesen unzureichend, Zivilisationskrankheiten wie Fettleibigkeit und Herz-Kreislauf-Erkrankungen sind überdurchschnittlich häufig. Zuletzt machte Nauru vor allem wegen der umstrittenen Auffanglager von sich reden, in denen Asylbewerber, die nach Australien einreisen wollen, interniert sind. Von der ehemals prosperierenden Phosphatindustrie ist nur noch ein kleiner Rest geblieben.

Kritischer Rohstoff

Die Verfrachtung von Land und Menschen aus Banaba um die halbe Welt ist mehr als eine üble Kolonialgeschichte, von denen es leider noch viele zu erzählen gäbe. Sie ist auch mehr als ein Lehrstück über den Aufstieg und Fall der industriellen Revolution auf einer kleinen Insel im Pazifik.[163] Die Geschichte der Ausbeutung Banabas ist ein mengenmäßig vielleicht kleines, aber doch besonders eindrückliches Beispiel dafür, wie kurzsichtig wir fast überall auf der Erde mit dem Rohstoff Phosphor und auch vielen anderen Rohstoffen umgehen, heute nicht viel anders als vor hundert Jahren. Es zeigt nicht nur, welche Abhängigkeiten die Systeme erzeugen können, die wir uns im Laufe der Geschichte aufbauen, sondern auch, wie diese Systeme untereinander in Wechselwirkung stehen und wie Versuche, die Probleme an einer Stelle zu lösen, die Schäden häufig nur verlagern, vor allem, wenn man nur die eigenen Interessen im Blick hat, nicht aber solidarisch das Ganze.

So hat sich Neuseeland mit einer Reihe von historischen Entscheidungen über Wollproduktion und Tiefkühlfleisch auf einen Pfad durch die Geschichte begeben, von dem es irgendwann nicht mehr so leicht abbiegen konnte. Ein großer Teil der

Wirtschaft des Landes und damit der Wohlstand seiner Bevölkerung waren abhängig geworden von der »magischen« Kombination aus Phosphatdünger und Weidelgras. In dem Bestreben, die Erosion auf- und den eigenen Boden festzuhalten, sah man keinen anderen Weg, als anderen anderswo den Boden abzugraben.

Diese Situation ist nicht ungewöhnlich. Beim Düngen kann man auf keinen der drei Nährstoffe Phosphor, Stickstoff und Kalium dauerhaft verzichten. Doch während die meisten Länder mit einer stark industrialisierten Landwirtschaft zumindest einen Teil ihres Stickstoffbedarfs mit eigenen Mitteln aus der Luft gewinnen und auch auf Kalium entweder im eigenen Land oder bei befreundeten Nachbarn zugreifen können, sind sie bei Phosphor meist auf Importe angewiesen, oft über lange Distanzen. Das betrifft nicht nur Staaten des globalen Nordens, sondern auch bevölkerungsreiche Schwellenländer wie Brasilien oder Indien. Denn auch wenn Phosphor an sich auf der Erde reichlich vorhanden ist – abbaubare Lagerstätten sind es nicht. Sie sind selten.

Der Grund dafür liegt im Phosphorkreislauf. Auf seinen Reisen durch die Zeit und um die Erde wechselt Phosphor nicht nur zwischen Land und Meer, sondern auch zwischen Phasen der Konzentration und der Verdünnung. In bestimmten Gesteinen an Land kommt er in großer Dichte vor. Durch Wind und Wetter und andere Kräfte löst er sich aus dem Gestein und wandert langsam und auf vielen Umwegen durch Bakterien und Pilze, Pflanzen und Tiere in Seen und Flüsse und schließlich ins Meer. Auf diesem Weg wird er immer weiter verdünnt, und es wird immer aufwendiger und schließlich fast unmöglich, ihn in einer Weise zu gewinnen, die sich wirtschaftlich rechnet. Erst wenn sich der Phosphor wieder sammelt, da wo die Strömungen günstig sind und die Chemie stimmt, wenn er zu Boden sinkt und die Sedimente versteinern und wenn sich der Meeresboden über Jahrmillionen wieder hebt, dann entstehen neue Lagerstätten, aus denen Phosphat abgebaut werden kann.[164]

Diese Dinge passieren, unaufhaltsam und unaufhörlich, und das ist gut so. Aber sie passieren eben auch sehr langsam und längst nicht überall. Es gibt daher zwar noch andere, zum Teil sehr ergiebige Phosphatlagerstätten, die parallel zur Entwicklung des Abbaus auf Banaba und Nauru und auch noch in späteren Jahren an anderen Orten erschlossen wurden. Global gesehen sind es jedoch nur wenige, und sie sind ausgesprochen ungleichmäßig verteilt. Mehr als 80 Prozent der weltweiten Phosphat-Reserven liegen in nur sechs Ländern. Die glücklichen Gewinner dieser geologischen Phosphat-Lotterie sind Marokko, China, Ägypten, Tunesien, Russland und Algerien. Mit 50 Milliarden Tonnen haben Marokko und das von Marokko beanspruchte Territorium Westsahara die mit Abstand größten derzeit bekannten Reserven. Die nächstgrößeren Lagerstätten hat China mit etwa 3,8 Milliarden Tonnen. Die anderen vier Länder haben jeweils Reserven zwischen 2,2 und 2,8 Milliarden Tonnen.[165]

Die größten Exporteure waren in den Jahren 2015 bis 2022 in wechselnder Reihenfolge China, Ägypten, Marokko und Israel. Zu den Importeuren gehören nicht nur die Länder, die selbst keine Lagerstätten haben, sondern auch Länder wie Brasilien und die USA, die durchaus über eigene Reserven verfügen, deren Bedarf aber weit größer ist als das, was sie selbst produzieren können.[166] Je nach Weltlage kann Phosphor daher, obwohl an sich reichlich vorhanden, aus geopolitischen Gründen sehr schnell knapp werden, wie etwa im Jahr 2008, als sich der Preis für Phosphordünger auf dem Weltmarkt plötzlich vervierfachte, oder Anfang der 2020er-Jahre, als Pandemie und Krieg die Versorgung unterbrachen und die Preise in die Höhe trieben.[167] Welche Auswirkungen solche Schwankungen auf Lebensmittelpreise und Versorgungssicherheit haben, kann man sich leicht vorstellen. Wie immer trifft es auch hier die ärmeren Länder am härtesten.

Neuseeland hat sein Phosphat in den letzten Jahren aus unterschiedlichen Quellen bezogen, unter anderem aus Marokko, den USA, China, Indonesien und Ägypten.[168] Seit den Hochphasen in den 1960er- und 1990er-Jahren ist der Phosphatverbrauch des Landes inzwischen etwas gesunken, doch die Abhängigkeit von Importen bleibt. Darum richtet das Land nun den Blick auf ein relativ neu entdecktes Vorkommen unmittelbar vor der eigenen Küste auf dem unterseeischen Gebirgszug Chatham Rise in etwa 400 Meter Tiefe. Dort haben sich nicht phosphathaltige Sedimente, sondern faustgroße Phosphorit-Knollen am Meeresgrund abgelagert. Bisher hat die neuseeländische Umweltbehörde die Genehmigung für einen Abbau verweigert, denn Chatham Rise ist auch einer der wichtigsten Fischgründe für das Land, und man befürchtet schwere Schäden durch den Unterwasserbergbau. Ähnliche Projekte sind auch vor der Küste Namibias und an anderen Orten im Gespräch, doch ob der Abbau die möglicherweise gravierenden Umweltfolgen je rechtfertigen wird, bleibt offen.[169]

Wie Neuseeland ist auch Deutschland bei Phosphor vollständig von Importen abhängig. In ganz Europa gibt es nur eine Phosphormine, in Finnland, die den europäischen Bedarf nicht annähernd decken kann. Die Europäische Union hat daher Phosphor schon im Jahr 2014 auf ihre Liste der »Kritischen Rohstoffe« gesetzt, Rohstoffe also »mit hohem Versorgungsrisiko und großer wirtschaftlicher Bedeutung«.[170] Und auch in Europa ist man auf der Suche nach eigenen Phosphorquellen. Allerdings nicht im Meer oder in weichen, relativ jungen Sedimenten an Land. Sondern in hartem Gestein aus den tiefsten Tiefen der Erde.

Der Schatz am Storeknuten

Am Storeknuten war das Gras immer schon grüner. Der runde Berg mit seiner felsigen Kuppe liegt in einer Landschaft voller runder Berge mit felsigen Kuppen, die sich von der Küste Südnorwegens kilometerweit ins Landesinnere zieht. Zwischen den buckligen Rücken halten sich Heide, Wacholder, ein paar krüppelige Birken. Doch die Felsen selbst sind kahl. Nur am Storeknuten nicht.[171]

Am Storeknuten trennt kurz unter dem Gipfel eine fast waagerechte Linie wie mit der Rasierklinge gezogen den nackten Stein oben von der zottig bewucherten Felswand darunter, ein hängender Garten aus Flechten, Moosen und vereinzelten Farnen, wohlgewässert und -genährt.

»An dieser Stelle haben schon Generationen von Geologiestudenten gestanden«, sagt Henrik Schiellerup fröhlich. »Es ist ein geradezu klassischer Ort.« Schiellerup ist selbst Geologe und hat über das Gebiet um den Storeknuten seine Master- und später seine Doktorarbeit geschrieben. Heute arbeitet er beim Norwegischen Geologischen Dienst und koordiniert Forschungsprojekte. »Leider meistens vom Schreibtisch aus«, sagt er. Doch die Gelegenheit, an einem windigen Sommertag auf den Storeknuten zu steigen, lässt er sich nicht entgehen.

»Das kahle Gestein im oberen Teil ist Anorthosit«, erklärt er. »Das kommt hier auf der Erde an einigen wenigen Stellen vor und ansonsten vor allem auf dem Mond. Die hellen Bereiche auf der Mondoberfläche, die wir von der Erde aus sehen können – das ist das gleiche Material wie der Gipfel des Storeknuten und der anderen Berge hier rundherum. Aber«, sagt er dann, »das ist gar nicht das, was hier interessant ist.«

Schiellerup eilt mit langen Schritten weiter den Berg hinauf. Der Storeknuten ist Teil der Rogaland Anorthosit Provinz, einer Gebirgsformation, die sich vor über 900 Millionen Jahren gebildet hat. (Im Vergleich dazu ist Banaba also gerade erst aus dem Meer gestiegen, und auch das Zechsteinmeer wirkt dagegen, als wäre es erst kürzlich ausgetrocknet.) Damals ging eine Phase der Erdgeschichte zu Ende, die die Geologen mehr oder weniger liebevoll »Boring Billion« nennen, ein »langweiliger« Zeitraum von etwa einer Milliarde Jahren also, in dem geologisch auf der Erde relativ wenig passiert ist. Die langsam driftenden Kontinentalplatten hatten sich in dieser Zeit fast vollständig auf der Südhalbkugel zum Superkontinent Rodinia zusammengeschoben.[172] Und bei so viel Nähe war es mit der Langeweile dann offenbar vorbei.

Was heute Norwegen ist, lag damals nahe dem südlichen Polarkreis, etwa da, wo heute die Antarktis beginnt, dicht gedrängt mit den Platten, die später einmal Amazonien und Nordamerika werden würden.[173] Wo die mächtigen Landmassen aufeinandertrafen, herrschte über Jahrmillionen ein heftiges Zerren, Schieben und Drücken. Gebirge türmten sich und versanken, Gräben brachen auf und schlossen sich wieder. Wer je erlebt hat, wie sich bei Eisgang an der Küste die Eisschollen zusammen- und übereinanderschieben und alles zermahlen, was zwischen sie gerät, der hat eine leise Ahnung von den ungeheuren Kräften, die an den Rändern driftender großer Massen frei werden können. Das Rumoren zwischen den Kontinenten schuf Risse und Spalten, durch die Magma emporstieg, heißes, flüssiges Gestein tief aus dem Inneren der Erde. Aus diesem erstarrten Magma wurden die Anorthosit-Felsen von Rogaland.

Am Storeknuten ist die Lage noch etwas komplizierter. Und spannender, würde Henrik Schiellerup sicher sagen. Denn das Magma quoll nicht überall gleichmäßig nach oben. »Am Storeknuten kam es in Schüben«, erklärt Schiellerup. »Es sammelte sich in einer Kammer, zwanzig Kilometer unter der Oberfläche. Und beim Abkühlen bildeten sich ganz klar definierte Schichten.« Je nach Temperatur und Druck und dem Mix an chemischen Elementen, die mit dem Magma nach oben kamen, kristallisierten sich unterschiedliche Gesteine heraus. »Das Material für Anorthosit war am leichtesten und schwamm auf den Magmablasen immer oben. Deswegen liegt es hier an der Oberfläche. Aber darunter liegen andere Schichten! Und das wissen wir«, fährt er fort, »weil die Schichten nicht platt liegen geblieben sind, sondern sich mit der Zeit gesenkt haben, wie in einer Schüssel. Und den Rand dieser Schüssel, den können wir hier am Storeknuten sehen. Das ist diese scharfe Linie. Der Übergang von einer Magmaschicht zur nächsten. Oben ist Anorthosit, kahl und hart und ohne Leben. Und in der Schicht darunter gibt es plötzlich Phosphor und andere Elemente. Auf diesen Steinen finden die Pflanzen Nahrung. Deswegen sind sie so dicht bewachsen. Und diese Grenze, diese geologischen Schichten, die können wir in der ganzen Landschaft nachverfolgen.«

Er schiebt ein paar Schafköttel auf einem flachen Fels zur Seite und rollt die laminierte Karte aus, die er seit Beginn des Aufstiegs unter dem Arm trägt. Sie zeigt die sogenannte Bjerkreim-Sokndal Intrusion, zu der der Storeknuten gehört, vierzig Kilometer lang und bis zu fünfzehn Kilometer breit, einer der größten geschichteten Magmaeinströme des Planeten. In den Jahrmillionen seit ihrer Entstehung ist sie aus zwanzig Kilometer Tiefe langsam an die Oberfläche gewandert. Von hier reicht die Intrusion heute mehr als sieben Kilometer tief in die Erde. Sechsmal quoll neues Magma in die Kammer, sechsmal kristallisierte es beim Abkühlen von unten nach oben aus, davon dreimal so, dass sich phosphatreiche Schichten bildeten. In anderen Schichten lagern andere wertvolle Rohstoffe, wie Titan, Vanadium, Eisen.[174]

Damals, vor über 900 Millionen Jahren, besteht das Leben auf der Erde noch vor allem aus Einzellern und einigen ersten simplen mehrzelligen Wesen. Sie alle leben im Wasser, nicht an Land. Das Land ist steinern und tot. Doch es steht nicht still. Die Kontinente driften und kollidieren weiter, der Planet vereist mindestens einmal fast vollständig zu einem »Schneeball«.[175] Irgendwie schaffen es unsere winzigen Vorfahren, diese klimatischen Extreme nicht nur zu überleben, sondern ganz allmählich auch das Land zu besiedeln. In der harschen Atacama leben heute noch Mikroben in sogenannten Bodenkrusten, die in ihren Strategien diesen uralten Pionieren ähneln.[176] Über die nächsten Jahrmillionen wird das Leben dann allmählich größer und komplexer, doch erst mit der »Kambrischen Explosion« vor etwa 540 Millionen Jahren beginnt es zu florieren. Im Meer bilden sich die ersten Ökosysteme, allmählich besiedeln Pflanzen das Land, Sauerstoff durchdringt Ozeane und Atmosphäre, riesige Echsen kommen und verschwinden, Säugetiere lernen aufrecht zu gehen. Feuer, Sprache, Landwirtschaft, immer mehr Menschen, die immer mehr essen. Und plötzlich reichen die natürlichen Stoffströme nicht mehr aus und der Phosphor unter dem Storeknuten wird interessant für die Welt.

»Diese wunderschöne Schichtung hier, die hat schon vor hundert Jahren viele Wissenschaftler angezogen«, sagt Henrik Schiellerup. »Es gab eine Menge akademischer Forschung dazu, wie das Gebiet entstanden ist, wie genau die Schichten beschaffen sind, wo sie liegen, lauter solche Fragen. Vor allem die Universitäten von Bergen, von Aarhus in Dänemark und von Lüttich in Belgien waren hier sehr aktiv.«

Ein stärkeres wirtschaftliches Interesse habe sich erst in den Neunzigerjahren entwickelt, so Schiellerup. Zunächst sei es vor allem um Ilmenit gegangen, ein Mineral, das Titan enthält, ein wichtiges Pigment, um weiße Farbe herzustellen. Ilmenit wird schon seit 1960 in einer Mine weiter östlich in der Provinz Rogaland abgebaut.[177] »Und wir haben uns gefragt: Kann man das hier auch machen?«

Im Zuge dieser Untersuchungen wurde klar, dass die Schichten nicht nur Ilmenit enthielten, sondern an einigen Stellen auch beträchtliche Mengen an Apatit, einem wichtigen Phosphatgestein. »Wir hatten immer gewusst, dass Apatit vorhanden war«, erzählt Schiellerup. »Aber wir hatten uns nie Gedanken über eine wirtschaftliche Nutzung gemacht.« Doch das änderte sich mit den neuen Studien in den frühen 2000er-Jahren. »Wir haben dann vom Geologischen Dienst aus eine ganze Reihe von kartografischen Erfassungen gemacht, auch ein paar erste Probebohrungen.« Der eigentliche Abbau von Rohstoffen ist jedoch nicht Aufgabe der staatlichen Behörde. Die kümmert sich, wie in vielen anderen Ländern auch, nur um die frühe Erkundung. Für den kommerziellen Rohstoffabbau brauchte es ein Unternehmen. »Da mussten wir abwarten«, sagt Schiellerup. Über die Jahre sei die eine oder andere Firma gekommen, die das Vorkommen »beschnuppert« hätte, so Schiellerup. Doch erst seit 2018 betreibt ein Unternehmen ernsthafte Erkundungsarbeiten.

Das Zögern der Unternehmen ist kein Wunder. Eine bergbauliche Erkundung ist ein großer Aufwand und sehr teuer. Und das unternehmerische Risiko ist hoch. Nicht selten steht am Ende einer Erkundung die Erkenntnis, dass sich die Erschließung nicht lohnt.

Am Fuß des Storeknuten spiegeln sich Fichten und Felsen im dunklen Wasser eines Sees. In der Nähe des Ufers wachsen Seerosen, gleich dahinter dröhnt ein Dieselmotor. Drei Männer in schweren Schuhen und leuchtend oranger Arbeitskleidung hantieren im Matsch rund um eine mobile Bohranlage. Am Ende des Bohrgestänges fräsen sich Diamanten auf einem ringförmigen Bohrkopf immer tiefer in den Fels. Gerade sind sie bei Meter 351 angekommen.

Das Vorkommen um den Storeknuten reicht Tausende von Metern unter die Erde, auf einer Fläche so groß wie der Bodensee. Aus Strukturen in der Landschaft wie der scharfen Gesteinsgrenze unter dem Gipfel und aus Untersuchungen der Oberflächengesteine kann man wichtige Schlüsse über die Beschaffenheit des Vorkommens unter der Erde ziehen. Doch wenn es um die Entscheidung geht, wo der Phosphor abgebaut, wo genau die Mine gesprengt und gegraben werden soll, muss man bohren.

Die Bohrleute kommen aus aller Welt, eine internationale Community aus begehrten Spezialisten. Die drei Männer am See stammen aus Rumänien. Sie arbeiten im Schichtdienst, im Sommer zwei, im Winter drei Schichten, damit der Bohrer nicht festfriert. Bohren, stopp, Bohrkern rausziehen, Gestänge wieder runter, weiterbohren. Jeder der immer gleichen Handgriffe muss sitzen. Der Winkel der Bohrung muss stimmen, die

Richtung muss genau gehalten werden. Die Bohrungen liefern die Daten, auf denen alle weiteren Planungen basieren. Wenn die Bohrteams nicht präzise arbeiten, kann das Millionen kosten.

Je nach Gesteinstyp bohrt das Team zwanzig bis vierzig Meter am Tag, je nach Bohrloch 300 bis 500 Meter tief, manchmal auch mehr, wochenlang, schnurgerade durch die Verwerfungen der Vorzeit. Gut 150 Bohrlöcher sind es bisher. Kontinentalplatten und Magmaeinströme, Brüche und Schmelzen, alles kommt in den schmalen steinernen Stäben ans Tageslicht. Mit geübtem Hammerschlag stutzen die Männer die Bohrkerne auf etwa meterlange Stücke zurecht und verpacken sie in flache Kunststoffkisten, bruchsicher, immer fünf nebeneinander, jedes in seinem eigenen Fach.

Am Abend bringen die Bohrteams ihre Beute aus der Tiefenzeit mit zurück ins Camp, einer Ansammlung von wohnlichen Holzhäusern im Wald, ein ehemaliges Alkohol-Entwöhnungsheim der Heilsarmee, fern allen Versuchungen. Auf der anderen Straßenseite in einem Lagerhaus, das alle nur den *core shed* nennen, den »Kernschuppen«, werden die Bohrkerne in ihren Transportkästen zum ersten Mal von Geologinnen und Geologen gemustert. Meter um Meter gehen sie die langen Tische ab, messen, markieren, katalogisieren. Reihe für Reihe die gleichen Fragen. Magnetisch oder nicht, Kristallgröße, Gesteinstyp, Gehalt an Phosphor und Titan, Vanadium, Eisen, Datenpunkt für Datenpunkt, digital geloggt und auf Stein geschrieben mit Wachsstiften in Gelb, Blau, Rot und Grün. 70 000 Meter bisher. Siebzig Kilometer.

Über allem liegt tagsüber das kreischende Geräusch der Steinsäge. Die erfassten Bohrkerne werden der Länge nach aufgetrennt. Eine Hälfte geht ins Archiv, die andere ins Labor für weitere Untersuchungen. Alle Daten fließen schließlich in einem Computermodell zusammen. Und hier, auf dem Bildschirm, gibt es den ersten Blick auf die wilde Gebirgslandschaft unter der Erde.

Teile des Magmas, das bei der Gebirgsbildung aufgestiegen ist, enthalten magnetisches Material. Mit speziellen Messgeräten kann man diese magnetischen Strukturen unter der Erde vom Hubschrauber aus sichtbar machen. Sie liefern die Basisdaten für das Modell, das grobe Gerüst, von dem aus weitere Strukturen erschlossen werden. Im Koordinatensystem des Modells sind sie als dreidimensionale rote und blaue Blobs dargestellt, unförmige rundliche Massen, die sich überlagern und durchdringen. Es wirkt wie ein 3-D-Schnappschuss einer sehr dynamischen Lavalampe – was es ja in einer seltsamen Faltung der Erdgeschichte irgendwie auch ist.[178]

Wenn man im Computermodell näher an eine dieser magnetischen Strukturen heranfährt, kommen die Bohrlöcher in den Blick, gebänderte Balken, die diagonal in die magnetischen Zonen ragen oder ins Leere, farbig codiert nach Gesteinsarten und Mineralen. Sie reichen viele Hundert Meter tief, doch zwischen den erstarrten Magmamassen des Modells sehen sie aus wie sehr feine Stecknadeln in einem sehr großen Kissen. »Winzige Gucklöcher«, sagt einer der Geologen im *core shed,* »das ist alles, was wir haben.«

Doch wenn man die Gucklöcher geschickt platziert und genug davon hat, dann lässt sich auch aus diesen winzigen Ausschnitten ein brauchbares Gesamtbild konstruieren. Es ist wie im Gleichnis mit den sechs blinden Männern und dem Elefanten. Keiner der Gelehrten kann das ganze Tier sehen, und jeder ertastet nur einen Teil. Doch in der Summe, wenn sie sich zusammensetzen und ihr Wissen teilen, bekommen sie eine recht gute Idee davon, mit was für einem Wesen sie es zu tun haben.

Zwölf Blinde wären natürlich besser. Oder zwölfhundert. Zumindest in der Welt von Jonathan Russill. »Sie haben nie genug Daten«, sagt er. »Egal, wie viel Sie bohren.« Russill ist Projektmanager bei der Beratungsfirma SRK, die im Auftrag des britisch-norwegischen Bergbauunternehmens Norge Mining die Erkundung leitet. Er ist Geophysiker und begleitet schon seit vielen Jahren Explorationsarbeiten in aller Welt. In seinem Computer wird aus den chaotischen Magmaströmen der Vorzeit eine Ingenieursaufgabe. »Anhand dieser Daten machen wir auch die geostatistische Analyse, mit der wir abschätzen, wie ergiebig das Vorkommen ist«, sagt er. Das ist natürlich die entscheidende Frage. Bisher seien die Daten vielversprechend, so Russill, an einigen Stellen würden sie die Erwartungen sogar übertreffen. Für eine abschließende Schätzung sei es aber noch zu früh.

»Es ist ja auch nicht nur die Geologie, die eine Rolle spielt«, sagt er. Selbst wenn das Vorkommen sich als ganz ausgezeichnet erweisen sollte, gebe es noch viele andere Faktoren, die berücksichtigt werden müssten, bevor man wirklich eine Phosphormine eröffnen könne. »Die Bewegung des Wassers in der Erde zum Beispiel, oder die Stabilität der Felsen, sowohl an der Oberfläche als auch in der Tiefe. Das alles müssen Sie bei der Konzeption einer Mine mit berücksichtigen.«

»Ja, es sind eine Menge Ringe, durch die wir springen müssen, bevor wir mit dem Abbau beginnen können«, sagt auch Monika Øksnes und lacht dabei. Sie ist die Geschäftsführerin von Norge Mineraler, der norwegischen Tochterfirma von Norge Mining. Bei ihr laufen die Stränge des Explorationsprojekts zusammen – sowohl die Arbeit der Geologen und Ingenieure als auch die vielen Genehmigungsprozesse und die Zusammenarbeit mit den örtlichen Behörden und den Anwohnern in der Region.

Die Firma hat gerade ihr neues Hauptquartier bezogen, eine gute halbe Stunde südlich vom Storeknuten, in der Kleinstadt Egersund, einem der größten Fischereihäfen in Norwegen. Durch die großen Fenster sieht man auf den Anleger gegenüber. Ein Monitor im Vorraum zeigt abwechselnd Wetterdaten und Fotos von Bohrkernen. Noch stehen die meisten Büros auf der Etage leer. Doch wenn alles nach Plan läuft, werden sie sich schnell füllen.

»So ein Bergbau-Vorhaben ist ein langer Prozess mit vielen klar definierten Stufen«, sagt Øksnes. »Das geht von den ersten Erkundungen über eine Machbarkeitsstudie bis hin zu einem Konzept für die komplette Mine inklusive Verkehrskonzept, Energiekonzept, Umweltkonzept, einer Planung für die verschiedenen Neben- und Abfallprodukte, einer Planung für mögliche Erweiterungen der Mine und noch viele andere Aspekte bis schließlich zum Rückbau und den Renaturierungsmaßnahmen. Wir müssen die Mine über ihre gesamte Lebenszeit betrachten. Und die kann durchaus einige Generationen umfassen. Es liegt also noch eine Menge Arbeit vor uns.«

Normalerweise dauere es von den ersten Probebohrungen bis zum Beginn des Abbaus zehn bis fünfzehn Jahre, so Øksnes. »Wir haben 2018 angefangen. Und wir hoffen, dass wir es bis 2028 schaffen.«

Im Planungsprozess wird sich auch zeigen, ob das Ganze am Ende wirtschaftlich ist. Lange galt Bergbau in Europa als nicht profitabel. Zu viele Auflagen, zu teuer. Viele Expertinnen und Experten schauen daher mit großer Skepsis auf das Vorhaben am Storeknuten. Die Deutsche Phosphor-Plattform zum Beispiel, ein Branchen-Netzwerk, das in Deutschland ein nachhaltiges und umweltverträgliches Phosphormanagement einführen will, schreibt in einer Stellungnahme im Jahr 2023: »Die Abbauwürdigkeit des Phosphatgesteins in Norwegen ist aufgrund des niedrigen P-Gehalts und der Tiefe des Vorkommens als eher niedrig einzustufen [...]. Die Erschließungskosten derartiger Lagerstätten würden erheblich auf den Marktpreis für das erzeugte Produkt durchschlagen, sodass dieser deutlich über aktuellen P-Preisen liegen würde.«[179] Der Projektmanager Jonathan Russill sieht das jedoch anders. »An sich«, sagt er, »ist Bergbau in Europa nicht viel teurer als anderswo.« Die Personalkosten seien zwar oft höher, dafür sei aber auch die Infrastruktur meist wesentlich besser. »Wenn Sie erst 600 Kilometer Eisenbahn bauen müssen, damit Sie Ihren Rohstoff überhaupt auf den Markt bringen können, dann sind das ja auch erhebliche Kosten.« Deswegen, und weil in den Magmaschichten ja auch noch andere wertvolle Rohstoffe lagern, setzt Norge Mineraler die Erkundung vorerst fort.

Neben möglichen wirtschaftlichen Gewinnen gibt es noch eine andere Überlegung, warum Rohstoffe in Zukunft möglicherweise auch in Europa gefördert werden sollen. Die Menschen in den Industrieländern Europas, Nordamerikas und Asiens gehören zu den größten Konsumenten von Rohstoffen weltweit. Pro Kopf verbrauchen sie sechsmal mehr Ressourcen als Menschen in Ländern mit niedrigeren Einkommen.[180] Einen Teil fördern die Industrieländer selbst, Deutschland zum Beispiel Braunkohle oder auch Kies.[181] Doch den größten Teil der Rohstoffe, die die Basis für ihren industriellen Wohlstand bilden, importieren sie. In Deutschland liegt der Anteil importierter Rohstoffe bei fast zwei Drittel des Gesamtverbrauchs.[182] Bei metallischen Rohstoffen wie Eisen, Aluminium oder Kupfer sind es über 99 Prozent.[183] Weltweit steht Deutschland mit seinen Rohstoffimporten an sechster Stelle, hinter China, USA, Indien, Japan und Südkorea.[184] Dass unsere Rohstoffe anderswo gefördert werden – daran haben wir uns in Europa über viele Jahrzehnte hinweg gewöhnt. Und wie damals Neuseeland und die anderen Abnehmer des Phosphors aus Banaba lassen wir es auch heute noch zu, dass unser Rohstoffkonsum oft ökologische Schäden und soziale Verwerfungen in den Ursprungsländern verursacht. Darum fänden viele es durchaus angebracht, wenn der Rohstoffabbau künftig mehr in den Gegenden stattfinden würde, wo die Rohstoffe verbraucht werden. Allerdings sind viele, die diese Argumente vorbringen, auch nicht direkt betroffen. Wie aber reagieren diejenigen, deren Land womöglich in eine Phosphormine verwandelt werden soll?

Phosphor aus Europa?

Am Storeknuten, nicht weit von den Bohrarbeiten am Seeufer, hält ein kleiner roter Trecker vor einem Schuppen. Das Fahrzeug stammt tief aus dem vorigen Jahrhundert, die rote Farbe ist vom Rost kaum noch zu unterscheiden, doch es ist kurz und wendig, ideal zum Erklimmen von steilen, felsigen Schafweiden. Vom Bock springt ein Mann, nicht mehr jung, aber drahtig, rotes Hemd, rot lackierte Gehörschutzkapseln auf den Ohren. Er geht um den Trecker herum, zur Ladeschaufel am Heck, wirft einen Armvoll Disteln, die er von den Weiden geklaubt hat, auf den Kompost. Erst auf den dritten Blick fällt auf, dass am Ende seines anderen Arms anstelle der Hand ein Metallhaken sitzt.

Erik Joa lässt seinen Volvo stehen und geht hinüber auf einen Schnack. Joa ist der *community liaison officer* von Norge Mineraler und kennt inzwischen fast alle Landeigentümer im Explorationsgebiet persönlich. Er ist selbst auf einem Bauernhof aufgewachsen, hat Agrarwissenschaften und Landtechnik studiert, war eine Zeit lang bei der Armee und ist in Sachen Landmaschinen und später auch Bergbaugerät weit in der Welt herumgekommen. »Ich bin nicht von hier«, sagt er. Aber, und das zähle viel mehr, »eben auch nicht aus Oslo!«

Regelmäßig geht er von Tür zu Tür, um über die anstehenden Arbeiten zu informieren und auch um zu hören, wer möglicherweise Vorbehalte hat. »Generell ist die Stimmung gegenüber unserem Minen-Vorhaben nicht schlecht«, sagt er. »Am Anfang gab es einige Bedenken, aber langsam gewöhnen sich die Menschen an den Gedanken.«

Die Gegend um den Storeknuten ist dünn besiedelt, der Boden karg. Der Dybing-Hof zwischen den Felsen ist seit Jahrhunderten in Familienbesitz. »Wahrscheinlich seit der Reformation«, sagt Geir Asmund Dybing, »mindestens aber seit 1603.« Das könne man in den Kirchenbüchern genau nachvollziehen. Seine drei Monate alte Tochter ist die achtzehnte Generation der Familie, die hier lebt. Der Mann auf dem roten Trecker ist sein Großonkel. Die Straße zum Hof heißt Dybingveien, der See Dypingstjørni. Auch Dybings Eltern, Annette und Aadne Hetland, leben auf dem Hof.

Ihre gut fünfzig Hektar Land, siebzig Schafe und vierzehn Milchkühe bewirtschaftet die Familie im Nebenerwerb. Annette Hetland arbeitet bei der Landwirtschaftskammer, ihr Mann ist Logistikplaner bei einer Firma in der Nähe, der Sohn ist Baggerführer. Schon jetzt finden einige der Probebohrungen auf ihrem Land statt. Dafür hat das Bergbauunternehmen einige

Wege neu geschottert, das Minenprojekt bringt also nicht nur Nachteile. Joa ist oft vor Ort und spricht mit der Familie über den Projektfortschritt. »Wenn es wirklich passiert, können wir es sowieso nicht aufhalten«, sagt Dybing über die mögliche Phosphormine auf seinem Land. Als Baggerfahrer habe er in anderen Projekten miterlebt, dass Menschen gezwungen werden können, ihr Land aufzugeben. »Wir würden wahrscheinlich kooperieren. Aber dann erwarten wir, dass wir angemessen entschädigt werden.«

Natürlich seien sie sich der großen Bedeutung bewusst, die Phosphor für die Landwirtschaft und potenziell auch für die norwegische Wirtschaft habe. »Wenn die Welt den Phosphor braucht«, sagt Aadne Hetland, »dann wollen wir nicht im Wege stehen.« Doch als sich die Gruppe auflöst und Erik Joa wieder in sein Auto steigt, ergänzt Annette Hetland leise: »Aber wir hoffen, dass es nicht so weit kommt.«

Eine Phosphormine in Nordeuropa im 21. Jahrhundert muss nicht die gleichen Verwüstungen für Landschaft und Kultur bedeuten, wie sie die Kolonialmächte über Banaba gebracht haben. Vieles lässt sich durch strenge Gesetze und eine faire Bürgerbeteiligung verbessern, und durch die zunehmende öffentliche Aufmerksamkeit kommen sogar die ersten Bergbauunternehmen allmählich zu dem Schluss, dass Maßnahmen für mehr Nachhaltigkeit gut fürs Geschäft sein können. In vielen Ländern bleibt die Rohstoffgewinnung daher eine wichtige wirtschaftliche und strategische Perspektive.

In Norwegen bilden derzeit Offshore-Öl und -Gas das Rückgrat der Wirtschaft. »Aber das wird zu Ende gehen«, sagt Henrik Schiellerup vom Norwegischen Geologischen Dienst. »Wir wissen noch nicht wann, aber es wird passieren. Darum ist es wichtig, dass wir unsere Industrie wieder mehr in Richtung Land verlagern. Bergbau ist dafür nicht der einzige Weg. Aber die Wertschöpfungsketten, die uns die Rohstoffe ermöglichen, sind eine gute Möglichkeit, neue Arbeitsplätze zu schaffen.« Auch Schiellerup erkennt jedoch an, dass der Bergbau auch negative Wirkungen mit sich bringt. »Bergbau ist immer auch ein Eingriff in die Natur. Daran ist nicht zu rütteln. Aber natürlich kann man den Schaden minimieren. Und man kann hinterher aufräumen.«

Weltweit haben die Bergbau-Aktivitäten in den vergangenen zwanzig Jahren stark zugenommen, und die Nachfrage nach Rohstoffen wird voraussichtlich noch weiter steigen.[185] Mit dem Übergang von fossilen Energieträgern zu erneuerbaren nimmt vor allem die Nachfrage nach metallischen Rohstoffen stark zu. Aber auch Phosphor wird zunehmend in der Batterietechnik eingesetzt, vor allem in langlebigen Lithium-Eisenphosphat-Akkumulatoren (LFP-Akkus).[186] Die Bergbauunternehmen beschreiben sich daher gerne als wichtige Akteure in der »Grünen Transformation«.

Hannah Pilgrim dagegen ist deutlich kritischer. Sie ist die Koordinatorin des Arbeitskreises Rohstoffe, einem Zusammenschluss von deutschen Nichtregierungsorganisationen, die sich für die Einhaltung hoher Standards entlang von Rohstoff-Lieferketten einsetzen. »Grünen Bergbau gibt es nicht«, sagt sie mir im Interview. Man könne den Abbau weniger umweltschädlich betreiben oder mit höheren menschenrechtlichen Standards, »aber er bleibt immer invasiv«. Selbst innerhalb der EU gebe es Macht-Asymmetrien bei der Entscheidung über neue Minenstandorte. Meist finde Bergbau abseits der politischen Machtzentren und im ländlichen Raum statt, so Pilgrim. »Wenn überhaupt Bergbau betrieben werden muss, dann nur mit den höchsten Standards, nicht nur beim Umweltschutz, sondern auch bei Demokratie und Teilhabe«, sagt sie darum. »Und selbst dann müssen alle Bergbauaktivitäten in eine umfassende Strategie eingebettet sein, die langfristig die Reduktion des Primärrohstoffverbrauchs anstrebt.«

Und hier liegt auch beim Phosphor das eigentliche Problem. Was, wenn gar nicht der Abbau die größten Schäden verursacht, weil er trotz aller Nebenwirkungen doch lokal begrenzt bleibt, sondern der Rohstoff selbst? Bisher betrachteten die meisten, wenn sie über Phosphor und andere Dünger reden, vor allem ihre Gewinnung und ihren Einsatz auf dem Acker. Und jahrhundertelang konnten wir uns diese beschränkte Sichtweise auch leisten. Oder uns das zumindest einreden. Doch damit ist es vorbei. Phosphor und die anderen Nährstoffe zeigen uns, unmissverständlich und unerbittlich, dass ihre Geschichte eben nicht auf dem Acker endet und auch nicht in unseren gefüllten Mägen oder in der Kläranlage. Sondern niemals. Und dass diese Tatsache nicht nur unser Leben bestimmt, sondern alles Leben auf der Erde.

Teil 3
Schadstoff

The Earth changes only gradually, until it doesn't.

N. K. Jemisin

Japsende Dorsche

»25 Meter!«, ruft Bootsführerin Christina Henseler nach vorne und drosselt den Motor. Auf dem engen Arbeitsdeck macht ihr Kollege Uwe Krumme die Messsonde bereit, einen armdicken grauen Metallzylinder, aus dessen unterem Ende ein paar schmale Röhren herausschauen – Sensoren für Temperatur, Druck und die elektrische Leitfähigkeit des Wassers, von der man unter anderem auf den Salzgehalt schließen kann. »21 Meter … 20 Meter …« Henseler nimmt die letzte Fahrt aus dem Boot. »Sonde geht zu Wasser«, meldet Krumme und lässt das Messgerät an einem Seil an der Bordwand entlang in die Tiefe sinken. Carl Bukowski, der dritte Meeresforschende an Bord, notiert die Position.

Es ist ein sonniger Morgen im August 2023. Die Ostsee liegt wie ein blauer Spiegel zwischen Deutschland und Dänemark. In der Ferne markieren gelbe Seetonnen die Grenzen des Forschungsgebiets, zwei mal zweieinhalb Kilometer vor der Steilküste bei Boltenhagen in der Mecklenburger Bucht. Weiter im Osten steigen die Dampfschwaden aus dem Rostocker Steinkohlekraftwerk fast senkrecht in den Himmel. Im Westen ist die Mole von Travemünde zu sehen. Kurz dahinter liegt die *Passat* in ihrem Ruhestand von der Salpeterfahrt.

So stattlich die alte Viermastbark einst um Kap Hoorn segelte, so bescheiden wirkt unser Forschungsboot auf der Ostsee an diesem Morgen. Ein kantiger Alu-Katamaran, sieben Meter fünfzig lang, überdachter Steuerstand, zwei Benzin-Außenborder. Das Schnittigste an ihm ist sein Name, *Belone*, nach dem

Hornhecht, *Belone belone,* einem schlanken Raubfisch in den Küstenökosystemen der Ostsee. Doch auch wenn die *Belone* auf den ersten Blick nicht viel hermacht, so ist sie doch mit ihrem geringen Tiefgang und den niedrigen Aufbauten das perfekte Vehikel für küstennahe Forschungen. Zwischen Stellnetzholer und anderen Hebezeugen stapeln sich um uns herum Bojen und Fender, Tauwerk in Graugrün, Ölzeug in Grellbunt. Dazwischen Koffer mit Messgeräten und eine Wanne mit Schwimmankern, an denen Kameras montiert sind.

Das Boot gehört dem Thünen-Institut für Ostseefischerei. Dort ist Uwe Krumme der stellvertretende Leiter. Zusammen mit seinen Kolleginnen und Kollegen erforscht er seit vielen Jahren die Fischbestände in der Ostsee. Seit einiger Zeit ist er vor allem Dorschforscher. Denn den Dorschen in der Ostsee geht es schlecht. Und wenn es den Dorschen schlecht geht, verändert das nicht nur das Leben der Fischer, für die der Dorsch ein wichtiger Wirtschaftsfisch ist, sondern das Leben im gesamten Ökosystem. Und zwar oft zum Schlechteren. Vom Wohlergehen der Dorsche hängt also eine Menge ab, in der Ostsee und auch im Rest der Welt. Und das schon sehr lange.

Der Dorsch, der anderswo Kabeljau heißt, ist ein geselliger Fisch. Er lebt und jagt meist in Bodennähe und oft in solchen Massen, dass er ganze Flotten ernähren konnte, und auch die Sklaven auf den karibischen Zuckerplantagen – Kabeljau gegen Rum war ein lukratives Geschäft. Sein weißes Fleisch ist reich an Protein und arm an Fett und dadurch gleichzeitig nahrhaft und gut zu konservieren. Ein idealer Vorratsfisch. Getrockneter Kabeljau diente schon den Wikingern als Nahrung auf ihren Seereisen von Norwegen über Island und Grönland nach Kanada. Im Mittelalter war er als Stockfisch bis weit ins

Innere Europas ein beliebtes Lebensmittel und ein wichtiges Handelsgut der Hanse. Die Pilgerväter, die sich als erste englische Siedler an der Ostküste Nordamerikas niederließen, wären ohne Kabeljau wahrscheinlich verhungert. Und später kamen die Kolonien Neuenglands durch die reichen Fischgründe rund um *Cape Cod,* das »Kap des Kabeljaus«, zu so viel Wohlstand, dass sie sich schließlich vom Mutterland unabhängig machen und die Keimzelle für die heutigen USA werden konnten.[1] Inzwischen sind die Bestände im Westatlantik wegen Überfischung stark zurückgegangen. Heute sind Island, Norwegen und Russland die wichtigsten Fangnationen. Im Ostatlantik und im Nordmeer bringt die Kabeljau-Fischerei nach wie vor guten Profit.

Auch in der Ostsee war der Dorsch über viele Jahrhunderte ein »Brotfisch«, ein selbstverständliches Nahrungsmittel für große Teile der Bevölkerung, wirtschaftliche Grundlage für die Fischereiflotten der neun Anrainerstaaten. Doch damit ist es vorbei. Die Dorsche in der Ostsee sind zu einer Rarität geworden. Seit Jahren schrumpfen die Bestände, inzwischen haben sie den niedrigsten Stand seit Beginn der Aufzeichnungen erreicht.[2] Fangverbote und strenge Limitierungen sollen den Rückgang nun aufhalten, doch bisher zeigen sie keine Wirkung. Zu lange haben sich Fischer und Verbraucher zu sehr nach dem Markt gerichtet und zu wenig nach den Fischen.

Doch Überfischung alleine kann den Zusammenbruch nicht erklären. »Das Bild ist viel komplizierter, als wir das lange angenommen haben«, sagt Uwe Krumme auf der *Belone.* »Die baltischen Dorsche werden nicht nur weniger, sie werden auch kleiner und dünner«, erklärt er. »Ihre Fettvorräte in der Leber sind geringer, und auch ihr Fleischgewicht nimmt ab.«[3] »Magerdorsche« sagen die Fischer dazu. »Die Überfischung ist zweifellos die Wurzel des Problems«, sagt Krumme. »Aber dass die Bestände sich jetzt nicht erholen wollen und dass die Ostseedorsche insgesamt an Fitness verlieren, das hat noch andere Gründe, die mit der Fischerei gar nichts zu tun haben.«

Die Messsonde für die Wasserwerte ist inzwischen wieder an Bord. Das Meer liegt still um uns herum in der Sonne. Hand über Hand lässt Krumme nun die erste Kameraboje hinab. »Das ist eine besondere Ecke hier«, sagt er mit Blick in Richtung Küste. »Als die Fangzahlen schon jahrelang im Keller waren, da haben die Fischer hier immer noch große und kräftige Dorsche gefangen. Man kann das hier an der Oberfläche nicht sehen, aber da unten liegt eine Eins-a-Dorschlandschaft.« Statt einer faden sandigen Ebene, wie man sich den Meeresgrund vielleicht vorstellen mag, setzt sich unter uns die hügelige Eiszeitlandschaft Nordwestmecklenburgs fort. Von der Steilküste geht es in einem geschwungenen Buckel weiter steil bergab, von etwa sieben Meter Wassertiefe nahe am Strand auf gut 25 Meter nur wenige Kilometer weiter im Meer. Unter Wasser, über den ganzen Hang verteilt, überall Findlingsbrocken und eiszeitliches Geröll. »So was lieben die Dorsche«, sagt Krumme. Und als er anfängt zu erzählen, merkt man, dass Uwe Krumme auch die Dorsche liebt. »Dorsche sind ja nicht irgendwelche tumben Fressmaschinen«, erklärt er und schiebt den breitkrempigen Strohhut in den Nacken. »Die dümpeln da nicht nur blöd rum. Sondern sie sind evolutionär hochangepasste Spezialisten, mit ganz feinen Sinnen und Instinkten, die ihre Umwelt ganz genau wahrnehmen und sich darin sehr planvoll bewegen. Klar haben die Vorlieben.«

Dorsche jagen in Bodennähe nach Krusten- und Weichtieren, Würmern und anderem Getier. Sie können recht gut sehen, zumindest solange sie ausreichend Licht haben, also vor allem im Flachwasser. Aber ein Großteil ihrer Welt ist dunkel. Sie können unter Wasser riechen und mit den Geschmacksknospen an ihren Kinnbarteln ihre Beute identifizieren. Wie viele Fische sind sie weder taub noch stumm. Balzende Dorsche können mit ihren Schwimmblasen Vibrationen erzeugen, aus deren Frequenz die weiblichen Tiere, die »Dorschinnen« sozusagen, ablesen können, wie groß die Schwimmblase und damit der tönende Dorschmann ist. Je tiefer der Ton, desto dicker der Fisch. Wie die Messsonde haben auch Dorsche ein Gespür für Wassertemperatur, Salzgehalt und Druck. Über ihre Kiemen nehmen sie den Sauerstoffgehalt wahr. Vor allem aber messen sie Strömungen. Über ihre beiden Körperflanken zieht sich ein Seitenlinienorgan, eine schmale Linie feiner Sinneszellen, die kleinste Druckwellen wahrnehmen und den Tieren ein detailliertes dreidimensionales Bild der umgebenden Strömungslandschaft liefern. Je mehr Strömungen, desto interessanter. »Sie müssen sich das vorstellen, als sei um Sie herum ganz dicke Luft, in der jede Handbewegung ihre Spuren hinterlässt«, sagt Krumme. »So ›sieht‹ der Dorsch die Welt. Jede Bewegung im Wasser erzeugt Verwirbelungen, die er ganz genau wahrnehmen kann, überall um sich herum.« Eine huschende Krabbe wirbelt anders als ein Seestern oder ein Dorschkollege oder ein Schweinswal, eine wogende Seegraswiese anders als ein starres Kliff. »Und wir beobachten immer wieder, dass sich Dorsche häufig an solchen Strukturen aufhalten, die die Strömung verändern. Wracks zum Beispiel, oder eben solche Steinfelder wie hier.«

Ähnlich wie der Boden ist auch der Wasserkörper nicht homogen und gleichförmig, sondern durchaus strukturiert. So gibt es, obwohl die Ostsee insgesamt recht flach ist, eine stabile Schichtung des Wassers: In den oberen Bereichen, wo Niederschläge und Zuströme aus Flüssen und Bächen ankommen, ist es »süßer« und leichter. In Bodennähe dagegen ist es salzhaltiger und schwerer.

Wir erreichen die nächste Kameraposition über der Unterwasserlandschaft, und das Forschungsteam lässt einen weiteren Schwimmanker zu Wasser. Der steile Hang ist für die Dorschgesellschaft besonders attraktiv, denn je nach Lebensalter und Jahreszeit hat ein Dorsch ganz unterschiedliche Ansprüche an seinen Lebensraum, die so ein Steilhang alle erfüllen kann.

Im Winter, zum Laichen, suchen die Fische das salzhaltigere Tiefenwasser, weil dort die Eier und später die Larven genug Auftrieb haben, um im Wasser zu schweben. »Aber ansonsten ist da unten nicht viel los für den Dorsch«, winkt Krumme ab. Ab März ziehen die Dorsche darum ins flachere Wasser, wo es reichlich Nahrung gibt. Doch im Sommer wird es dort zu warm, und die Dorsche weichen in tiefere Hangbereiche aus. Erst im Herbst, wenn es wieder kühler wird, kehren sie zurück ins Flachwasser und futtern sich neue Vorräte für die nächste Laichsaison an. Die Dorsche nutzen also ihren Lebensraum in einer sehr differenzierten Weise.[4] Doch dieser Lebensraum wird immer enger.

»Seit Monaten versuchen wir, hier im Gebiet ausreichend große Dorsche zu fangen, die wir dann mit Peilsendern versehen und genauer untersuchen wollen. Bisher leider völlig vergebens«, sagt Krumme frustriert. Doch noch will er nicht aufgeben. Mit den Unterwasserkameras will das Team feststellen, ob überhaupt noch Dorsche in dem ehemals gut besetzten Areal über den Steinfeldern unterwegs sind. »An einigen Stellen konnten wir zumindest Dorsche sehen. Es gibt sie also noch.« Das klingt erst einmal beruhigend, doch Krumme schränkt sogleich ein: »Das waren allerdings alles nur Jungtiere, zwei oder drei Jahre alt, zu klein zum Besendern.« Ein erwachsener Dorsch kann mehr als einen Meter lang werden. Doch die Tiere vor der Kamera messen gerade mal 20 bis 25 Zentimeter. Und noch eine weitere Beobachtung macht den Dorschforschern Sorge. »Bei 18 Metern Tiefe haben wir mehrere Dorsche gefilmt, die sehr schwer atmen. Das sehen wir deutlich an den Kiemenbewegungen. So etwas haben wir noch nie vorher beobachtet.«

Die meisten Kabeljaue sind im Nordatlantik und im Polarmeer zu Hause, wo das Wasser sauerstoffreich ist, und kalt. Die Ostsee dagegen liegt an der Grenze des Kabeljau-Wohlfühlbereichs. Landumschlossen und eher flach, ist ihr Wasser nicht nur wärmer, sondern auch sauerstoffärmer als in den Ozeanen. Doch die Ostseedorsche haben sich an diese erschwerten Bedingungen angepasst und eine stabile Population aufgebaut. Durch den Klimawandel werden nun jedoch die Sommer immer länger, und die durchschnittlichen Wassertemperaturen steigen, vor allem in den oberen Wasserschichten. Die Ostsee gehört zu den Meeresregionen auf der Erde, die sich am schnellsten erwärmen.[5] Und warmes Wasser speichert weniger Sauerstoff als kaltes. Die Unterschiede betragen oft nur wenige Prozent, doch wenn man ohnehin schon am Rande seiner Möglichkeiten schwimmt, dann werden auch kleine Veränderungen schnell zum großen Problem.[6] Bei Problemen verzieht sich der Dorsch normalerweise in tiefere Gewässerzonen. Doch immer häufiger bietet ihm dieses Refugium keinen Schutz mehr. Die Gründe dafür liegen nicht im Wasser, sondern an Land.

Nährstoffe auf Wanderschaft

Gut 100 Kilometer Luftlinie weiter im Nordwesten, in Schleswig-Holstein, liegt zum Beispiel die Schlei, ein Meeresarm der Ostsee, der nördlich von Eckernförde gut vierzig Kilometer weit ins Land reicht. Auch hier erstreckt sich eine hügelige Endmoränen-Landschaft mit guten Böden, eine der produktivsten Agrarregionen Deutschlands. Weizen und Milchvieh, Schweine und Mais.

Die Weizenernte ist für dieses Jahr schon unter Dach und Fach. Nun fahren die Landwirte auf großen Maschinen über die weiten Stoppelfelder und bereiten die nächste Aussaat vor. Hinter ihnen Schwärme von Möwen, die in die Felder niedergehen auf der Suche nach Würmern und anderer Nahrung, sobald sich der Staub etwas legt. Regelmäßiges Düngen ist eine wichtige Voraussetzung für eine so intensive Landwirtschaft, wie sie rund um die Schlei betrieben wird. Ohne die systematische Zufuhr von Stickstoff, Phosphor und Kalium wären die hohen Erträge und der wirtschaftliche Erfolg der meisten Betriebe nicht möglich. Mehrmals im Jahr werden die Nährstoffe in Form von Gülle und Mist, mit den Gärresten aus der Biogasanlage oder als Mineraldünger ausgebracht. Doch ein Großteil dieser wertvollen Nährstoffe bleibt nicht auf dem Acker.[7] Bei Getreide werden von den ausgebrachten Stickstoffdüngern im weltweiten Durchschnitt nur etwa 30 bis 50 Prozent von den Nutzpflanzen aufgenommen. In der weiteren Nahrungsproduktion geht noch mehr Stickstoff verloren. Gerade einmal knapp ein Fünftel wird am Ende tatsächlich verzehrt.[8] Mit Phosphor und Kalium verhält es sich kaum anders. Statt in die Ernte und auf unsere Teller strömen die meisten Nährstoffe daher in Flüsse und Seen und schließlich ins Meer.

Bei Kalium ist das kein Problem. An Kalium ist im salzigen Meerwasser kein Mangel, und die Mengen, die vom Land dazukommen, machen keinen großen Unterschied. Bei Stickstoff und Phosphor sieht es anders aus. Beide sind im Meer ähnlich knapp wie auf dem Land, und wirken auch im Meer als Dünger und steigern die Produktion. Nur düngen sie dort nicht mehr Gemüse und Getreide, sondern vor allem das Phytoplankton, winzige Algen, Bakterien und andere Organismen, die schwebend im Wasser leben. Und die fangen an zu wuchern.

Das Resultat: großflächige »Algenblüten«. Das Wasser wird trübe, größeren Gewächsen wie Seegras und Großalgen fehlt das Licht. Wenn sie nicht gedeihen, gehen wichtige Aufzucht- und Lebensräume für viele Meerestiere verloren. Richtig problematisch werden die neuen Biomassen jedoch erst nach ihrem Tod. Dann sinken sie auf den Meeresboden und werden dort von Mikroorganismen zersetzt. Die verbrauchen dabei Sauerstoff. Je mehr Plankton aufblüht, desto mehr geht zugrunde, und desto mehr Sauerstoff zehren die Zersetzer. Und irgendwann ist nicht mehr genug da für die anderen.

Wer kann, schwimmt, kriecht oder krabbelt aus der Gefahrenzone. Doch viele Bodenbewohner im Meer sind festgewachsen oder zu langsam. Für sie gibt es kein Entrinnen. Für sie werden die Sauerstoffmangelgebiete zur »Todeszone«. Einige Mikroorganismen kommen auch mit solchen Bedingungen zurecht. Doch für die meisten Wasserbewohner gilt das Gleiche wie für uns: Ohne Sauerstoff ersticken sie.

Auf der *Belone* vor Boltenhagen ist es später Nachmittag geworden. Wolken sind aufgezogen, der Wind frischt auf. Auf dem kleinen Boot wird es ungemütlich. Das Team will unbedingt noch einen Langzeitsensor austauschen, der den Sauerstoffgehalt am Meeresboden misst. Ohne diese Daten können sie die Gründe für die anhaltende Schwäche der Dorsche nicht rekonstruieren. Doch die Bergung des Messgeräts ist schwieriger als erwartet. Eine Ankerkette hat sich verhakt und Christina Henseler muss das kleine Boot in dem zunehmenden Seegang geschickt manövrieren, damit Uwe Krumme, der mit dem Bootshaken am Bug steht, überhaupt eine Chance hat, die Sonde einzufangen. Als sie endlich an Bord ist, macht sich Carl Bukowski daran, die Seepocken abzuschaben, die sich auf dem gelben Plastikgehäuse angesiedelt haben. »Durch unsere Messungen und die von anderen Kollegen an vielen anderen Stellen wissen wir, dass in der Ostsee die Gebiete, in denen der Sauerstoff knapp wird, immer größer werden«, erklärt er. »Und das betrifft nicht nur die tieferen Becken weiter draußen im Meer, sondern auch tiefere Gebiete nahe der Küste. So wie hier.« Warmes Wasser von oben, Sauerstoffmangel von unten – eine fatale Zange aus Klimawandel und Eutrophierung. »Diese *habitat compression*, wie wir das nennen, dieser schrumpfende Lebensraum – das ist purer Stress für die Dorsche«, ergänzt Krumme. Lange, warme Sommer und eine verkürzte Fraßsaison im Herbst – damit gehen die Dorsche geschwächt in die Laichsaison, die wegen der wärmeren Winter außerdem immer früher einsetzt. »Mittlerweile beobachten wir, dass die Dorsche schon Mitte Januar laichen. Noch vor zehn Jahren begann die Laichsaison im Februar oder März. So kommt es, dass sich der Bestand trotz Fangstopps und anderer fischereilicher Schutzmaßnahmen einfach nicht erholt«, sagt Krumme.

In der östlichen Ostsee ist der Dorschbestand schon seit Längerem in schlechtem Zustand, und auch hier zeigen die Schutzmaßnahmen bisher kaum Wirkung. In einer neuen Studie konnten Krumme und sein Team zeigen, dass auch hier vor allem die hohen Nährstofflasten in Verbindung mit höheren Temperaturen die Ursache sind. Doch die ökologische Kettenreaktion, die durch diese Umweltbedingungen ausgelöst wird, verläuft ganz anders als in der westlichen Ostsee.

In der deutlich tieferen östlichen Ostsee dominieren in den sommerlichen »Algenblüten« die sogenannten Cyanobakterien, eine Gruppe von Bakterien, von denen viele nicht nur Photosynthese betreiben, sondern auch Stickstoff aus der Luft binden können. Und diese veränderte Zusammensetzung des Phytoplanktons wirkt sich auf das gesamte nachfolgende Nahrungsnetz aus. Denn das Zooplankton, das sich sonst vom Phytoplankton ernährt, kann die fädigen Cyanobakterien nicht fressen. Stattdessen übernehmen diverse Mikroben den Abbau der abgestorbenen Cyanobakterien, und das Zooplankton stellt seine Ernährung um: Statt seiner gewohnten vegetarischen Kost frisst es nun die Mikroben, die von den Cyanobakterien leben. So entsteht eine neue Stufe im Nahrungsnetz, eine weitere »Trophie-Stufe«, wie die Ökologen sagen.

Das klingt zunächst nicht dramatisch, doch die Auswirkungen sind gravierend. Denn bei jedem Übergang von einer solchen Trophie-Stufe zur nächsten geht Energie in Form von Wärme verloren, und zwar bis zu 90 Prozent. Diese Energie fehlt dann in den nachfolgenden Stufen im Nahrungsnetz, und entsprechend weniger neue Biomasse wird dort produziert. So bleibt am Ende für die Letzten in der Kette zu wenig übrig.[9] Und in der Ostsee ist einer der Letzten der Dorsch. »Eutrophierung und Erwärmung wirken sich also sowohl für den Westdorsch als auch für den Ostdorsch negativ aus. Aber auf völlig unterschiedliche Art und Weise«, sagt Krumme. »Und bisher wissen wir nicht, ob sich so eine Entwicklung mittelfristig umkehren lässt.«

Die großen Kabeljau-Bestände im Nordatlantik sind noch weitgehend intakt. Weltweit gesehen wird die Art also so schnell nicht aussterben. In der Ostsee jedoch stehen die Chancen für den Dorsch derzeit schlecht.

Die Anreicherung von Nährstoffen, die sogenannte Eutrophierung, und die damit verbundenen »Algenblüten« sind nicht nur ein Problem der Ostsee. Alle Meere und auch viele Binnengewässer sind betroffen, und die Lage wird zunehmend schlechter. In einer Übersichts-Studie aus dem Jahr 2018 fasste ein internationales Forschungsteam um die US-amerikanische Wissenschaftlerin Denise Breitburg das ganze Ausmaß der Belastungen zusammen: Über die letzten fünfzig Jahre haben sich die Bereiche im offenen Meer, in denen es an Sauerstoff mangelt, weltweit um eine Fläche von der Größe der Europäischen Union ausgedehnt. Die sogenannten anoxischen Zonen, in denen gar kein Sauerstoff mehr enthalten ist, haben sich vervierfacht. Auch in den Küstenregionen hat die Zahl der Gebiete, in denen kritische Sauerstoffkonzentrationen erreicht werden, in diesem Zeitraum drastisch zugenommen. Von den aktuell über 500 als mangelhaft erfassten Gewässern hatten im Jahr 1950 nur etwa zehn Prozent einen Sauerstoffmangel gemeldet.[10] Betroffen sind Meeresgebiete auf der ganzen Welt – der Golf von Mexiko ebenso wie das Ostchinesische Meer oder das Schwarze Meer. Die größte Todeszone der Welt jedoch liegt in der Ostsee.[11]

Verfehlte Ziele

Die Ostsee ist ein flaches Randmeer mit einigen tiefen Becken und sehr viel Küste, eine kleine Tasche im großen Weltmeer. Mit den Ozeanen ist sie nur über einen schmalen Durchlass in die Nordsee verbunden. Entsprechend spärlich ist der Austausch. Die Verweilzeit des Wassers in der Ostsee beträgt gut dreißig Jahre, das ist selbst für ein Randmeer ungewöhnlich lange. Durch diese hydrografischen Besonderheiten ist die Ostsee von Natur aus anfällig für Eutrophierung. Doch die Dorsche hatten sich im Laufe ihrer Evolution mit diesen Umständen arrangiert. Was das Arrangement zwischen Ostsee und Dorschen nun stört, sind die rund 85 Millionen Menschen, die inzwischen das Einzugsgebiet des Meeres bevölkern, mit allen Aktivitäten, die heute zu einem modernen Leben in Europa dazugehören – Ackerbau und Viehzucht, Industrie und Handel, Schifffahrt, Tourismus, Rohstoffabbau, Energiegewinnung. All das hat Auswirkungen auf die Ostsee. Der Eintrag von Nährstoffen gehört zu den schwerwiegendsten.[12]

Erste Anzeichen, dass die Nährstoffmengen, die die vielen Menschen in Bewegung setzten, das flache Randmeer überfordern, zeigten sich bereits in der ersten Hälfte des 20. Jahrhunderts, vor allem vor den großen Städten an der Küste.[13] In den 1960er-Jahren erkannte man, dass auch das offene Meer immer stärker von der Eutrophierung betroffen war. Die Lage wurde so kritisch, dass sich 1974, mitten im Kalten Krieg, alle Ostsee-Anrainerstaaten, die westeuropäischen ebenso wie die Mitglieder des sogenannten Ostblocks, in der »Helsinki Konvention zum Schutze der Ostsee« verpflichteten, Maßnahmen zu ergreifen, um die Verschmutzung zu stoppen. Das Abkommen wurde 1992 aktualisiert und ist nach wie vor in Kraft.

Das ausführende Organ der Konvention ist die »Helsinki Kommission« (HELCOM) mit Sitz in Finnland. Sie sammelt und analysiert seit Jahrzehnten Messdaten aus dem gesamten Einzugsgebiet der Ostsee und liefert so die wissenschaftliche Grundlage für die Entscheidungen der Regierungen in den Anrainerstaaten.

Eine wichtige Maßnahme in Deutschland war 1986 das Verbot von Phosphat in Haushaltswaschmitteln, das nicht nur die Ostsee, sondern auch viele eutrophierte Flüsse und Seen entlastete. Auch der Ausbau der Klärwerke zeigte eine deutliche Wirkung. Inzwischen sind die meisten Kläranlagen in Deutschland mit einer dritten und teilweise auch mit einer vierten Reinigungsstufe ausgestattet, die Stickstoff und Phosphor gezielt aus dem Abwasser entfernen. Die anderen Ostseestaaten ergriffen ebenfalls Maßnahmen, um die Nährstoffbelastung zu reduzieren. Von einer Liste mit Verschmutzungs-»Hot Spots«, die die HELCOM 1992 herausgab, konnten über knapp dreißig Jahre hinweg drei Viertel der ursprünglich 162 schwerwiegenden Verschmutzer gestrichen werden.[14] Mehr als die Hälfte der beseitigten Schadstoffquellen waren kommunale Kläranlagen und große Tierhaltungsbetriebe, von denen besonders viele Nährstoffe in die Ostsee gelangten. Durch diese und andere Maßnahmen ist es den Staaten gemeinsam gelungen, die Nährstoffbelastung der Ostsee deutlich zu senken.[15] Es ist ein seltenes Beispiel für eine gelungene internationale Kooperation im Umweltschutz. Den Dorschen hilft es jedoch bisher wenig.

Verschmutzer, bei denen die Nährstoffe praktisch »in einem Rohr« in die Ostsee geleitet werden, sogenannte Punktquellen, sind vergleichsweise leicht abzustellen. Wesentlich schwieriger einzudämmen sind die Nährstoffeinträge, die aus sogenannten diffusen Quellen kommen. Das sind zum Beispiel Sicker- und Drainagewässer aus der Landwirtschaft, mit denen die Nährstoffe über die Flüsse weiter ins Meer strömen, aber auch Einträge aus Streusiedlungen, in denen die Haushalte nicht immer an eine Kanalisation angeschlossen sind. Und auch aus der Atmosphäre gelangen Nährstoffe ins Meer, vor allem Stickstoff. Und zwar nicht der inaktive Luftstickstoff, sondern Stickstoffverbindungen, die bei der Verbrennung in Auto- oder Schiffsmotoren und bei der Energiegewinnung aus fossilen Brennstoffen entstehen, oder auch durch Ausgasungen aus der Landwirtschaft, und die mit den Niederschlägen in die Ostsee gespült werden und den Organismen dort als Nährstoff dienen.

Diese diffusen Einträge machen heute den bei Weitem größten Teil der Nährstoffbelastung aus. Von den insgesamt gut 920 000 Tonnen Stickstoff und über 28 000 Tonnen Phosphor, die im Jahr 2017 in die Ostsee gelangten, kamen 73 Prozent der Stickstoff- und 88 Prozent der Phosphoreinträge über die Flüsse.[16] Knapp ein Viertel der Stickstoff- und sieben Prozent der Phosphoreinträge kamen aus der Atmosphäre. Kläranlagen und andere Punktquellen dagegen sind nur noch für drei Prozent der Stickstoff- und fünf Prozent der Phosphoreinträge verantwortlich.[17]

Einige der diffusen Einträge sind ganz natürlich. Sie entstehen durch Verwitterung und die normale biologische Aktivität in den Ökosystemen im Einzugsgebiet. Der weitaus größte Teil der Nährstoffe in den Flüssen, vor allem in den Staaten im Süden und Südwesten der Ostsee, kommt jedoch aus der Landwirtschaft und hier in erster Linie durch den Einsatz von Düngemitteln. Und zwar sowohl Mineraldünger als auch Wirtschaftsdünger wie Gülle aus der Tierhaltung oder Gärreste aus Biogasanlagen. Diese ungewollten Überschüsse aus der Landwirtschaft machen etwa die Hälfte aller Nährstoffeinträge über die Flüsse aus.[18] In Deutschland kommen sogar 80 Prozent der Stickstoffeinträge aus der Landwirtschaft.[19]

Auch bei diesen diffusen Einträgen hat sich die Situation in den letzten dreißig Jahren verbessert. Doch noch immer bleiben die meisten Anrainerstaaten hinter ihren Reduktionszielen zurück. Die jüngste Überprüfung mit Daten von 2020 zeigt zum Beispiel, dass Deutschland seine jährlichen Stickstoffeinträge über Flüsse und Atmosphäre in die Ostsee um 2,4 Prozent senken muss, also um etwa 850 Tonnen, um die vereinbarten Nährstoffreduktionsziele zu erreichen. Die deutschen Phosphoreinträge müssen sogar um 49 Prozent sinken, also um fast die Hälfte (220 Tonnen pro Jahr).[20]

In Teilen der Ostsee hat sich die Lage trotz der bisherigen Reduktionen sogar verschlechtert. Grund sind die Nährstoffe, vor allem Phosphor, die schon in der Ostsee liegen, zum Teil schon seit Jahrzehnten. Diese Nährstoffaltlasten hatten sich eigentlich schon im Sediment abgelagert und damit aus dem aktiven Dienst zurückgezogen, sozusagen. Doch bei Sauerstoffmangel verändert sich die Meereschemie, und der Phosphor löst sich wieder und kann neue Meeresorganismen nähren.[21] Die produzieren mehr Biomasse, deren Abbau verbraucht mehr Sauerstoff, und in den entstehenden Sauerstoffmangelzonen löst sich neuer Phosphor aus dem Sediment, der wiederum die Produktion anheizt. So verstärkt sich die Belastung ab einem gewissen Punkt selbst.

Durch diese verschiedenen Prozesse – verfehlte Ziele, nährstoffhungrige Algen und veränderte Meereschemie – bleibt der Zustand der Ostsee trotz aller Bemühungen schlecht. Noch immer sind fast 94 Prozent der gesamten Fläche von Eutrophierung betroffen.[22]

Der Chemiker Günther Nausch arbeitete bis vor wenigen Jahren am Institut für Ostseeforschung in Warnemünde. Die Eutrophierung hat ihn sein ganzes wissenschaftliches Leben lang begleitet. Seine Studien zeigen unter anderem, dass neben den normalen Sickerprozessen vor allem bei extremen Wetterereignissen wie Starkregen viel Phosphor ausgewaschen wird. Solche Ereignisse nehmen im Zuge des Klimawandels zu. »Die Ostsee ist einfach sehr sensibel«, sagte er mir in einem Interview 2021. »Man hat dieses Ökosystem über vierzig, fünfzig Jahre belastet. Oder verschmutzt, wenn Sie so wollen. Wenn man eine Umkehr eines Prozesses haben will, dann dauert das mindestens die gleiche Zeitspanne. Eher länger. Man muss da einen sehr langen Atem haben.«

Ob sich die Prozesse umkehren lassen, hängt wesentlich vom Düngerverbrauch in den Anrainerstaaten ab. Doch in der Europäischen Union ist der Einsatz von Stickstoffdünger insgesamt seit zehn Jahren nahezu stabil.[23] Große Verbraucher wie Deutschland, Frankreich oder Polen haben zwar reduziert, doch andere Staaten wie Bulgarien, Rumänien und Ungarn haben zugelegt. Der Phosphorverbrauch hat in den meisten EU-Staaten über die vergangenen zehn Jahre hinweg zugenommen. Nur in Deutschland und Luxemburg gab es einen deutlichen Rückgang. Durch diesen weiterhin hohen Einsatz von Düngemitteln bleibt die Situation für viele Gewässer in der EU kritisch, nicht nur für die Ostsee.[24]

Auf der *Belone* vor Boltenhagen ist von alldem nichts zu sehen. Doch mein Blick auf die Steilküste hat sich verändert. Die Gletscher der Eiszeit haben nicht nur eine vorteilhafte Landschaft für den Dorsch hinterlassen, sondern auch für uns. Neben Sand und Felsen sehe ich nun auch die ausgedehnten, intensiv genutzten Ackerflächen, die bis an die Bruchkante reichen. Vor meinem inneren Auge machen sich Ströme von Nährstoffen vom Acker und rieseln und rauschen ins Meer. Massen an Stickstoff und Phosphor, abgespalten aus der Luft oder als Erze aus der Tiefe der Erde geholt, gemixt und pelletiert, verschifft, versackt, versprüht und verstreut. Dünger auf die Felder, Nahrung für Mensch und Tier. Die Ernte in die Städte, verzehrt, verdaut und ausgeschieden. Die Nährstoffe strömen in Flüsse, Seen und Meer. Und nähren dort weiter. In einem Übermaß, das das ganze Erdsystem gefährdet. Das ist keine Übertreibung. Ein solcher Kollaps ist schon vorgekommen. Er war eine der Ursachen für das größte Massensterben in der Geschichte des Lebens auf der Erde.

Das Ganze ist schon eine Weile her. Doch die Mechanismen dahinter sind heute noch so relevant wie damals. Und geben noch immer viele Rätsel auf. Wissenschaftlerinnen und Wissenschaftler arbeiten darum intensiv daran, die Prozesse besser zu verstehen.

Das Große Sterben

Erinnern Sie sich an das Perm? Pangaea, Mitteleuropa fast am Äquator, Kalikrusten im Zechsteinmeer? Genau. Es nahm kein gutes Ende damit.

»Irgendwann vor etwas mehr als 252 Millionen Jahren brach hier oben im Norden ein riesiger Vulkan aus«, erzählt Hana Jurikova und zeigt auf die Fingerspitzen ihrer linken Hand, die sie in Form eines C vor die Zoom-Kamera hält, um die grobe Form des Superkontinents Pangaea zu demonstrieren. »Das liegt im heutigen Sibirien.« Riesig ist wahrscheinlich untertrieben. Am Sibirischen Trapp, wie die Formation heute heißt, spie die Erde damals vier Millionen Kubikkilometer Lava aus, eine Menge, die reichen würde, das heutige Mittelmeer zu füllen, und die eine Fläche von der Größe des heutigen Australiens überströmte.[25] Was darauf folgte, war das größte Massenaussterben in der Geschichte des Lebens. In einer Zeitspanne von etwa 60 000 Jahren verschwanden 75 Prozent der Landlebewesen und mehr als 90 Prozent aller Meeresbewohner von der Erde.[26] 60 000 Jahre – in der Tiefenzeit der Erdgeschichte ist das nicht viel mehr als ein Wimpernschlag. »Das war ein unglaublich einschneidendes Ereignis«, sagt Jurikova. Doch wie genau es dazu gekommen war, das blieb lange Zeit ein Rätsel. Wie konnte dieser eine, wenn auch gewaltige Vulkan so verheerende Folgen auf dem ganzen Planeten haben? Zumal er schon vorher ein paar Millionen Jahre lang aktiv gewesen war, ohne dass es zu einem Massenaussterben gekommen war. »Und dann ging alles plötzlich rasend schnell«, sagt Jurikova. »Aber warum die Welt so plötzlich so tödlich wurde, dafür hatten wir keine gute Erklärung.«

Hana Jurikova ist Geochemikerin, und ich habe sie angerufen, weil ihre Doktorarbeit ganz wesentlich dazu beigetragen hat, der Lösung des Rätsels um das »Große Sterben« am Ende des Perms ein gutes Stück näher zu kommen. Häufig ist sie in der Welt unterwegs, um neue Proben für ihre Messungen zu sammeln. Doch an diesem Tag erreiche ich sie in ihrem Labor in der Fakultät für Geo- und Umweltwissenschaften an der Universität St. Andrews in Schottland. »Das wirklich Neue an unserer Forschung ist die Methode, die wir entwickelt haben, um die Vorgänge in der Atmosphäre zu rekonstruieren«, erzählt sie. »Wir« ist ein Team von Wissenschaftlerinnen und Wissenschaftlern vom Geomar Helmholtz-Zentrum für Ozeanforschung in Kiel, wo Jurikova promoviert hat, und von anderen Forschungseinrichtungen in Deutschland, Kanada und Italien. Wenn man weiß, was nach dem Vulkanausbruch in der urzeitlichen Atmosphäre vor sich ging, kann man auch erklären, wie es zu dem Aussterben gekommen ist. Doch die Atmosphäre über geologische Zeiträume hinweg zu untersuchen ist eine trickreiche Angelegenheit. Denn die alten Winde sind natürlich längst verweht.

Ein Hauch von Urzeitluft liegt noch in winzigen Bläschen im Eis der Polkappen, doch auch dieses ist nicht ewig. Die Luftproben aus den Bohrkernen reichen derzeit etwa zwei Millionen Jahre weit zurück.[27] Das ist eine wertvolle Zeitspanne für die Klimaforschung, doch über die Atmosphäre des Perms und anderer Erdzeitalter erfährt man auf diese Art nichts. Weil sie deren Luft nicht direkt messen können, müssen die Wissenschaftlerinnen und Wissenschaftler hier mit sogenannten »Proxys« arbeiten, mit Messungen also, über die man indirekt auf die

Zusammensetzung der Atmosphäre schließen kann. Das geht zum Beispiel mit bestimmten Fossilien. Mit solchen indirekten Messungen konnten sie immerhin bis zu 66 Millionen Jahre zurückblicken.[28] »Aber die Erde ist viereinhalb Milliarden Jahre alt«, beschreibt Jurikova den Frust der Geologen. »Da kratzten wir mit unseren bisherigen Methoden mal gerade an der Oberfläche!« Sie mussten also neue Wege finden, oder vielmehr Umwege, um zu verstehen, was zum Ende des Perms wirklich auf der Erde passiert war. »Darum haben wir angefangen, mit Brachiopoden zu arbeiten.«

Mit einer ganz anderen Sorte von Fossilien also. An dieser Stelle im Gespräch kann ich wissend nicken, denn ein Exemplar dieser Urtiere liegt vor mir auf dem Schreibtisch. Ich habe es selbst aus dem Stein geklopft, auf Knien, mit dem Hämmerchen, damals, auf paläontologischer Exkursion im Biologiestudium.

Brachiopoden – »Armfüßer« im Deutschen – sind eine wunderliche Gruppe von Tieren. Sie leben schon seit rund 540 Millionen Jahren auf der Erde und ausschließlich im Meer. Mit ihren zwei kalkigen Schalen sehen sie auf den ersten Blick aus wie Muscheln. Sind aber keine. Die meisten haben einen muskulösen Stiel, mit dem sie an ihrem Wohnort festgewachsen sind. Das ist der »Fuß« in ihrem Namen. Zwischen den Schalen haben sie Tentakel, mit denen sie ihre Nahrung im Wasser in Richtung Mund heranstrudeln. »Armapparat« sagen die Biologen. In der Erdgeschichte waren die Armfüßer zeitweise so weit verbreitet und so vielfältig, dass sie in der Wissenschaft oft als Leitfossilien herangezogen werden, um bestimmte Sedimente zu charakterisieren. Über 30 000 fossile Arten sind bisher beschrieben. Ihre festen Schalen versteinern gut – auch das ein wichtiger Vorteil. Und vor allem: Brachiopoden gibt es heute noch, wenn auch nur noch mit etwa 400 Arten. »Das ist ganz wichtig für uns«, sagt Hana Jurikova. »Nur an den heute lebenden Tieren können wir überprüfen, ob unsere neue Messmethode mit den fossilen Brachiopoden wirklich das widerspiegelt, was damals in den Ozeanen vor sich ging. Durch diesen Abgleich wird unsere Methode praktisch geeicht.«[29]

Gemessen hat Jurikova vor allem die Isotope des chemischen Elements Bor, also verschiedene Varianten von Bor-Atomen, die die Tiere vor über 250 Millionen Jahren am Grund des Tethys-Meeres in ihre Schalen eingelagert haben. Diese Art der Isotopenanalyse ist an sich nicht neu, sie mit Bor und an alten Brachiopoden einzusetzen aber schon.

Bor ist eins von mehreren Spurenelementen, die Brachiopoden standardmäßig in ihre Kalkschalen einbauen. Die genaue atomare Zusammensetzung der Schalen ist eng gekoppelt an die Zustände im umliegenden Meerwasser, etwa an den pH-Wert. Darum kann man von der Schalenchemie auf die Meereschemie schließen. Um diese Ecke gedacht, lässt sich mithilfe des Bors in den Schalen der pH-Wert der Urmeere bestimmen. Der wiederum ist eng gekoppelt an den Kohlendioxid-Gehalt der Atmosphäre. Je mehr Kohlendioxid, desto saurer die Ozeane. »Und damit hatten wir unseren Proxy!«, sagt Hana Jurikova. In den fossilen Schalen der Armfüßer steckt also ein uraltes Archiv – und nun hatte sie einen Schlüssel gefunden. »Das hat alles verändert. Auf einmal konnten wir nachvollziehen, was damals vor 252 Millionen Jahren am Ende des Perms in der Atmosphäre los war.«

Die neuen Brachiopoden-Daten zeigen einen drastischen und rapiden Abfall des pH-Werts im Ozean des späten Perms, zeitgleich mit dem Beginn des Massensterbens.[30] Das heißt, in dieser Zeit muss es einen starken und in geologischen Dimensionen schlagartigen Anstieg der CO_2-Emissionen gegeben haben. »Uns war klar: Der Vulkan alleine kann das nicht erklären«, sagt Jurikova. Um besser zu verstehen, welche anderen Mechanismen damals noch am Werk waren, fütterten sie und ihr Team die Bor-Daten zusammen mit Daten von anderen Isotopen, die unter anderem auf die Wassertemperaturen schließen lassen, in ein geochemisches Computermodell. Aus diesen Modellierungen und im Abgleich mit Ergebnissen aus anderen Studien ergab sich allmählich ein neues, ungewöhnlich detailliertes Bild der Ereignisse, die schließlich zu der größten Krise in der Geschichte des Lebens führten. Wie fast immer, wenn man sich die Vorgänge in der Natur genauer betrachtet, ist dieses Bild komplizierter als ursprünglich angenommen. »Statt einem einzelnen Ereignis sahen wir plötzlich eine ganze Kaskade ineinandergreifender geochemischer Prozesse«, erklärt Jurikova. Der Vulkan war zwar der Auslöser, aber die eigentliche Katastrophe entwickelte sich erst hinterher.« Und in dieser Kaskade spielen die Ströme von Stickstoff und Phosphor eine entscheidende Rolle.

Also noch einmal zurück nach Sibirien. Der Vulkan bricht aus, Massen von Lava strömen über das Land, Kohlendioxid sickert in die Atmosphäre. Die Temperaturen beginnen allmählich zu steigen. Dann erreicht der Lavastrom die gewaltigen Kohlelager im Tunguska-Becken, die sich vor allen aus den riesigen Farnwäldern und Sümpfen des vorangegangenen Karbon gebildet haben und die nun durch die Hitze der Lava in einer geologisch sehr kurzen Zeitspanne gewaltige Mengen an Treibhausgasen freisetzen. Die globalen Temperaturen steigen schnell und drastisch. In den Meeren sind es fast zehn Grad. Im warmen Wasser wird Sauerstoff knapper. Durch die großen Mengen an CO_2 in der Atmosphäre steigt außerdem der pH-

Wert – die Meere versauern. Die meisten riffbildenden Meeresbewohner mit ihren kalkhaltigen Skeletten und Schalen, viele Korallen und Moostierchen (Bryozoa) zum Beispiel, aber auch viele Brachiopoden und Stachelhäuter wie Haarsterne und Seeigel sind hier schon am Ende, und mit ihnen auch viele andere Organismen, die in den Riffen leben.[31] Doch die tödliche Kaskade nimmt weiter ihren Lauf.

Weil Kohlendioxid und Wasser zusammen Kohlensäure bilden, führt der hohe CO_2-Gehalt in der Atmosphäre dazu, dass an Land die Verwitterung von Gesteinen stark zunimmt. So geraten auch die Nährstoffe in Bewegung, die sonst fest im Gestein gebunden sind, und es strömen jahrtausendelang gewaltige zusätzliche Mengen an Nährstoffen in die Meere, vor allem Phosphor, der in marinen Ökosystemen eine besonders wichtige Rolle spielt.

Durch die steigenden Temperaturen werden außerdem die Niederschläge intensiver. Und weil in dieser Zeit sowohl die ausgedehnten Feuchtwälder in der gemäßigten Zone der Südhalbkugel als auch die tropischen Wälder im heutigen Ostasien verschwinden, kann nichts mehr die Böden halten, und die Erosion wäscht noch mehr Nährstoffe in die Flüsse und weiter ins Meer.[32]

Von dieser Flut an Nährstoffen profitieren Algen und Bakterien im Phytoplankton der Urmeere. Sie erblühen in Massen und binden dadurch große Mengen an Kohlenstoff. Doch wie heutige »Algenblüten« in der Ostsee und in anderen Gewässern sinken auch sie nach ihrem Tod in die Tiefe und werden dort von Mikroorganismen zersetzt. Durch die damit verbundene Sauerstoffzehrung bilden sich im flachen Tethys-Meer und auch im Panthalassa-Ozean immer größere hypoxische oder sogar anoxische Zonen, also Bereiche, in denen der Sauerstoff entweder sehr knapp ist oder ganz fehlt. Nicht alle Organismen leiden darunter. Schwefelbakterien zum Beispiel profitieren von diesen Bedingungen und gedeihen gut, wenn der Sauerstoff fehlt. Sie produzieren allerdings auch Schwefelwasserstoff, sodass das sauerstoffarme Wasser in diesen Gebieten für viele andere Arten nun auch noch giftig wird. Wer festgewachsen ist, hat hier kaum noch eine Chance. Wer kann, flüchtet. Doch auch im weltumspannenden Panthalassa-Ozean des Perms geht es Tausenden von Arten nicht besser als den Dorschen in der Ostsee: Die Fluchträume, in denen sie überleben können, werden enger und enger und reichen schließlich nicht mehr aus. So erklären Hana Jurikova und ihre Kollegen das massenhafte Artensterben in den Meeren des Perms.

Viele Teile dieser katastrophalen Kaskade erinnern an Entwicklungen heute – der CO_2-Anstieg in der Atmosphäre, die Ozeanversauerung, das Absterben der Korallen, die Eutrophierung, der fehlende Sauerstoff. Doch Jurikova warnt mich davor, die beiden Ereignisse direkt zu vergleichen. »Die CO_2-Mengen damals waren um ein Vielfaches größer als alles, was die Menschheit heute in die Atmosphäre abgibt«, sagt sie, und ich bin etwas beruhigt. Allerdings nur für einen Moment, denn Jurikova erläutert weiter, dass die Emissionsrate, also die Geschwindigkeit, mit der der CO_2-Gehalt in der Atmosphäre ansteigt, heute wahrscheinlich mehr als vierzehnmal höher sei als während des Massenaussterbens im Perm. Darum sind auch die Zeitskalen der beiden Entwicklungen so unterschiedlich. Damals haben sich die fatalen Umweltveränderungen über etwa 60 000 Jahre hingezogen. Das ist zwar geologisch gesehen ein sehr kurzer Zeitraum, aber dennoch für uns unvorstellbar lang. Heute dagegen spüren wir die Effekte des CO_2-Anstiegs schon jetzt, nach nicht einmal 200 Jahren. »Es ist ganz klar, dass man das Ende des Perms nicht eins zu eins mit heute vergleichen kann«, sagt Jurikova. »Die Mengen, die Zeiträume, das Klima, das Strömungssystem der Ozeane – das ist alles anders. Aber wir können aus dem Perm eine Menge darüber lernen, wie das Erdsystem überhaupt funktioniert. Wo die Schmerzpunkte liegen, sozusagen, und auch, wie die vielen geochemischen Prozesse sich gegenseitig regulieren. Gerade bei den Nährstoffströmen ist das besonders wichtig.«

Die zunehmende Verwitterung zum Beispiel wäscht nicht nur mehr Nährstoffe in die Ozeane, sondern auch viele andere Gesteinsbestandteile, die vorher fest gebunden waren, darunter Kalzium, Magnesium und Hydrogenkarbonat. Diese bilden im Ozean neue kohlenstoffhaltige Sedimentgesteine und verlagern auf diesem Weg Kohlenstoff dauerhaft aus der Atmosphäre auf den Grund der Ozeane. Und je höher die Temperaturen, desto schneller laufen diese Verwitterungsprozesse ab, desto schneller wird also auch Kohlendioxid aus der Atmosphäre entzogen. Über geologische Zeiträume wirkt dieser Rückkopplungsmechanismus, ein sogenanntes negatives Feedback, damit der Erderwärmung durch den Treibhauseffekt entgegen und trägt so dazu bei, das Erdklima zu stabilisieren.[33]

Doch die Verwitterung bewirkt eben auch die Freisetzung großer Mengen an Nährstoffen, die die Ozeane überdüngen und zu »Algenblüten« und dann zu Sauerstoffmangel führen. Dieser Effekt wird durch den gleichen Rückkopplungsmechanismus noch verstärkt, wie wir ihn auch heute in der Ostsee und in vielen anderen Gewässern beobachten können: Der Sauerstoffmangel am Meeresgrund führt dazu, dass sich Phosphor und andere Elemente, die eigentlich schon im Sediment abgelegt waren, wieder lösen und zurück in die Wassersäule gelangen, wo sie aufs Neue ihre Nähr- und Düngewirkung entfalten können. »Es kommt also Phosphor von oben und von unten ins Wasser«, fasst Hana Jurikova zusammen. Ein solches positives Feedback, das sich selbst immer weiter aufschaukelt, kann ein System kollabieren lassen, wenn nicht andere Rückkopplungsschleifen greifen, die die Effekte wieder dämpfen. »Und das erklärt dann auch, warum es so lange gedauert hat, bis der Sauerstoffgehalt in den Meeren wieder anstieg und die Ökosysteme sich erholen konnten«, sagt sie.

Dieser und viele andere solcher Rückkopplungsmechanismen sorgen dafür, dass das Erdsystem in geologischen Zeiträumen relativ stabil bleibt. Doch das heißt nicht, dass das Leben automatisch sicher ist. Die Verkettung von Ereignissen am Ende des Perms zeigt sehr eindrücklich, wie in geologisch sehr kurzen Zeiträumen sehr viel Leben vernichtet werden kann.

Ozeanische Ströme

Seit dem »Großen Sterben« am Ende des Perms ist viel passiert. Die Kontinente haben sich neu verteilt. Fulda und Eisenach liegen nicht mehr am Äquator, es gibt einen Pazifischen Ozean und darin die Insel Banaba. Die Dinosaurier sind gekommen und gegangen oder zu Vögeln geworden. Die Nachfahren ihrer mausig kleinen Zeitgenossen haben gelernt, sich auf die Hinterbeine zu stellen und Feuer zu machen. Und weil die Erde niemals still steht, sind auch die Nährstoffe weiterhin in ihren biogeochemischen Zyklen auf Reisen.

Wie im Perm strömen Stickstoff, Phosphor und die anderen auch heute noch vom Land ins Meer und von dort um die Welt, in Lebewesen verbaut, in Kadavern verrottend, im Wasser gelöst, oft viele Tausend Jahre lang. Getrieben und getragen durch die Passat- und andere Winde an der Oberfläche und das Absinken von kaltem, salzreichem Wasser an den Polen.

Mit diesem polaren Tiefenwasser wälzen sie sich weiter über den Meeresgrund, entlang von Küsten und Gräben, durch Klüfte und Becken, über unterseeische Rücken und kontinentale Platten, von der Arktis durch den Atlantik nach Süden, von der Antarktis durch die anderen Weltmeere wieder in Richtung Norden. Sie sind Passagiere in einem weltweiten Zirkulationssystem aus kalten Tiefenwässern und wärmeren Strömungen an der Oberfläche, dem sogenannten »Globalen Förderband«, zu dem auch der atlantische Golfstrom gehört, der für das Klima in Westeuropa eine so wichtige Rolle spielt. Dieses »Förderband« transportiert nicht nur Energie (in Form von Wärme) um die Erde, sondern auch lebenswichtige Nährstoffe.[34]

Wo die Kräfte von Sonne, Wind und Erdrotation günstig zusammenwirken, steigen die Nährstoffe aus der Tiefsee empor, zurück an die Oberfläche. Dort warten Myriaden winziger Wesen im Phytoplankton auf die reiche neue Nahrung, um daraus mittels Energie der Sonne und Kohlendioxid aus der Luft noch mehr winzige Wesen zu machen. An diesen glücklichen Orten, an denen das Sonnenlicht eine physische Gestalt annimmt, entstehen in den sonst eher kargen Weiten der Ozeane hochproduktive Ökosysteme. Hier bringen »Algenblüten« nicht Verhängnis und Tod, sondern vor allem neues Leben.

Der Humboldtstrom am Südostrand des Pazifiks ist so ein glücklicher Ort, an dem winzige Larven zu üppigen Sardellenschwärmen heranwachsen, die Millionen von Seevögeln ernähren und Millionen von Menschen. Knapp ein Fünftel des weltweiten Meeresfischfangs kommt von hier. Und auch der etwas nüchtern benannte Äquatoriale Gegenstrom gehört zu den nährstoffgesegneten Orten. Nur durch ihn und die reichen Fischgründe, die er hervorbringt, sind Banaba und andere Inseln überhaupt für Menschen bewohnbar.

Das Zusammenspiel dieser verschiedenen Kräfte führt dazu, dass die Nährstoffe nicht gleichmäßig im Meer verteilt sind. Messungen mit Satelliten, deren Kameraaugen vom Orbit aus die Chlorophyllkonzentration in den Ozeanen erfassen können, zeigen, wie die Nährstoffkonzentrationen im Wechsel der Jahreszeiten rund um den Planeten deutliche Muster ausbilden, so regelmäßig, dass sich ganze Ökosysteme um diese wiederkehrenden Nährstoffpulse entwickeln konnten.[35]

Eines der reichsten Meeresökosysteme der Erde ist die Beringsee, und auch sie verdankt ihren Reichtum den Nährstoffen aus der Tiefsee. Hoch im Norden, wo sich die Landmassen von Asien und Amerika beinahe berühren, ist sie eine der »Wendeschleifen« der globalen Strömungslinien. In der Beringsee steigen die kalten, nährstoffreichen Wasser aus der Antarktis auf und treten den Rückweg auf die Südhalbkugel an. Im langen Licht des arktischen Sommers sprießt das Phytoplankton. Auf den Satellitenbildern sieht man, wie sich diese »Algenblüten« in gewaltigen bräunlich grünen Wirbeln und Schlieren durch die See ziehen. Diese mikroorganismische Bevölkerungsexplosion ist die Basis für ein Nahrungs- und Beziehungsnetz, das den halben Planeten umspannt.

Die Umwelthistorikerin Bathsheba Demuth schildert eindrücklich, wie die Nährstoffe aus der Tiefsee über Jahrhunderte die Geschicke der Menschen und anderer Tiere mit gelenkt haben, weit über die Beringsee hinaus: Das arktische Phytoplankton ernährt das arktische Zooplankton. Das heißt, Nährstoffe und Energie der photosynthesetreibenden Algen und Bakterien, die das Licht eingefangen haben, gehen in fettreiche tierische Organismen über, darunter Einzeller und Rädertierchen, Muschellarven, Manteltiere, Borstenwürmer. Und riesige Schwärme von Krill, kleinste Krebse, die ihrerseits den Giganten der Meere als Nahrung dienen, Grönlandwalen zum Beispiel, die mit ihren Barten den Krill in Massen aus dem Meer seihen und so Nährstoffe und Energie, die bis dahin über viele Organismen verteilt waren, in ihren tonnenschweren Körpern aus Muskeln und Fett bündeln. Und die darum im 19. Jahrhundert zu einem begehrten Rohstoff wurden – ihr Blubber zu Tran und Schmierfett und ihre Barten zu Korsettstangen. Im folgenden industriellen Walfang, mit dem diese neuen Ressourcen ausgebeutet und für den ganze Flotten an Fangschiffen in die Arktis gesandt wurden, liegt einer der Ursprünge unseres heutigen globalen Handelssystems.[36] Auch die ersten westlichen Schiffe, die Banaba anliefen, waren Walfänger.

Nichts davon wäre möglich gewesen ohne die nährstoffreichen Wasser des Nordmeers. Den Walen allerdings, und vielen anderen Bewohnern der Beringsee, wäre dieser Reichtum beinahe zum Verhängnis geworden. Im frühen 20. Jahrhundert standen die Grönlandwale kurz vor der Ausrottung. Doch dann begann billiges Erdöl die Walöle zu ersetzen, und Korsettstangen aus Federstahl und Gummi verdrängten die teuren Walbarten. Und plötzlich waren die Wale auf dem Weltmarkt nichts mehr wert.[37] Das hat ihnen wahrscheinlich das Leben gerettet. Und einer ganzen Reihe von anderen Organismen auch. Denn die Masse an Nährstoffen, die der Wal sein Leben lang aus dem Wasser geseiht und in seinen Körper umgewandelt hat, ist für ganze Lebensgemeinschaften die Basis ihrer Existenz. Wären die Wale ausgerottet worden, hätte das auch für diese Arten das Ende bedeutet. Doch auch für sie ist erst ein toter Wal ein guter Wal.

Wenn ein Wal verendet und in den Weiten des Ozeans versinkt, dann landen auf einem Quadratmeter Meeresboden auf einen Schlag so viel Nährstoffe und gespeicherte Sonnenenergie wie sonst im Laufe von 2000 Jahren. Davon können Hunderte von Arten über die folgenden Jahrzehnte Tausende von neuen Generationen hervorbringen. In dem lichtlosen Lebensraum der Tiefsee ist ein solcher »Walfall« wie eine Oase, ein fruchtbarer Ort, der neue Lebensgemeinschaften nähren kann.

Zuerst kommen Aasfresser wie Haie, Schleimaale und andere Fische, die vom Wal das Fleisch und weiche Gewebe abfressen. Ihnen folgen eine Reihe von kleineren Tieren, Muscheln und Schnecken zum Beispiel, oder auch Schlangensterne, Riesenasseln, Fadenwürmer. »Kleine Opportunisten«

nennen die Biologen diese Gruppe, die die Reste der Fettschicht verzehren und sich an die Knochen machen. Ihnen folgen verschiedene Bakterien und Archaeen, und wenn wirklich gar nichts mehr zu fressen da ist, dann besiedeln Seeanemonen und Korallen die mineralischen Knochenreste und bilden neue Riffe.[38] Die Nährstoffe aus dem Wal haben damit ihre Metamorphose abgeschlossen und ziehen in ihren neuen Organismen weiter durch die Ozeane. Und irgendwann, ein oder zwei oder hundert Verwandlungen später, gehen sie auch wieder zurück an Land.

Die Peruanischen Tölpel zum Beispiel, die im Humboldtstrom zusammen mit Kormoranen und Pelikanen und vielen anderen Seevögeln jeden Tag tonnenweise Sardellen aus dem Wasser fischen, legen ein Gutteil der darin enthaltenen Nährstoffe mit ihrem Kot auf den Chincha- und anderen Inseln ab, wo sie eintrocknen und zu Guano werden. Ein Vogelkundler beschrieb Anfang des 20. Jahrhunderts denn auch den Guanokormoran als »eine Maschine, die Fisch in Guano umwandelt«.[39]

Im kleineren Maßstab nutzten auch die indigenen Völker im heutigen Neuengland die reichen Fischgründe vor ihren Küsten als Nährstoffquelle. Kabeljau und Meeresfrüchte gehörten zu ihren wichtigsten Nahrungsmitteln. Fischreste und kleinere Fische wie den Atlantischen Menhaden, die extra für diesen Zweck gefangen wurden, nutzten sie als Dünger beim Anbau von Mais und anderen Feldfrüchten.[40] So fanden auch diese Nährstoffe ihren Weg vom Meer zurück an Land.

Eine der größten Nährstoffverlagerungen auf biologischem Weg von der hohen See zurück an Land bewirken jedes Jahr Millionen von Lachsen, wenn sie rund um den nördlichen Pazifik in großen Wanderungen zum Laichen ihre heimischen Flüsse hinaufsteigen.[41] Die Lachse sind im Süßwasser geboren, doch den Großteil ihres Lebens haben sie im Ozean verbracht. Hier haben sie fast ihre gesamte Körpermasse aufgebaut. Diese Nährstoffe bringen sie nun in ihre Heimatflüsse zurück. Und weil Pazifiklachse anders als ihre atlantischen Verwandten nach dem Laichen verenden, bleiben diese Nährstoffe in den Flüssen, wo sie andere Wasserlebewesen füttern, von denen viele wiederum zu Nahrung für neue Lachslarven werden. Auch das Hinterland der Lachsflüsse profitiert von den Nährstoffen aus dem Ozean, denn etliche der steigenden Lachse werden auf ihrer Reise flussaufwärts von Bären und anderen Räubern abgefangen, die sich um diese Jahreszeit ihre Winterpolster anfuttern.[42] Und Bären sind beim Lachsverzehr sehr wählerisch. Wenn das Angebot reichlich ist, dann fressen sie nur Kopf und Hirn und lassen den Rest liegen mitsamt den Nährstoffen darin, irgendwo an ihrem Fressplatz am Ufer. Und wenn sie ihr Mahl am Fluss beendet haben, dann bringen sie die maritimen Nährstoffe mit ihrem Kot und Urin weiter ins Binnenland.

Die Idee, dass Lachse nicht nur für Fischesser wichtige Nahrung sind, sondern auch die Vegetation an Land mit ernähren, wurde anfangs von vielen belächelt.[43] Doch es ist in den nordischen Wäldern wie auf dem Acker. Auch hier gilt das Gesetz des Minimums: Wo Stickstoff und Phosphor knapp sind, machen schon kleine Mengen einen Unterschied. Und häufig sind die Mengen, die die Lachse ins System zurückbringen, gar nicht klein, sondern durchaus substanziell. In einem Flussgebiet in Alaska wiesen Wissenschaftler nach, dass die Bäume und Büsche rund um den Fluss etwa ein Viertel ihres Stickstoffbedarfs über die Lachse – und damit aus dem Ozean – beziehen.[44] Wenn nun, wie über die letzten einhundert Jahre zu beobachten, die Lachsbestände im Nordpazifik immer weiter zurückgehen und die Lachse außerdem immer kleiner werden, dann betrifft das also nicht nur die Menschen und Tiere, die direkt vom Lachsfang leben, sondern die Folgen reichen viel weiter in die umliegenden Ökosysteme hinein.[45]

Die weitaus größten Mengen an Nährstoffen gelangen jedoch erst über geologische Zeitspannen wieder auf das Festland. Bei aller biologischen Aktivität in den Ozeanen, die Stickstoff, Phosphor und die anderen in immer neue Formen überführt, fallen doch auch große Mengen an Nährstoffen durch das weitgespannte Nahrungsnetz und gehen als kontinuierlicher Partikelregen auf den Meeresboden nieder. Dieser »Meeresschnee«, wie die kleinen Flocken aus Geweberesten und Ausscheidungen oft genannt werden, bindet nicht nur sehr viel Kohlenstoff am Meeresboden und ist deswegen eine wichtige Größe in vielen Klimaberechnungen. Unter bestimmten Bedingungen schafft er auch ein nährstoffreiches Sediment, das Jahrmillionen später dort, wo die Kontinente sich günstig heben oder die Meere langsam verdunsten, wieder an die Oberfläche kommt. Viele der Phosphatlagerstätten, die heute abgebaut werden, etwa in Marokko oder China, sind auf diesem Weg entstanden.

Die Ozeane mit ihren Strömungen und Winden wirken also nicht nur als Speicher von Kohlenstoff und Energie in Form von Wärme und regulieren so weltweit das Klima. Sie sind auch wie eine gigantische Nährstoffpumpe, die über verschiedene Zeitskalen hinweg Stickstoff, Phosphor und Kalium umwälzt und so das Erdsystem am Leben hält.

Rückkopplung

Bei allen diesen Verlagerungen bleibt das Mengenverhältnis von Stickstoff- zu Phosphoratomen im Ozean erstaunlich stabil. Und: Es liegt erstaunlich nah an dem Verhältnis, in dem die beiden Nährstoffe durchschnittlich im Phytoplankton vorkommen. Diese Beobachtung machte die Meeresforscher hellhörig, denn die kleinen Wesen sind eine wichtige Größe im Ozean, nicht nur als Basis fast aller Nahrungsnetze, sondern auch, weil sie Sauerstoff liefern und Kohlenstoff binden, und das in großen Mengen. Wenn es hier also Gesetzmäßigkeiten gab, dann lag die Vermutung nahe, dass dies auch an anderen Stellen im Ozean Konsequenzen haben würde.

Benannt ist das stabile Nährstoff-Verhältnis nach seinem Entdecker, dem US-amerikanischen Ozeanografen Alfred C. Redfield. Schon in den Dreißigerjahren spekulierte er, dass das Phytoplankton an der Aufrechterhaltung des Stickstoff-Phosphor-Verhältnisses im Ozean aktiv beteiligt war. Doch erst Jahrzehnte später konnte ein Forschungsteam um den britischen Erdsystemwissenschaftler Tim Lenton die tatsächlichen Zusammenhänge mithilfe von Computermodellen aufklären.[46] Die zeigten: Wieder ist es ein System von Rückkopplungen, das die Nährstoffzusammensetzung regelt.[47] Und auch in diesem System sind die Lebewesen an der Regulierung der geochemischen Prozesse aktiv beteiligt, ganz wie Redfield vermutet hatte.

Das Phytoplankton als Ganzes ist ein sehr gemischtes Ensemble von kompetenten Winzlingen. Neben mikroskopisch kleinen Diatomeen und anderen Algen spielen in den lichten Zonen der Ozeane grazile einzellige Panzergeißler oder auch Kalkflagellaten auf, von denen einige mit ihrer Hülle aus runden

Kalkplättchen, den Coccolithen, aussehen wie fest geschnürte Kugeln aus Knöpfen und die in der Kreidezeit so massenhaft auftraten, dass mit dem Coccolithenkalk ein ganzes Gestein nach ihnen benannt ist, welches heute unter anderem die Steilküste von Rügen bildet. Sie alle gehören zu den Primärproduzenten, also zu den Organismen im Ökosystem, die imstande sind, die primäre Energiequelle des Sonnenlichts direkt zu nutzen und damit ihren Stoffwechsel zu betreiben. Eine zentrale Rolle in diesem Ensemble spielen die optisch eher unscheinbaren Cyanobakterien (»Blaugrünbakterien«), die man früher fälschlicherweise unter dem Namen »Blaualgen« den Algen zugeordnet hat. Cyanobakterien haben heutzutage bei vielen einen schlechten Ruf, weil sie nicht nur die Nahrungsnetze aufmischen und damit unter anderem den Dorsch in Bedrängnis bringen, sondern auch weil einige von ihnen in den »Algenblüten« am Badestrand Giftstoffe produzieren. Doch Sie sollten diese Mikroben nicht vorschnell verurteilen, denn die Cyanobakterien haben eine lange und aus heutiger Sicht durchaus verdienstvolle Karriere im Erdsystem hinter sich.

Wie die anderen Spieler im Phytoplankton-Ensemble sind auch sie Primärproduzenten, das heißt, auch sie betreiben Photosynthese. Man könnte auch sagen: Sie haben die Photosynthese mit erfunden. Lange bevor es die ersten Pflanzen auf der Erde gab, waren es Archaeen und Bakterien, die angefangen haben, ihre Energie aus dem Sonnenlicht zu ziehen. Es gibt verschiedene chemische Wege, diese Energie nutzbar zu machen. Die Vorfahren der heutigen Cyanobakterien waren die Ersten, die Wasser und Kohlendioxid heranzogen, um die Sonnenenergie in Form von Kohlenhydraten zu speichern. Als Abfallprodukt dieser neuen Form der Energiegewinnung produzierten sie Sauerstoff, den sie in die Atmosphäre freisetzten, wo es ihn vorher praktisch nicht gab. Für die meisten ihrer Zeitgenossen war dieses neue Gas damals ein tödliches Gift. Doch langfristig legten die Cyanobakterien mit ihrer Abluft die Grundlage für ein völlig neues ökologisches Regime, einschließlich der Entwicklung von komplexeren Lebensformen, die in der Lage waren, den Sauerstoff nicht nur zu überleben, sondern auch zu ihrem Vorteil zu verstoffwechseln. Das vorläufige Resultat dieser Entwicklung liest gerade diese Zeilen.

Neben ihrer Fähigkeit zur Photosynthese haben viele Cyanobakterien noch eine andere, seltenere Gabe. Sie können, ähnlich wie die Knöllchenbakterien im Wurzelwerk von Klee und Bohnen und wie nur wenige andere sonst, den schwer verfügbaren Stickstoff aus der Luft aufbrechen und »fixieren«, wie die Biologin sagt, also in eine nutzbare Form überführen. Das heißt, sie können »frischen« Stickstoff ins Meeressystem holen, wenn der vorhandene aufgebraucht ist. Das verschafft ihnen einen Vorteil gegenüber dem anderen Phytoplankton und ist der Grund, warum sie im Sommer die »Algenblüten« dominieren können. Es ist auch der Grund für das Redfield-Verhältnis.

Stickstoff ist im Meer, ähnlich wie an Land, in der Regel der limitierende Faktor, also der Nährstoff, der am knappsten ist und der damit die gesamte Produktion begrenzt. Darum ist Stickstoff in der Regel auch als Erstes »aufgegessen«.

Nachschub kommt normalerweise aus dem Tiefenwasser. Doch dieses Wasser erreicht die Oberfläche mit einem leichten Stickstoffdefizit, weil in der Tiefe einige Bakterien leben, die zwar Stickstoff umsetzen, aber keinen Phosphor. Umgekehrt könnte man auch sagen, das Tiefenwasser kommt mit einem kleinen Phosphor-Überschuss beim Phytoplankton an. Das heißt, wenn der Stickstoff aufgegessen ist, bleibt noch etwas Phosphor übrig. Und in diese Lücke schlüpfen die Cyanobakterien.

Sie holen sich den fehlenden Stickstoff einfach aus der Luft und nutzen den verbliebenen Phosphor aus dem Wasser. Und weil sie in diesem Moment konkurrenzlos sind, fällt auch der zusätzliche Energieaufwand, den das Fixieren von Luftstickstoff mit sich bringt, kaum ins Gewicht. Die Cyanobakterien blühen auf.

Und wenn sie sterben, geben sie ihren Stickstoff an das Wasser ab, wo er dann wieder als Nährstoff für die anderen Spieler im Plankton-Ensemble zur Verfügung steht. Doch damit verlieren die Stickstofffixierer ihren Vorteil. Die anderen Planktonspieler nehmen zu, die Cyanobakterien gehen zurück, so lange, bis der Stickstoff wieder knapp wird und sich der Aufwand des Fixierens aus der Atmosphäre wieder lohnt.

Durch diese Feedbackschleife koppeln sie den Stickstoffgehalt eng an den Phosphor und halten so das Redfield-Verhältnis stabil. Wenn der Phosphoranteil im Meer ansteigt, etwa durch stärkere Verwitterung an Land, dann ziehen die Cyanobakterien mehr Stickstoff aus der Atmosphäre, und das Verhältnis stellt sich wieder ein. Fallen die Phosphorwerte ab, wird auch weniger Stickstoff fixiert (und etwaige Stickstoffreste werden von den Stickstoffumsetzern am Boden verarbeitet).

Längerfristig gesehen ist damit der Phosphor das eigentliche limitierende Element im Ozean, weil durch die Cyanobakterien »im Notfall« immer Stickstoff aus der Atmosphäre nachgeliefert werden kann. Und das stabile Mengenverhältnis zwischen Stickstoff und Phosphor ist kein fester Zustand, sondern ein ständiger Prozess. Auch andere lebenswichtige Elemente wie Kohlenstoff oder Sauerstoff werden laufend in solchen Wechselwirkungen umgesetzt und neu verteilt, zwischen Lebewesen und Ozeanen, in der Atmosphäre, im Eis der Pole und an Land.

Dieser Blick der Wissenschaft auf die Erde als *System,* als ein selbstregulierendes Gefüge aus Beziehungen, der nicht nur das »Große Sterben« in der Tiefe des Perms erklären kann, sondern auch gegenwärtige Phänomene wie das Verhältnis von Stickstoff und Phosphor in den Ozeanen, ist noch gar nicht so alt. Er kam erst in der zweiten Hälfte des 20. Jahrhunderts in die Welt, als neue Erkenntnisse in verschiedenen Disziplinen die Wissenschaft dazu zwangen, sich von einem alten Grundkonzept zu verabschieden und ihr Weltbild anzupassen.

Die atmende Murmel

AS17–148–22727 ist die offizielle Identifikationsnummer eines der am häufigsten reproduzierten Fotos aller Zeiten. Aufgenommen wurde es am 7. Dezember 1972, gut 29 000 Kilometer von der Erde entfernt, von den Astronauten der Apollo-17-Mission auf dem Weg zum Mond. Berühmt geworden ist es unter dem Namen »The Blue Marble«, die blaue Murmel. Es zeigt die Erde als vollständiges Rund in der Weite eines tiefschwarzen Weltraums.

Es ist nicht das erste Bild, auf dem die Erde in ihrer Gesamtheit zu sehen ist. Doch in seiner Präzision und Klarheit kam es Anfang der 1970er-Jahre genau im richtigen Moment, um mit der damals noch jungen Umweltbewegung die Vorstellung von einer begrenzten und verwundbaren Welt in das Bewusstsein einer breiten Bevölkerung zu rücken. Da lag unser Heimatplanet, einsam und einzigartig, wie eine kostbare Perle auf dunklem Samt.

Die drei Astronauten an Bord des Apollo-Raumschiffs hatten damals gerade ein wichtiges Manöver abgeschlossen und die dritte Brennstufe der mächtigen Saturn-Rakete abgestoßen, die sie von der Erdoberfläche in Cape Canaveral zunächst in die Umlaufbahn und dann in einem letzten Schub in Richtung Mond beschleunigt hatte. Nun war Apollo auf sich gestellt.

Die knappen Minuten bis zur nächsten Aufgabe im Flugplan nutzte der Pilot Ron Evans für einen Blick aus dem Fenster. Es war sein erster Flug ins All. »Reich mal die Hasselblad«, sagt er dann zu seinem Kollegen. In den Funkaufzeichnungen hört man ihn murmeln.[48] »Ich glaube, wir neigen richtig … ja, da ist der Mond … und die Erde … ja, das ist die Erde …« Dann meldet er: »Die Erde füllt jetzt genau Fenster 5«, stellt den Kamerafokus auf unendlich und beginnt zu fotografieren. Parallel geht er mit Kollegen weiter eine Checkliste durch. Es ist knapp fünf Stunden nach dem Start. Die Crew hat zu tun. Doch zwischen »AC ist abgeschaltet« und »S-IVB ist nicht zu sehen« entschlüpft Evans beim Blick auf die Erde dann doch ein »Whoo, what a beauty!«. Was für eine Schönheit.

Für Gene Cernan war es schon die dritte Raumfahrt. Vielleicht wollte er als Kommandant nicht zu viel Ehrfurcht aufkommen lassen, vielleicht war er auch einfach nur ein anderer Typ als Evans. Jedenfalls meldet er ein paar Funksprüche später mit maximaler astronautischer Trockenheit an das Kontrollzentrum in Houston: »Ich weiß, wir sind nicht die Ersten, die das entdeckt haben, aber wir, die Crew von [der Raumkapsel] *America*, möchten bestätigen, dass die Erde rund ist.« Houston antwortet knapp mit »Roger. Guter Datenpunkt« und fragt dann das Wetter über der Antarktis ab. Ein paar Sekunden später beginnen die Astronauten mit der Erdbeobachtung.

Das Foto belegt, dass der Planet, auf den sie schauen, keineswegs nur blau ist. Es ist Mittagszeit über dem afrikanischen Kontinent. Fast die gesamte Küstenlinie ist zu sehen, und auch Madagaskar. Es ist kurz vor der Wintersonnenwende, darum ist auch die Antarktis vollständig beleuchtet. Neben dem Blau der Ozeane sehen die Astronauten weiße Wolkenschlieren und -spiralen, ganze Wettersysteme über Wasser und Land. Sie sehen braune Wüsten und den grünen Regenwaldgürtel Afrikas und auch den gleißenden Eisschild der Antarktis. Zur Zeit der Apolloflüge war der Begriff noch nicht geläufig, doch was die Astronauten ihren Kollegen an der Oberfläche beschreiben, ist nichts anderes als das *Erdsystem,* das schmale Band zwischen dem oberen Rand der Erdkruste und dem oberen Rand der Atmosphäre, das alles Leben enthält, das wir kennen, und wo die meisten Prozesse stattfinden, die uns am Leben erhalten.[49]

Dieses Erdsystem ist ein materiell weitgehend geschlossenes System. Es nimmt zwar große Mengen Energie von der Sonne auf, und der Erdkern aus flüssigem Eisen sorgt für ein schützendes Magnetfeld um den Planeten, einen Stoffaustausch gibt es jedoch sowohl am inneren als auch am äußeren Rand des Erdsystems kaum. Nur ein wenig Wasserstoff entweicht vom Rand der Atmosphäre ins Weltall, und hier und da bringen Meteoriten neue Materie auf die Erde, im Durchschnitt 44 Tonnen pro Tag. Aus dem Erdinneren bringen Vulkanausbrüche und andere Prozesse einiges an Materie ins Erdsystem. Doch die Mengen liegen um mehrere Größenordnungen unter den Stoffmengen, die innerhalb des Erdsystems zwischen Erdoberfläche und Atmosphäre umgesetzt werden.

Über diese Stoffströme machten sich zur Zeit des Apollo-Programms nur sehr wenige Wissenschaftlerinnen und Wissenschaftler Gedanken. Einer von ihnen war der 2022 verstorbene Brite James Lovelock, der von sich selbst sagte, er sei eher Erfinder und Mechaniker als Wissenschaftler, und der sich offenbar auch sonst nicht viel um die Konventionen des Wissenschaftsbetriebs scherte.[50] Wie die Astronauten im Apollo-Programm führte damals auch ihn ein außerirdisches Interesse zur Beobachtung des Erdsystems.

In den 1960er-Jahren arbeitete Lovelock als Berater für die US-amerikanische Weltraumbehörde NASA mit an der Suche nach Leben auf dem Mars. Doch anstatt nach genetischem Material oder Proteinen als Lebenszeichen zu forschen, war es seine Idee, sich auf die Stoffwechselprodukte zu konzentrieren, die etwaige Lebewesen an die Mars-Atmosphäre abgeben mussten, wenn sie denn existierten.[51] Für diese Analysen musste man nicht einmal zum Mars reisen, sondern konnte starke Teleskope auf der Erde nutzen, um das Absorptionsspektrum auf anderen Planeten zu messen. In der Mars-Atmosphäre fand sich jedoch von solchen Stoffwechselprodukten keine Spur, und Lovelock schloss, dass es dort auch kein Leben gab. Das war natürlich enttäuschend. Doch in seiner kreativen Art zu denken beließ es Lovelock nicht bei fernen Planeten, sondern übertrug die Fragestellung auch auf die Erde: Würden Außerirdische an der Zusammensetzung der Erdatmosphäre erkennen können, dass es hier Leben gibt? Hier war seine Antwort ganz klar: ja. Denn unsere Atmosphäre enthält Gase, die normalerweise im Sonnenlicht miteinander reagieren würden. Dass sie stattdessen in einem stabilen Verhältnis erhalten bleiben, lässt sich, so Lovelocks Idee, nur durch die Aktivität von lebenden Organismen erklären. Diese Erkenntnis wird bis heute genutzt, um nach Leben auf fremden Planeten zu suchen, weit über unser Sonnensystem hinaus.

Lovelock blieb mit den Gedanken bei der Erde und entwickelte in den folgenden Jahren in Zusammenarbeit mit der Evolutionsbiologin Lynn Margulis seine Idee weiter, dass das Leben bei der Aufrechterhaltung der geochemischen Kreisläufe der Erde eine entscheidende Rolle spielt. Schon früher hatten andere Wissenschaftler ähnliche Überlegungen formuliert, Redfield mit seinem Phytoplankton zum Beispiel oder auch der 1863 in St. Petersburg geborene, ukrainischstämmige Geochemiker Wladimir Iwanowitsch Wernadski.[52] Doch erst die Arbeit von Lovelock und Margulis führte dazu, dass die Idee sich schließlich durchsetzte.[53]

In der Umwelt- und Jugendbewegung der 1960er- und -70er-

Jahre fand ihre nach der griechischen Erdgöttin »Gaia« benannte Hypothese schnell Zuspruch. In wissenschaftlichen Kreisen eher nicht. Dort wurde sie jahrzehntelang heftig kritisiert und oft verächtlich als esoterischer Nonsens abgetan. Neben fachlicher und, wie Lovelock später einräumte,[54] teilweise auch durchaus berechtigter Kritik störten sie sich vor allem an Formulierungen, die den Eindruck vermittelten, Lovelock und Margulis sähen die Erde selbst als Lebewesen. Beide haben seitdem immer wieder betont, dass das nicht gemeint war.[55] Die Erde sei zwar *wie* ein Lebewesen in dem Sinn, dass sie sich selbst reguliert.[56] Absichten oder gar ein Bewusstsein seien dazu aber nicht notwendig und in der Gaia-Hypothese auch nicht vorgesehen.

Heute, ein gutes halbes Jahrhundert später, gibt es einen breiten Konsens, dass die Gaia-Hypothese von Lovelock und Margulis den Beginn der Erdsystemwissenschaft markiert.[57] Die Erde ist nicht einfach eine Kugel aus Fels und Eisen, auf der das Leben sozusagen als Passagier durch den Weltraum rast. Sondern Erde und Leben bilden durch ihre engen Beziehungen eine integrierte, innige Einheit. So wie Redfields Cyanobakterien dazu beitragen, das Stickstoff-Phosphor-Verhältnis in den Ozeanen aufrechtzuerhalten, und die Lachse Nährstoffe in die Wälder Alaskas tragen, so regulieren zahllose weitere Wechselwirkungen zwischen belebter und unbelebter Welt das Erdsystem als Ganzes, über ganz verschiedene Zeit- und Größenskalen hinweg.

Dass ausgerechnet eine tiefe Spaltung der Menschheit Wissenschaft und Gesellschaft dazu führte, die Einheit von Leben und Erde wahrzunehmen, ist dabei eine besondere Ironie der Geschichte. Sowohl das Apollo-Programm als auch die Mars-

Erkundung, an der Lovelock beteiligt war, waren bei allem wissenschaftlichen Interesse auch Produkte der geopolitischen Spannungen des Kalten Krieges.

Die Trägerraketen zum Beispiel, die Apollo in Richtung Mond und Messinstrumente zum Mars brachten, wären für rein wissenschaftliche Zwecke wahrscheinlich nie gebaut worden. »Wir ritten auf den Schlachtrössern des stillen Krieges zwischen der Sowjetunion und den Vereinigten Staaten«, schrieb Lovelock später über seine Arbeit bei der NASA. »Das Navigationssystem, das fehlerfrei den Weg zu seinem Bestimmungsort auf dem Mars fand, hätte ebenso präzise die Zerstörung einer feindlichen Raketenstellung ermöglichen können.«[58]

Im Zuge ihres atomaren Wettrüstens umfingen kalte Kriegsstrategen die Erde mit einem Netz aus neuartigen Erkundungs- und Überwachungssystemen, alle darauf ausgerichtet, sich gegenseitig besser zu belauern. Doch die Daten, die diese Sensoren lieferten, wurden nicht nur genutzt, um zu verfolgen, wohin der radioaktive Fallout der Atombombentests verdriftete oder wo neue Raketenstützpunkte entstanden. Sie halfen Wissenschaftlerinnen und Wissenschaftlern auch, besser zu verstehen, wie die verschiedenen Bestandteile des Erdsystems miteinander verkoppelt sind.

Eine wichtige Rolle hatte dabei ein weltweites Netzwerk von seismografischen Messstationen, das in erster Linie dazu diente, unterirdische Atomwaffentests aufzuspüren.[59] Es war das erste System, das Bewegungen der Erde in Echtzeit messen konnte, und so waren neben dem Militär auch Geologinnen und Geologen an den neuen Daten äußerst interessiert, auch wenn sie vielleicht nicht erwartet hatten, dass die Messwerte der seismografischen Horchposten in wenigen Jahren ihr ganzes Forschungsfeld umkrempeln würden.

An der Schwelle

Schon 1915 hatte der deutsche Polarforscher Alfred Wegener die Hypothese aufgestellt, dass sich die Kontinente über die Erdoberfläche bewegen. Doch erst jetzt, Jahrzehnte später, lieferten die Seismografen und andere Beobachtungstechnologien des Kalten Krieges die entscheidenden Hinweise, die seine Idee von der »Plattentektonik« bestätigten. Dieser neue theoretische Rahmen, den wir heute ganz selbstverständlich finden, löste damals in der Geologie eine regelrechte Revolution aus.[60] Auf einmal waren Ereignisse wie Erdbeben, Vulkanausbrüche oder die Hebung von Gebirgsketten, aber auch die Lage von Mineralvorkommen und fossilen Brennstoffen nicht länger isolierte Phänomene, sondern allesamt bestimmt durch die inneren Kräfte der Erde. Die Herkunft der Kalivorkommen in Thüringen und Hessen, das Phosphat am Storeknuten – auch sie lassen sich erst durch die Theorie der Plattentektonik schlüssig erklären.

Die britischen Sozialwissenschaftler Nigel Clark und Bronislaw Szerszynski beschreiben in ihrem Buch *Planetary Social Thought,* wie diese und weitere Erkenntnisse schließlich zu einem Paradigmenwechsel führten, der weit über die Geowissenschaften hinausging und der bis heute Wirkung hat.[61]

Mit dem neuen Wissen um die Plattentektonik sah man, so Clark und Szerszynski, den Planeten nicht länger als starren Himmelskörper, sondern als ein dynamisches System, in dem sich nicht nur die kontinentalen Platten ständig verschoben, sondern in dem sämtliche Gesteine kontinuierlich zwischen Erdinnerem und Erdoberfläche umgewälzt wurden und sich dabei beständig wandelten. Folglich sahen Geologinnen und Geologen Erdbeben, Tiefseeerdrutsche und andere Umbrüche nicht länger als Ausnahmen von einer angenommenen tektonischen Ruhe, sondern als normales Verhalten einer dynamischen Erdkruste. Ganz »gewöhnliche Katastrophen«, wie es der Geologe Jan Zalasiewicz einmal ausdrückte.

Das war eine wichtige Veränderung in der Wahrnehmung der Vorgänge auf der Erde. Doch wie Clark und Szerszynski zeigen, war sie nur der Auftakt zu einem noch viel grundlegenderen Wandel. Denn bei aller Beweglichkeit, die die Erde mit der Plattentektonik plötzlich in der Vorstellung der Geologen gewonnen hatte, so war das Bild doch das eines langsamen, zentimeterweisen Dahinkriechens der kontinentalen Platten. Das ließ sich mit dem damals vorherrschenden Paradigma des Gradualismus, nach dem die Entwicklungen in und auf der Erde grundsätzlich schrittweise und in entsprechend langen Zeiträumen abliefen, gerade noch vereinbaren.

Eine größere Herausforderung für die Gradualisten war im Jahr 1980 der Nachweis, dass es ein Asteroideneinschlag war, der vor etwa 66 Millionen Jahren abrupt das Ende der Dinosaurier nach sich zog. Bis dahin dachte man, dass sich deren Aussterben über einen längeren Zeitraum hingezogen habe, für den man bedauerlicherweise bis dato nur wenige Fossilfunde hatte.[62] Klar wurde außerdem, dass solche Einschläge nicht nur globale Auswirkungen haben konnten, sondern dass sie – in geologischen Zeiträumen gesehen – auch relativ häufig vorkamen. Diese Erkenntnis löste, so schreiben Clark und Szerszynski, einen lebhaften und Fachgebietsgrenzen überschreitenden Austausch aus.

Wenige Jahre zuvor (genauer: 1972, also in dem Jahr, in dem die Crew von Apollo 17 das Foto der »Blue Marble« schoss) hatten die beiden Paläontologen Stephen Jay Gould und Niles Eldredge ihre evolutionsbiologische Hypothese vom *punc-*

tuated equilibrium aufgestellt, die der damals gängigen Vorstellung, dass die biologischen Arten sich in nahezu konstanter Geschwindigkeit entwickeln, die Idee einer Evolution »in Schüben« entgegensetzte. Das heißt, Phasen mit langsamen Evolutionsraten werden durch Phasen mit schnellem Wandel unterbrochen (*punctuated*). Die Basis für ihre Hypothese waren zahlreiche Fossilfunde, die nicht nur katastrophale Aussterbeereignisse belegten, sondern auch eine nachfolgende rasante Entstehung neuer Arten. Der Nachweis der globalen Wirkung von einzelnen Asteroideneinschlägen lieferte den Evolutionsbiologen einen wichtigen Mechanismus, mit dem sie diese Muster erklären konnten.

Alle diese neuen Forschungen machten klar: Das Paradigma des Gradualismus, des langsamen, gleichmäßigen Wandels der Erde unter unseren Füßen, war nicht mehr zu halten. Die neuen Daten zeigten unmissverständlich: Wir leben auf einem Planeten, der imstande ist, ohne großen Übergang von einem Zustand in einen grundlegend anderen zu wechseln.

Im Verlauf der 1980er-Jahre wurde dann mit der Auswertung von Bohrkernen aus Gletschern und Polkappen, Meeressedimenten und Sumpfgebieten in verschiedenen Regionen der Erde das ganze Ausmaß der planetaren Wandelbarkeit deutlich. Sie zeigte, dass auch das Klima auf dem Planeten sich nicht immer schrittweise wandelt, sondern dass es auf Erwärmung »in großen Sprüngen« reagiert, die eine Neuorganisation des gesamten Erdsystems nach sich ziehen können.[63] Bald darauf wiesen weitere Studien nach, dass sich derartige scharfe Wechsel beim Klima auch innerhalb von wenigen Jahren oder Jahrzehnten vollziehen können. Ökologen kannten zu dieser Zeit schon ähnliche Kippmomente aus anderen Systemen, aus eutrophierten Seen zum Beispiel, die schlagartig von einem Zustand in den anderen umschlagen konnten. Dass solche Sprünge auch im planetaren Maßstab vorkamen, war jedoch, so Clark und Szerszynski, einer der größten Schocks, die die moderne Wissenschaft bis dahin erlebt hatte.[64]

Dieser Schock wurde durch neue Ergebnisse aus der Systemtheorie, die sich in den 1980er-Jahren gerade zu etablieren begann, noch verstärkt. Ihre Modelle und Berechnungen zeigten wieder und wieder, dass in einem komplexen System wie der Erde die engen Kopplungen zwischen den Subsystemen zwar häufig eine stabilisierende Wirkung haben, dass solche engen Verkopplungen jedoch, wenn eine kritische Schwelle überschritten wird, ebenso gut zu abrupten Veränderungen führen können, die schnell und unkontrolliert das ganze System erfassen. »Catastrophic shifts«, katastrophale Verschiebungen, nennen Mathematiker diese Kippvorgänge und meinen »katastrophal« dabei zunächst ganz ohne Wertung.[65] Einfach nur ein plötzliches und drastisches Umschalten des Systems.

Mit ihrer Hinwendung zu einem systemischen Blick auf die Erde sind die Geowissenschaften Teil einer größeren Bewegung innerhalb der Wissenschaft. Forschende in fast allen Disziplinen gehen mehr und mehr dazu über, komplexe Systeme in ihrer Gesamtheit zu betrachten. Statt sie in ihre Einzelteile zu zerlegen, untersuchen sie die Wechselwirkungen und Abhängigkeiten zwischen den Komponenten mit dem Ziel, die daraus erwachsenden Eigenschaften und Verhaltensweisen zu verstehen, die in solchen Systemen stets mehr sind als die berühmte Summe der Teile.

Dieser Übergang von einer linearen, graduellen und deterministischen Sichtweise hin zu einem Denken in komplexen Netzwerken und nicht-linearen Dynamiken fällt zusammen mit dem Übergang von dem durch industrielle Prozessketten geprägten 20. Jahrhundert in das 21. Jahrhundert, in dem die vielen verkoppelten Effekte, die durch die Industrialisierung ausgelöst wurden, ihre ganze Wirkung entfalten werden.

Die Systemtheorie lehrt, dass es oft nur kleine Veränderungen in den Ausgangsbedingungen sind, die den Unterschied zwischen Stabilität und Katastrophe ausmachen. Der berühmte Flügelschlag des Schmetterlings. Oder ein Sack Reis. Oder wie Clark und Szerszynski es ausdrücken: In der Art, wie sich das Erdsystem selbst organisiert hat, werfen kleine Kreaturen oft lange Schatten.[66]

Im Erdsystem von heute sind wir die Kreaturen mit dem längsten Schatten. Im Erdsystem von heute ist der Einfluss der Menschen so groß geworden, dass viele in der Wissenschaft und anderswo begonnen haben, vom »Anthropozän« zu sprechen, vom Zeitalter der Menschen. Durch die Art, wie wir Energie gewinnen, wie wir uns kleiden und begegnen, wie wir wohnen, essen und reisen, verändern wir nicht nur das Klima, sondern auch viele andere lebenserhaltende Komponenten des Erdsystems. Die Lebensart der Menschen in den Industrienationen und großen Schwellenländern wie China, Indien oder Brasilien wiegt dabei besonders schwer. So schwer, dass viele Forschende befürchten, dass wir unseren Heimatplaneten über eine kritische Schwelle stoßen könnten und damit in Systemzustände, von denen es kein Zurück mehr gibt.

Planetare Grenzen

Wo genau diese Schwellen liegen, ist schwer zu bestimmen. Die Erde ist groß, das Erdsystem komplex, und der Menschen Aktivitäten sind ungeheuer viele. Doch wer seine Grenzen nicht kennt, kann sich kaum vernünftige Regeln für die Zukunft geben. Darum hat 2009 ein interdisziplinäres Team um den schwedischen Nachhaltigkeitsforscher Johan Rockström einen ersten Vorschlag veröffentlicht, wie man mit diesen unbekannten Schwellen umgehen kann. In ihrem Konzept der »Planetaren Belastungsgrenzen« beschreiben sie, welche Bereiche des Erdsystems wir besonders im Auge behalten und was wir tun müssen, um sicherzustellen, dass die Menschheit einen *safe operating space*, einen »sicheren Handlungsraum«, behält, in dem nicht nur ihr Überleben gesichert ist, sondern auch noch genug Spielraum bleibt, um ein gleichberechtigtes, gesundes und friedliches Zusammenleben für alle zu ermöglichen.[67]

Dieses Grundkonzept wurde seitdem in einem intensiven wissenschaftlichen Austausch von ganz verschiedenen Seiten überprüft und ergänzt. In seinem Kern ist es jedoch erstaunlich robust geblieben. Johan Rockström und seine Kolleginnen und Kollegen sprechen daher inzwischen von einem »*high degree of scientific certainty*«, von einem »hohen Maß an wissenschaftlicher Gewissheit« also, dass dieses Konzept der Planetaren Grenzen tragfähig ist. Unsereine würde sagen: Das Ganze hat wohl Hand und Fuß.

Den Planeten, den wir demnach anstreben sollten, um uns und künftigen Generationen den sicheren Handlungsraum zu erhalten, beschreiben die Wissenschaftler so: Zwei Eiskappen, stabile Meeresspiegel, Wälder und Feuchtgebiete, die Kohlenstoff speichern, ein Klima, das zuverlässig Landwirtschaft ermöglicht, und Meeresströmungen, die Wärme in vorhersagbaren Mustern um die Erde verteilen. Also im Grunde alles so lassen, wie es die letzten gut 10 000 Jahre war.

Das Erstaunliche am Konzept der Planetaren Grenzen, und wahrscheinlich auch der Grund, warum es in Kreisen der Politik und anderer Entscheidungsträgerinnen und -träger zunehmend an Aufmerksamkeit gewinnt, ist, dass es ihm gelingt, für das ganze komplexe Erdsystem neun Grenzen zu bestimmen, die wir einhalten müssen, um das System zu stabilisieren. Ja, genau. Nur neun. »Solange wir es mit diesen neun richtig hinbekommen«, schreiben Rockström und sein Co-Autor Owen Gaffney, »haben wir gute Chancen, dass wir es für den ganzen Planeten hinbekommen, also auch für uns und für künftige Generationen.«[68]

Zu diesen neun Grenzen gehören nicht nur das Klima, die Ozonschicht und die Ozeane, die Artenvielfalt oder der Wasserhaushalt, sondern auch die biogeochemischen Ströme von Stickstoff und Phosphor. Einige dieser Systeme, das Klima etwa oder Veränderungen in den Meeresströmungen und damit in der Temperaturverteilung, bestimmen die Vorgänge auf dem gesamten Planeten. Andere wirken im kleineren Maßstab, auf der Ebene von Ökosystemen oder Gewässereinzugsgebieten. Bei diesen ist die Gefahr, dass ein Überschreiten der Grenzen ein planetenweites Umkippen auslöst, gering. Sie wirken jedoch als wichtige Puffer im Erdsystem, um planetare Krisen auszugleichen. Sind sie nicht intakt, schwächt das das gesamte System. Im schlimmsten Fall tragen sie dazu bei, eine planetare Krise zu verschärfen. Darum sind auch diese Systeme essenziell. Die Kreisläufe von Stickstoff und Phosphor gehören in diese Kategorie.

Doch Rockström und sein Team sind noch einen Schritt

weiter gegangen. Sie haben nicht nur bestimmt, welche Systeme essenziell sind, um einen sicheren Handlungsraum für die Menschheit zu erhalten. Sie haben auch in Zahlen gefasst, wo genau die Grenzen liegen. Das heißt, wir wissen jetzt, welche Systeme im grünen Bereich sind und damit derzeit unbedenklich. Und wir wissen, bei welchen Systemen die Grenzen überschritten sind, bei denen wir also der kritischen Schwelle gefährlich nah sind und die Gefahr besteht, dass das Erdsystem instabil wird.[69] Diese Bereiche sind in den Grafiken, die die Wissenschaftlerinnen und Wissenschaftler ihren Publikationen beigeben, gelb-orange markiert für »mittleres Risiko« und rot, wenn das Risiko hoch ist. Derzeit sind sechs der neun Planetaren Grenzen überschritten.[70] Stickstoff und Phosphor gehören dazu. Und die Grafik zeigt sie tief, tief im Rot.

Wie konnte das passieren?

Rasende Beschleunigung

Stellen Sie sich einen See vor, hübsch angelegt, vielleicht in einem Park, mit Trauerweiden und Schwänen. Auf dem Wasser wachsen Seerosen. Sie haben genug Nährstoffe und wachsen zügig. Jeden Tag sind es doppelt so viele wie am Tag zuvor. Eine Seerose am ersten Tag, zwei am zweiten, vier am dritten und so weiter. Nach dreißig Tagen ist der See halb voll. Wie lange dauert es, bis er ganz voll ist? Richtig. Einunddreißig Tage.

Als ich dieses Rätsel als Kind zum ersten Mal gehört habe, war ich tief beeindruckt. Und bin es bis heute. Denn obwohl ich die richtige Antwort kenne, muss ich jedes Mal einen Moment stutzen, bevor ich sie ausspreche. Denn auch Jahrzehnte später wirft sich meine Intuition mit einem entschiedenen »Sechzig!« dazwischen. Meine Intuition hat in dieser Sache ganz offensichtlich keine Ahnung. Das hat sie mit einem Großteil der Menschheit gemeinsam. Die meisten von uns tun sich schwer mit dem Abschätzen von exponentiellem Wachstum.

Denn das ist es, was die Seerosen im Rätsel tun. Sie vermehren sich nicht *linear*, erst eine, dann zwei, dann drei, dann vier, sondern *exponentiell*: erst eine, dann zwei, dann vier und dann schon acht. Es kommt also nicht Tag für Tag eine Seerose dazu, sondern die Seerosen vervielfachen sich von Tag zu Tag um einen Faktor, in diesem Fall den Faktor zwei. Ihr Wachstum beginnt also relativ langsam und nimmt dann rasant zu. Und dann ist der See »auf einen Schlag« voll.

Exponentielles Wachstum ist in der Natur überhaupt nicht selten. Bei einer »Algenblüte« vermehren sich die Organismen im Phytoplankton zumindest eine Zeit lang exponentiell. Und auch Coronaviren und andere Erreger können sich exponentiell vermehren und, wenn eine infizierte Person mehrere weitere Personen ansteckt, eine Epidemie auslösen. Dabei verbreiten sich die Erreger zunächst fast unbemerkt, und dann plötzlich »sind alle krank«. Ein anderes gutes, wenn auch nicht natürliches Beispiel für die unheimliche Durchschlagskraft von exponentiellem Wachstum ist eine nukleare Kettenreaktion. Sie entsteht, wenn eine einzelne Kernspaltung weitere Kernreaktionen auslöst. Auch hier beginnt die Reaktion relativ langsam und entwickelt sich dann rasant bis zur Explosion.

Auch wir als Menschheit haben langsam angefangen. Über die rund 11 000 Jahre hinweg, die wir Landwirtschaft betreiben, wuchs die Weltbevölkerung nur ganz allmählich. Doch mit Beginn der Industrialisierung nahm die Geschwindigkeit zu. Anfang des 19. Jahrhunderts lebten etwa eine Milliarde Menschen auf der Erde. Gut einhundert Jahre später, 1927, waren es zwei

Milliarden. Bis zur nächsten Verdoppelung verging nur noch ein knappes halbes Jahrhundert. 1975 kam die Erde auf vier Milliarden Menschen.[71] Wieder knapp fünfzig Jahre später, im Jahr 2022, hat die Menschheit die Zahl von acht Milliarden überschritten. Inzwischen hat sich das Bevölkerungswachstum verlangsamt. Doch die meisten Prognosen gehen davon aus, dass die Menschheit noch in diesem Jahrhundert mit etwa zehn Milliarden Menschen ihren Höhepunkt erreichen wird.[72] Danach wird die Zahl wahrscheinlich zurückgehen.

Eine ähnliche Entwicklung wie bei der Zahl der Menschen auf der Erde beobachten die Erdsystemwissenschaftler auch in zahlreichen anderen Bereichen, etwa bei der Zahl der Menschen, die in Städten leben, bei der globalen Wirtschaftsleistung oder auch beim Verbrauch von Energie oder Wasser. Immer stieg die Kurve mit dem Beginn der Industrialisierung allmählich an – und schoss dann plötzlich steil nach oben. Den gleichen Verlauf nahm auch der Anteil an Kohlendioxid in der Atmosphäre, der Rückgang der Ozonschicht, das Ausmaß des Fischfangs oder der Verlust an tropischem Regenwald. Auch ihre Kurven steigen allmählich an und schnellen dann nach oben.

Diesen Umschwung zu einem steilen Wachstum in vielen Lebensbereichen nennen die Erdsystemwissenschaftlerinnen und -wissenschaftler die »Große Beschleunigung«. Ihre Ursachen sind vielfältig. Neben einer wachsenden Weltbevölkerung, so schreiben Rockström und Gaffney, war es vor allem die Entstehung eines Wirtschaftssystems, das auf fortwährendes Wachstum und eine immer intensivere Nutzung natürlicher Ressourcen ausgerichtet war. Mit der Einführung des Kapitalismus als Wirtschaftsordnung brachten es Kolonialmächte wie Großbritannien, Spanien oder Portugal zu enormem Reichtum.

Doch seine ganze Wirkung entfaltete das neue System erst im 19. Jahrhundert, als mit Kohle und später Öl plötzlich so große Mengen an Energie zur Verfügung standen wie niemals zuvor. Mit der beginnenden Industrialisierung nahm auch das Wirtschaftswachstum an Fahrt auf. Die Große Beschleunigung jedoch, der plötzliche steile Anstieg, setzte erst in den 1950er-Jahren ein.[73]

Diese »Fünfzigerjahre« verbinden viele Deutsche bis heute mit dem Begriff des Wirtschaftswunders, dem enormen wirtschaftlichen Aufschwung im damaligen Westdeutschland nach dem Zweiten Weltkrieg, der im Wesentlichen durch die Unterstützung der westlichen Alliierten ermöglicht wurde, die im Kalten Krieg einen starken Bündnispartner in der Mitte Europas suchten. Doch der deutsche Aufschwung ist Teil einer globalen Entwicklung, die in vielen Teilen der Welt zu wirtschaftlichem Wohlstand und zumindest zeitweise zu politischer Stabilität geführt hat. In vielen Industrienationen entstand in dieser Zeit eine neue, konsumorientierte Mittelschicht. Die Erdsystemwissenschaftler Rockström und Gaffney beschreiben diesen Prozess als eine sich selbst verstärkende Rückkopplungsschleife: Je mehr Menschen den Weg aus der Armut fanden, desto stärker wuchs die Wirtschaft. Durch damit verbundene Steuern und andere Einnahmen wurden neue Investitionen möglich – etwa in Schulen, Universitäten, Krankenhäuser –, die neuen Menschen den Aufstieg in die Mittelschicht ermöglichten. Die Große Beschleunigung, so schließen sie, ist also getrieben durch Zusammenspiel aus kapitalistischen und sozialistischen Kräften.[74] Sie führten dazu, dass Mitte des 20. Jahrhunderts die Menschheit eine Größe im Erdsystem wurde, die die Geschicke eines ganzen Planeten beeinflussen und ihr eigenes Überleben aufs Spiel setzen konnte.

Diese Vorstellung von der gesamten Menschheit, die diese Entwicklung verursacht hat, wird von vielen kritisiert. Zu Recht, denn längst nicht alle Menschen der Erde waren an diesem Boom beteiligt oder haben davon profitiert. Seit der Aktualisierung der Planetaren Grenzen im Jahr 2015 unterscheiden die Wissenschaftlerinnen und Wissenschaftler daher bei ihrer Betrachtung des Wirtschaftswachstums und anderer sozioökonomischer Parameter zwischen Industrieländern und weniger industrialisierten Staaten.[75]

In ihren Auswirkungen jedoch betrifft die Große Beschleunigung alle Menschen. Und nicht nur sie. Nach Ansicht von Rockström und Gaffney ist sie »eines der tiefgreifendsten Ereignisse nicht nur der Menschheitsgeschichte, sondern in der Geschichte unseres gesamten Planeten«.[76]

Auch bei der Entwicklung des weltweiten Düngerverbrauchs schießt die Kurve in den 1950er-Jahren steil nach oben. Tatsächlich wird der Düngereinsatz oft als Paradebeispiel für die Große Beschleunigung angeführt. Doch der plötzliche Run auf die Kunstdünger war keineswegs so zwingend, wie viele sich das vielleicht vorstellen. Im Gegenteil. Die Große Düngerbeschleunigung erforderte einiges an Start- (und Staats-)Hilfe. Und Krieg. Nicht nur einen. Sondern zwei.

Die große Mobilisierung

Noch einmal zurück zum Anfang des 20. Jahrhunderts. Zu dieser Zeit war die Wirksamkeit der neuen Mineraldünger weithin anerkannt. In zahlreichen Feldversuchen in vielen Teilen der Welt hatten Agronomen die Ergebnisse von Sprengel, Liebig und anderen überprüft und erweitert. Doch das bedeutete nicht, dass die neuen Düngemittel in der praktischen Landwirtschaft auch zum Einsatz kamen. Im Gegenteil. In ihren Forschungen zur Verbreitung der Stickstoffdünger in Deutschland zwischen 1914 und 1930 stellte die Wirtschaftshistorikerin Christine Strotmann vielmehr fest, dass die neuen Kunstdünger auf den meisten Höfen nicht besonders begehrt waren. Dass sie die organischen Dünger auf den Höfen schließlich doch verdrängten, lag laut Strotmann nicht daran, dass die Bauern die industriellen Produkte dem eigenen Mist vorzogen. Ausschlaggebend waren vor allem äußere Faktoren, die wenig mit der Beschaffenheit der Dünger zu tun hatten und viel mit Verfügbarkeit, Kosten, Werbung, staatlicher Unterstützung und Regulierung.[77]

Die Ausgangssituation für die Hauptnährstoffe Stickstoff, Phosphor und Kalium war dabei durchaus unterschiedlich. Kali wurde zu dieser Zeit in Deutschland schon seit einigen Jahrzehnten in großen Mengen gefördert, und das Reich genoss sein weltweites Monopol. Die Anwendung von Kali als Dünger war durch die Aktivitäten des Kali-Kartells in Deutschland relativ weit verbreitet. Und durch die Kali-Nutzung hatten sich viele Bauern an die Idee gewöhnt, Düngemittel zumindest teilweise von außen zuzukaufen.

Der Phosphatabbau hatte später eingesetzt. Aber Anfang des 20. Jahrhunderts hatte Albert Ellis für die Pacific Phosphates Company die Ausbeutung der Phosphatvorkommen in Banaba und Nauru gesichert, im »Bone Valley« in Florida und in anderen Regionen der USA nahm die Phosphatgewinnung zu, und auch im damaligen französischen Protektorat Marokko wurde mit dem Abbau von Phosphat begonnen. Der ehemals rare Phosphor wurde zunehmend in der Welt verfügbar, als Importgut auch in Deutschland.

Auch Stickstoff wurde zu dieser Zeit überwiegend importiert, vor allem als Chilesalpeter, und nur zu einem kleineren Teil in Form von Ammoniumsulfat als Nebenprodukt in Kokereien gewonnen. Das Haber-Bosch-Verfahren zur Herstellung von Ammoniak war gerade erst entwickelt worden, und auch die Produktion von Kalkstickstoff, die damals noch als Alternative zum Haber-Bosch-Verfahren galt, war brandneu.

Im breiten bäuerlichen Alltag waren die neuen Stickstoffdünger jedoch noch nicht angekommen. Nach einer Schätzung, die Strotmann zitiert, wurden nur etwa 16 Prozent des Stickstoffs auf deutschen Feldern in Form von Kunstdüngern ausgebracht, zu denen in dieser Erhebung auch der Chilesalpeter gezählt wurde.[78] Die Düngung mit hofeigenem Mist, Kompost und dem Anbau von Hülsenfrüchtlern überwog also noch deutlich. Vor allem die Kleinbauern, die zu dieser Zeit noch fast drei Viertel der landwirtschaftlichen Flächen in Deutschland beackerten, waren zögerlich, in teure Kunst- oder Importdünger zu investieren. Mit dem Ausbruch des Ersten Weltkriegs änderte sich diese Lage schlagartig. Und zunächst zum Schlechteren.

Durch die Seeblockade der Alliierten war Deutschland von den internationalen Märkten abgeschnitten. Plötzlich musste die Welt ohne Kali aus Deutschland auskommen. Und Deutschland ohne den kriegswichtigen Stickstoff aus Chile. Und weil die deutsche Kriegsführung von einer wesentlich kürzeren Kriegsdauer ausgegangen war, hatte sie kaum Reserven angelegt. Der vorhandene Stickstoff war schnell verschossen.

Schon nach wenigen Kriegsmonaten wurde klar, dass das Reich seine Produktionskapazitäten für Stickstoff drastisch vergrößern musste. Die neuen Verfahren zur Stickstoffgewinnung rückten dadurch sehr viel schneller in den Vordergrund, als es unter normalen, friedlichen Bedingungen der Fall gewesen wäre.[79] Getrieben durch den Krieg, förderte das Reich mit großen Summen den Bau neuer Fabriken. In kurzer Zeit entstanden sowohl neue privatwirtschaftliche Haber-Bosch-Werke, unter anderem das der BASF in Leuna, als auch neue halbstaatliche Unternehmen zur Produktion von Kalkstickstoff, etwa das Reichsstickstoffwerk in Piesteritz bei Wittenberg. Durch diese massiven Investitionen gelang dem Reich eine deutliche Steigerung seiner Produktionskapazitäten für Stickstoff von 121 000 Tonnen im Jahr 1913 auf 184 000 Tonnen bis Kriegsende 1918.

Trotz dieser neu geschaffenen Kapazitäten war die Situation der Landwirtschaft in Deutschland in den Kriegsjahren desolat. Gleich zu Kriegsbeginn hatte der Staat 750 000 Tonnen Chilesalpeter und andere stickstoffhaltige Substanzen für die Munitionsherstellung requiriert, die eigentlich für die Herbstdüngung vorgesehen waren. Im weiteren Kriegsverlauf ging ein großer Teil der Produktion der neuen Ammoniakwerke in die militärische Nutzung. Gleichzeitig hatten viele Güter und Bauernhöfe mit der Mobilmachung einen Großteil ihrer Arbeitskräfte verloren, menschliche wie tierische, was die landwirtschaftliche Produktivität stark beeinträchtigte. Weniger

Tiere bedeutete außerdem weniger eigenen Dünger auf den Höfen, sodass auch in Betrieben, die noch nicht mit Kunstdünger arbeiteten, der Nährstoffnachschub fehlte.[80] Bei Kriegsende 1918 waren die Ackerböden im Reich in einem miserablen Zustand und der Düngereinsatz auf dem Tiefpunkt. Die Versorgung der Landwirtschaft mit industriellem Stickstoffdünger lag im Vergleich zu Friedenszeiten bei nur noch 40 Prozent, bei Phosphor waren es etwa 50 Prozent. Die Kaliproduzenten hatten ihre Verkäufe während des Krieges zwar um etwa ein Drittel gesteigert, doch ein Nährstoff allein konnte die Ertragsverluste nicht ausgleichen.

Auch das Ende des Krieges brachte keine schnelle Verbesserung der Lage. Zwar stand nun der Stickstoff, der im Krieg für die militärische Nutzung produziert worden war, für die Landwirtschaft zur Verfügung. Doch die Besatzung in einigen Regionen führte zu einem Mangel an Rohstoffen, vor allem an Kohle, sodass nicht nur die Eisenbahn als Transportmittel ausfiel, sondern zeitweise auch die Stickstoffproduktion. Damit kam auch der Düngermarkt praktisch zum Stillstand.

Die Folge war eine Lebensmittelknappheit, die bis in die frühen, unruhigen Jahre der Weimarer Republik anhielt. In einem Land voller Streiks und Proteste nahm die Stickstoffproduktion in den Augen der Regierenden eine Schlüsselrolle ein. Sie sahen in ihr ein wichtiges Instrument, um die politische Lage zu stabilisieren. Der Stickstoff sollte helfen, die Hungerkrise abzuwenden und der Massenarbeitslosigkeit etwas entgegenzusetzen. Außerdem mussten die enormen staatlichen Investitionen aus den Kriegsjahren refinanziert werden.[81]

Die Regierung setzte daher alles daran, die Fabriken offen zu halten und den Absatz zu steigern. In einem ersten wichtigen Schritt fasste sie alle großen Stickstoffproduzenten im Land zusammen und gründete 1919 das Deutsche Stickstoff-Syndikat mit dem Ziel, die Produktion zu steigern und die Verteilung neu zu organisieren. Das Syndikat legte die Preise fest und suchte nach Wegen, die neuen Stickstoffdünger zu vermarkten. Vor allem der Verkauf an Kleinbauern sollte gesteigert werden. Das Syndikat sorgte daher unter anderem dafür, dass der Dünger nicht mehr nur waggonweise zu erwerben war, sondern auch in kleineren Einheiten, und dass in den staatlichen Beratungsstellen für die Bauern der Fokus auf den Kunstdüngern lag. Hofeigene Wirtschaftsdünger wurden vernachlässigt.[82]

1927 brachte die IG Farben, in der die BASF inzwischen aufgegangen war, eine der erfolgreichsten Erfindungen der damaligen Düngerbranche auf den Markt: »Nitrophoska«, einen Mischdünger, der sowohl Stickstoff – *Nitro-* – als auch *Phos*phor und *Ka*lium enthielt und der es auch kleinen Betrieben leicht machen sollte, Mineraldünger einzusetzen.[83] In dieser Zeit, so schreiben Strotmann und ihre Kollegen, erlernten die Bauern die »N-P-K-Sprache«, die bis heute die industrielle Agrarproduktion bestimmt.[84]

Bis Mitte der 1920er-Jahre hatten alle Anlagen, die im Krieg geplant worden waren, die Produktion aufgenommen, und statt Stickstoffmangel gab es nun Überkapazitäten, die verkauft werden mussten. In groß angelegten Marketing-Kampagnen versuchte man, immer mehr Bauern vom Nutzen der Stickstoffdüngung zu überzeugen. Dabei wurde der industriell gewonnene Stickstoff ausdrücklich als »deutscher Stickstoff« angepriesen. Nachdem die deutschen Chemiker mit der Ammoniaksynthese das deutsche Militär »gerettet« hatten, hieß es, sei es nun ihre Aufgabe, auch die deutsche Landwirtschaft zu retten. Einige der Kampagnen klangen, so Strotmann, als wollte man ein bockiges Kind umerziehen. Bauern, die lieber weiter mit Chilesalpeter düngen wollten, wurden als altmodisch hingestellt, als naive Traditionalisten, die in einer Welt der modernen Hightech-Dünger nicht bestehen konnten.[85]

Die Maßnahmen zeigten Wirkung. Bis 1932 war der Preis für Stickstoffdünger auf die Hälfte der Kosten von 1913 bei Einführung des Haber-Bosch-Verfahrens gesunken. Trotz der schlechten gesamtwirtschaftlichen Lage in den 1920er-Jahren stieg der Verbrauch von Stickstoffdünger in Deutschland zwischen 1920 und 1930 von 159 000 Tonnen Stickstoff pro Jahr auf 415 000 Tonnen an, fast das Doppelte des Vorkriegsverbrauchs. Die Pläne des Syndikats waren aufgegangen. Zehn Jahre nach Kriegsende hatte Deutschland eine wettbewerbsfähige heimische Stickstoffindustrie. Es hatte für die enormen Stickstoffmengen, die keinen militärischen Zweck mehr hatten, eine friedliche Nutzung gefunden.[86]

Auch außerhalb von Deutschland nahm die Stickstoffproduktion in dieser Zeit an Fahrt auf, und schon bald konkurrierten Fabriken in Europa, Russland, USA und Japan auf dem Markt. Im Lauf der 1930er-Jahre näherte sich die weltweite Produktion der Zwei-Millionen-Tonnen-Marke.[87] Ammoniumsulfat aus der Kohleproduktion und Chilesalpeter wurden ebenfalls weiterhin genutzt, wenn auch in geringerem Umfang. Die Versorgung der Landwirtschaft mit Stickstoff schien ausreichend gesichert. Mit einem raschen Anstieg des Düngerverbrauchs in naher Zukunft rechnete damals kaum jemand.[88] Doch dann brach der Zweite Weltkrieg aus. Die Stickstoffproduktion schnellte erneut in die Höhe. Und es kam weltweit zu einem Wandel in der Nutzung von Kunstdüngern, der bis heute Folgen hat.[89]

Der Umwelthistoriker Hugh S. Gorman hat die weltweite Nutzungsgeschichte von Stickstoff im 20. Jahrhundert erforscht und festgestellt, dass Stickstoff- und andere Mineraldünger vor dem Krieg vor allem genutzt wurden, um die Bodenqualität zu erhalten, oder auch, um die Fruchtfolge zu umgehen, um also in mehreren Jahren hintereinander das gleiche Getreide anbauen zu können. Auch empfahlen in den USA viele landwirtschaftliche Berater in dieser Zeit noch immer den Anbau von Hülsenfrüchtlern für die Stickstoffversorgung. Der Stickstoffeinsatz zur direkten Steigerung der Erträge, wie er heute üblich ist, spielte damals noch keine große Rolle.[90]

Dann wurden in den Weltkriegsjahren allein in den USA zehn neue Ammoniakfabriken gebaut. Die Produktionskapazität des Landes stieg damit auf über 900 000 Tonnen im Jahr. Und als das Militär seine Anlagen nach dem Krieg verkaufte, überschwemmte plötzlich ein Überangebot an günstigem Stickstoff den Markt.

Pflanzenzüchter hatten inzwischen festgestellt, dass einige Getreidesorten, die besonders an nährstoffreiche Böden angepasst waren, deutlich höhere Erträge brachten, wenn sie ausreichend Stickstoffdünger erhielten. In Kombination mit dem Einsatz von Traktoren und anderen Maschinen und neuartigen synthetischen Pestiziden konnten die Landwirte mittels der nun reichlich verfügbaren preiswerten Stickstoffdünger ihre Erträge mehr als verdreifachen. In anderen Industrienationen verlief die Entwicklung ähnlich.[91]

Bald begannen auch weniger industrialisierte Länder, von den neuen, hoch technisierten Methoden zu profitieren. Die Grundlagen für die sogenannte »Grüne Revolution« legte in den 1940er-Jahren der Agrarwissenschaftler Norman Borlaug in Mexiko, als er im Auftrag der mexikanischen Regierung und der US-amerikanischen Rockefeller-Stiftung zusammen mit mexikanischen Landwirten und Forschern neue Weizensorten entwickelte, die nicht nur resistent gegen den Weizenschwarzrost waren, eine Pilzerkrankung, die in den Jahren zuvor in Mexiko ganze Ernten vernichtet hatte, sondern vor allem größere Ähren hatten und damit höhere Erträge brachten.[92] Diese neuen Sorten hatten kürzere Halme, damit sie mit ihren schweren Ähren im Wind nicht umknickten, eine wichtige Neuerung, ohne die sie sich in der Praxis nicht hätten durchsetzen können. Mit diesem neuen Saatgut – und ausreichend Stickstoffdünger – konnte Mexiko seine Erträge bis Ende der 1960er-Jahre vervierfachen.[93] Damit war das Land nicht länger von Getreideimporten abhängig, sondern konnte zeitweise sogar seine Nachbarn mitversorgen.

Dieses *package*, wie Landwirte und Agronomen die Kombination aus Hochertragssorten und Mineraldüngern nannten, oft ergänzt durch Pestizide, war so erfolgreich, dass es schon bald auch in Indien und Pakistan zum Einsatz kam, wo die Bevölkerungszahlen rasch anstiegen und die Sorge um ausreichend Nahrung groß war. Die Weizenerträge stiegen daraufhin innerhalb von nur fünf Jahren um ein Drittel, und auch bei Reis bewährten sich neue kurzhalmige Sorten sehr gut.[94] Allerdings nur, solange die neuen Pflanzen gut mit Dünger versorgt waren. Borlaug selbst sah es darum als wichtigste Aufgabe, die Bäuerinnen und Bauern nicht nur mit dem Hochleistungssaatgut, sondern auch mit ausreichend Düngemitteln zu beliefern.[95]

Bis 1972 entstanden allein in Indien vierzehn neue Ammoniakanlagen, die zusammen mehr als 1,3 Millionen Tonnen reaktiven Stickstoff im Jahr produzierten. Weitere zwölf Anlagen waren damals im Bau, die insgesamt 2,3 Millionen Tonnen Stickstoff aus der Luft gewinnen sollten. Damit war Indiens Kapazität zur Stickstofffixierung in den 1970er-Jahren höher als die weltweite Produktion nur drei Jahrzehnte zuvor.[96]

Durch die enorme Steigerung der Erträge konnten Hungersnöte in Indien und anderen Ländern abgewendet werden. In vielen Ländern führten Hochertragssorten und Dünger zu mehr Wohlstand und einem geringeren Bevölkerungswachstum. Unter diesem Gesichtspunkt kann man die »Grüne Revolution« als Erfolg betrachten. Allerdings weiß man inzwischen auch, dass die neuen Hochertragssorten bei all ihren Vorteilen weniger effizient in ihrer Stickstoffnutzung sind als ältere Sorten. Um die hohen Erträge zu erhalten, muss also mehr Dünger eingesetzt werden. Offenbar ist diese schlechte Stickstoffverwertung genetisch an die Kurzhalmigkeit gekoppelt, ausgerechnet an die Eigenschaft also, die die Nutzung der Hochertragssorten in der Praxis überhaupt erst möglich machte.[97]

Auch in anderen Bereichen hatte die Einführung der neuen, intensivierten Anbaumethoden Auswirkungen, die den langfristigen Erfolg der »Grünen Revolution« infrage stellen. So führte die Konzentration auf einige wenige besonders ertragreiche Reis- und Weizensorten dazu, dass die genetische Vielfalt dieser Nutzpflanzen zurückging. Diese ist jedoch eine lebenswichtige Ressource, um die Landwirtschaft langfristig an eine sich ständig und durch den Klimawandel immer schneller wandelnde Umwelt anzupassen.[98] Und auch der langfristige gesellschaftliche Nutzen der »Grünen Revolution« wird inzwischen von vielen infrage gestellt.

Die zunehmende Verfügbarkeit der günstigen Dünger führte laut dem Umweltwissenschaftler Gorman auch in anderen Bereichen zu »Entscheidungen und Praktiken, durch die mehr Stickstoff denn je in Umlauf gebracht wurde.« So hätten es sich die Bauern vor der Einführung des Haber-Bosch-Verfahrens nie leisten können, Nutzvieh mit Getreide zu mästen, das von einem Hunderte oder gar Tausende von Kilometern entfernten

Acker stammte, wie es heute routinemäßig mit Sojaschrot aus Südamerika geschieht.

Und auch in den Städten veränderte sich der Umgang mit Nährstoffen wie Stickstoff und Phosphor. Vor der Verbreitung des Haber-Bosch-Verfahrens hatten die Stadtverwaltungen und -planer durchaus Interesse an einem Recycling von Stickstoff aus dem Abwasser gehabt, schreibt Gorman. Doch mit dem günstigen industriellen Dünger aus der Fabrik schienen solche Bemühungen überflüssig.[99] Die Gewinnung von »Brot aus Luft« war selbstverständlich geworden.

Wie schon im Hafen von Beirut und in der Ostsee zeigen sich auch hier die vielen Gesichter des Stickstoffs und wie Geschichte und Chemie sich immer wieder gegenseitig bedingen. Die enorme Sprengkraft des Stickstoffs spielt für die Landwirtschaft an sich keine Rolle. Und doch ist es genau diese Eigenschaft, die den Stickstoffdüngern zu ihrem schnellen Erfolg verholfen und die Landwirtschaft grundlegend verändert hat.

Seit dem Anfang des 20. Jahrhunderts hat sich die Anzahl der Menschen auf der Erde mehr als vervierfacht. Neben Fortschritten in der Medizin, der Pflanzenzucht und einigen anderen Bereichen wurde dies ganz wesentlich auch durch das Haber-Bosch-Verfahren überhaupt erst möglich. Heute verdankt etwa die Hälfte der acht Milliarden Menschen auf der Erde ihre Nahrung dem Einsatz von Stickstoff- und anderen Kunstdüngern.[100] Das ist eine gewaltige Menge. Und sie hat gewaltige Konsequenzen.

Dünger in Strömen

Aus dem schier unerschöpflichen Reservoir der Atmosphäre bringen Menschen heute jährlich über 220 Megatonnen, also 220 Millionen Tonnen, reaktiven, das heißt chemisch und biologisch aktiven Stickstoff in Umlauf.[101] Das meiste davon als Dünger. Das ist mehr als alle natürlichen Prozesse an Land und im Meer zusammen.[102] Es ist auch mehr als das Hundertfache der Weltproduktion in den 1930er-Jahren, als das Haber-Bosch-Verfahren in den meisten Industrieländern schon eingeführt war. Damals betrug die industrielle Stickstofffixierung aus der Atmosphäre gerade einmal zwei Millionen Tonnen. Das ist noch keine hundert Jahre her.

Dazu kommt, dass die Düngernutzung heute im Vergleich zu früher sehr viel ineffizienter geworden ist. Noch 1960 nahmen die Getreidepflanzen auf dem Feld durchschnittlich etwa 70 Prozent des ausgebrachten Stickstoffdüngers auf. Bis 2014 sank dieser Anteil auf weniger als 50 Prozent.[103] Heute wird also nicht einmal mehr die Hälfte des Stickstoffdüngers, der auf die Felder gebracht wird, von den Pflanzen aufgenommen.

Bei Phosphor und Kali ist die Situation kaum anders. Durch Bergbau und Düngung setzen die Menschen auch hier große Mengen an zusätzlichen Nährstoffen in Bewegung. Auch hier kommt der größte Teil nicht in den Nahrungsmitteln an, sondern versickert und versinkt in der Umwelt.[104] Und selbst von den Nährstoffen, die es bis in unsere Suppentöpfe schaffen, strömt ein großer Teil auf dem Umweg durch Milliarden menschlicher Verdauungstrakte schließlich in die Umwelt. Dort, nicht auf dem Acker, entfalten sie – unerwünscht und planlos – ihre ganze Wirkung. Zu Wasser, zu Lande und auch in der Luft.

Eine der schwerwiegendsten ist die Eutrophierung der Meere und Küstengewässer, die nicht nur den Dorschen in der Ostsee, sondern fast allen Lebewesen in den weltweit immer häufiger werdenden Sauerstoffmangelzonen das Überleben schwer macht.

Doch auch Flüsse und andere Binnengewässer werden durch die zusätzlichen Nährstofffrachten belastet. Betroffen sind nicht nur Badeseen, die im Sommer regelmäßig »umkippen«, sondern auch große Wasserkörper wie der Eriesee in den USA oder die großen Seen Chinas, wie zum Beispiel der Tai Hu östlich von Shanghai. In diesen Süßwassersystemen ist es vor allem der Phosphor, der die Eutrophierung vorantreibt.

In vielen Regionen erreichen die Nährstoffe auch das Grundwasser. Vor allem die Stickstoffbelastung ist oft hoch. In Deutschland zum Beispiel wird in rund einem Viertel der Grundwasservorkommen der Grenzwert für Nitrat überschritten.[105] Bei zu hohen Konzentrationen im Trinkwasser kann Nitrat vor allem für Säuglinge gefährlich werden und zum Ersticken führen. Das Grundwasser muss daher an vielen Orten mit nitratärmerem Wasser verdünnt oder in Aufbereitungsanlagen gefiltert werden, bevor es als Trinkwasser genutzt werden kann. In Kali-Revieren wie an der Werra schädigen zusätzliche Salzfrachten die Lebensgemeinschaften in den Flüssen. Zeitweise drangen schädliche Salze dort auch in Trinkwasserbrunnen ein.

Bei der Aufbereitung von Phosphatgestein aus den Minen zu Dünger und anderen Produkten fallen große Mengen an Phosphorgips als Abfallprodukt an, die auf großen Halden gelagert werden. Wie bei den Kalihalden werden auch hier mit jedem Niederschlag Nährstoffe ausgewaschen, oft über Jahrzehnte.

Stickstoff gelangt im Zuge seines Kreislaufs um die Erde außerdem in die Atmosphäre zurück. Ein Teil der Stickstoffatome verbindet sich dort untereinander zum stabilen Luftstickstoff und wird damit harmlos. Doch es entstehen auch andere Stickstoffverbindungen, und je mehr Stickstoff umgesetzt wird, desto mehr Schaden richten sie an.

Stickoxide zum Beispiel, die sowohl durch die Aktivität von Bakterien im Boden oder im Wasser entstehen als auch bei Verbrennungsprozessen in Motoren und Kraftwerken, verbinden sich im Regenwasser zu Salpetersäure. Der resultierende leicht saure Regen bringt den reaktiven Stickstoff zurück auf den Boden, allerdings nicht nur auf landwirtschaftliche Flächen, sondern auch in Wälder, Wiesen und andere Ökosysteme. Einige profitieren von den zusätzlichen Nährstoffen. Doch auf mageren Standorten wie Hochmooren, Buchenwäldern, Heiden oder auch Gebirgsmatten kann die unverhoffte Stickstoffgabe dazu führen, dass Pflanzen und Tiere, die speziell an die normalerweise kargen Bedingungen angepasst sind, ihren Lebensraum verlieren. Der Stickstoff trägt also dazu bei, die Biodiversitätskrise zu verschärfen.[106] Wildbienen und Sonnentau, Blaubeeren und Pfifferlinge – sie alle leiden unter der ungewollten Düngung aus der Luft. Lebensgemeinschaften verändern sich. Und ist eine Art erst ausgestorben, lässt sich der Verlust nicht mehr rückgängig machen. Rund zwei Drittel aller als wertvoll angesehenen Lebensräume in Europa sind durch die ungewollte Stickstoffdüngung bedroht.[107]

Stickstoffverbindungen in der Atmosphäre schaden auch direkt der menschlichen Gesundheit. Stickoxide und Ammoniak, das etwa aus gedüngten landwirtschaftlichen Flächen ausdünstet, greifen das Lungengewebe an und tragen zur Bildung von gesundheitsschädlichem Feinstaub bei. Sie haben einen wesentlichen Anteil an der Luftverschmutzung in den Städten und beeinträchtigen die Lebenserwartung von Millionen von Menschen.

Die meisten dieser Effekte sind lokal oder regional begrenzt. Doch sie summieren sich. Bei der Bemessung der Planetaren Grenzen zählen Rockström und sein Team sie zu den »langsamen Variablen« – schleichende, oft unbemerkte Prozesse, die jedoch irgendwann eine Schwelle überschreiten und dann schlagartig weitreichende und nicht vorhersehbare Folgen haben können.[108]

Doch Stickstoffemissionen haben auch direkte globale Auswirkungen, zum Beispiel, wenn Stickstoff in Form von Lachgas in die Atmosphäre gelangt. Lachgas wird, wie auch die Stickoxide, von Mikroben im Boden und in Gewässern erzeugt, und zwar umso mehr, je mehr Stickstoffdünger zur Verfügung steht. Lachgas zerstört die Ozonschicht und erhöht damit die Menge an UV-Strahlung, die die Erdoberfläche erreicht. Die Folge ist unter anderem ein steigendes Krebsrisiko. Vor allem aber ist Lachgas ein hochwirksames und langlebiges Treibhausgas, das derzeit etwa sieben Prozent zur globalen Erhitzung beiträgt. Sein Erwärmungspotenzial ist 273-mal höher als das von CO_2, doch anders als bei Kohlendioxid gibt es für Lachgas bisher kaum Vereinbarungen zur Senkung der Emissionen. Klimaforscher sprechen daher bei Lachgas auch vom »vergessenen Treibhausgas«.[109]

Die Herstellung von Kunstdüngern ist außerdem sehr energieaufwendig. So macht allein die Ammoniaksynthese, die den Stickstoff aus der Luft für die menschliche Nutzung verfügbar macht, rund zwei Prozent des globalen Energieverbrauchs aus. 70 Prozent dieses Ammoniaks werden zu Dünger weiterverarbeitet.[110] Bisher kommt die Energie für die Ammoniakgewinnung überwiegend aus fossilen Brennstoffen. Bei der Düngerherstellung fallen daher auch große Mengen Treibhausgase an, nach Angaben der Internationalen Energieagentur derzeit etwa 450 Megatonnen CO_2 pro Jahr.[111] Das entspricht in etwa den CO_2-Emissionen des gesamten Energiesektors von Südafrika, einem Land mit über 60 Millionen Einwohnern. In Deutschland gehören neben energieintensiven Stahl- und Zementwerken auch die Ammoniakwerke in Wittenberg und Ludwigshafen zu den »Dirty Thirty«, den Industriebetrieben mit den höchsten Treibhausgasemissionen.[112] Bei Phosphor und Kali sind sowohl der Abbau als auch der Transport, der oft über weite Strecken erfolgt, ebenfalls sehr energieaufwendig und verursachen hohe Treibhausgasemissionen – allerdings nicht in dem gewaltigen Umfang wie die industrielle Stickstofffixierung.

Die Nährstoffe, die wir in Bewegung setzen, sind also nicht nur eine notwendige Voraussetzung, um Milliarden von Menschen auf der Erde zu ernähren. Sondern sie haben eine ganze Reihe von weiteren Wirkungen. Wir düngen nicht mehr einfach nur Felder und Gärten. Sondern wir greifen in die großen biogeochemischen Stoffströme der Erde ein.

Über Jahrmillionen regelte die natürliche Verwitterung, wie viel Phosphor und Kalium in den Ökosystemen an Land und im Wasser zur Verfügung standen. Und stickstofffixierende Mikroben wie die Knöllchenbakterien im Boden oder die Cyanobakterien im Wasser bestimmten darüber, wie viel Stickstoff aus der Atmosphäre in die vielen verschiedenen Lebensprozesse auf dem Planeten fließen konnte. Die Produktivität des ganzen Planeten war durch die Produktionskapazitäten dieser kleinsten Wesen begrenzt.

Mit der Einführung der Mineraldünger hat die Menschheit diese Grenze aufgehoben. Durch die Ammoniaksynthese nach

Haber-Bosch steht nun praktisch unbegrenzt reaktiver Stickstoff zur Verfügung. Das Erdsystem als Ganzes ist derweil das Gleiche geblieben. Das heißt, seine Grenzen und Gesetze bestehen weiter, und alles Leben auf der Erde ist durch sie bestimmt. Auch unseres.

Unser Einfluss auf das Erdsystem befreit uns also nicht von der Sorge um den sicheren Handlungsraum. Im Gegenteil, er führt dazu, dass wir uns selbst darum kümmern müssen, dass die Lebenssysteme der Erde uns weiter am Leben erhalten. Nach dem derzeitigen Stand der Forschung bedeutet dies, dass weltweit pro Jahr nur etwa 62 Megatonnen an Stickstoff durch Kunstdünger und die Pflanzung von Leguminosen in die Landwirtschaft gelangen dürfen. Für Phosphor liegt die Grenze bei weltweit etwa 11 Megatonnen, die maximal über Flüsse und Grundwasser in die Ozeane strömen dürfen, bevor das Risiko zu groß wird, dass Sauerstoffmangelgebiete überhandnehmen und Ökosysteme kollabieren.

Tatsächlich bringt die Menschheit jedoch derzeit weltweit um die 190 Megatonnen Stickstoff in Umlauf, und es gelangen knapp 23 Megatonnen Phosphor über Flüsse und Grundwasser ins Meer.[113] Die Planetaren Grenzen sind also weit überschritten, und die kritische Schwelle, hinter der die Systeme kippen können, ist gefährlich nahe.

Doch statt zu sinken, wächst der weltweite Verbrauch von Stickstoff-, Phosphor- und auch Kalidüngern scheinbar unaufhaltsam, wenn auch mit regionalen Unterschieden. In Nordamerika und in Europa war der Düngerverbrauch im weltweiten Vergleich schon in der Mitte des 20. Jahrhunderts relativ hoch. Er ist seitdem noch weiter gestiegen und hat sich seit den 1990ern auf hohem Niveau stabilisiert. Nach Angaben des Weltverbandes der Düngemittelproduzenten (International

Fertilizer Association, IFA) liegt der Verbrauch in Nordamerika seitdem zwischen 20 und 25 Megatonnen, der in ganz Europa (inklusive Zentralasien) bei 15 bis 20 Megatonnen pro Jahr.[114]

Seit den 1990er-Jahren geht der weltweite Anstieg vor allem auf den wachsenden Verbrauch in Süd- und Ostasien und in Lateinamerika zurück. An der Spitze liegt heute Ostasien mit über 60 Megatonnen, ein Großteil davon in China. In Indien und dem übrigen Südasien liegt der Verbrauch bei etwa 35 Megatonnen, in Lateinamerika bei etwa 30 Megatonnen. Die Prognosen der IFA gehen davon aus, dass der Düngemittelverbrauch weltweit weiter ansteigen wird.[115]

Auch innerhalb der EU gibt es deutliche regionale Unterschiede. In den vergangenen zehn Jahren nahm der Verbrauch von Stickstoff- und Phosphatdüngern besonders in den östlichen Mitgliedsländern deutlich zu, vor allem in Bulgarien, Rumänien und Ungarn. Der EU-Verbrauch insgesamt blieb in diesem Zeitraum nur deswegen relativ stabil, weil einige große Verbraucher ihren Düngereinsatz reduziert haben, unter ihnen auch Deutschland. Die größten Düngermengen werden aber nach wie vor in West- und Mitteleuropa eingesetzt. Neben Deutschland sind Frankreich, Polen und Spanien in Europa die größten Verbraucher. Insgesamt verbrauchen die Staaten der EU pro Jahr etwa 10 Megatonnen Stickstoff- und 1 Megatonne Phosphatdünger.[116] Das ist mehr als der Verbrauch aller afrikanischen Staaten zusammen.

Angesichts dieser Zahlen scheint die Lage nahezu aussichtslos. Doch die Aufgabe ist klar: Wir müssen Wege finden, eine noch immer wachsende Weltbevölkerung zu ernähren und gleichzeitig so mit unseren Nährstoffen zu haushalten, dass wir das Erdsystem nicht überlasten. Das ist keine kleine Aufgabe.

Doch sie ist nicht unlösbar. Das wissen wir. Denn das ist es, was die Erde seit Jahrmillionen tut.

Die Astronauten von Apollo 17 waren die vorerst letzten Menschen auf dem Mond. Sie waren auch die Letzten, die das Erdsystem als Ganzes mit eigenen Augen gesehen haben. Ihre Bilder haben unseren Horizont erweitert und unsere Sicht auf unseren Planeten verändert. Doch um die Nährstoffströme und ihre zahlreichen Vernestelungen in den Griff zu bekommen, reicht der Blick von außen nicht aus. Um zu lernen, innerhalb der Planetaren Grenzen zu leben, müssen wir zurück auf den Boden.

Teil 4
Wertstoff

»Ist Ihnen bewusst«, wird der Phytolinguist den Kunstkritiker fragen, »dass sie nicht einmal Auberginisch lesen konnten?« Und sie werden über unsere Unwissenheit lächeln, während sie ihre Rücksäcke schultern und den Nordhang des Pikes Peak erklimmen, um sich dort in die erst kürzlich entzifferte Lyrik der Flechten zu vertiefen.
Ursula K. Le Guin

Bodenbildung in Malawi

»Jetzt ist wieder Hühnermist dran!«, ruft Johann van der Ham. Zusammen mit einer Gruppe von etwa zwanzig Frauen und Männern ist er dabei, einen neuen Komposthaufen aufzuschichten. Gut hüfthoch liegt der schon da, sorgfältig eingepasst zwischen vier stabilen Pfosten. Auf van der Hams Zuruf hält die Gruppe inne, bis ein junger Mann eine braune Pampe aus Mist und Erde aus einer Schubkarre auf den triefenden Haufen geschaufelt hat. Dann tragen sie die nächste Lage aus Maisstängeln und anderen Ernteresten auf. Einer beginnt zu singen, der Rest der Gruppe stimmt ein.

Kompostieren gehört normalerweise nicht zu ihren Aufgaben. Die Menschen, die hier gemeinsam und mit viel Elan Biomasse aufhäufen, sind eigentlich Pastoren und Sozialarbeiterinnen. Sie kommen aus ganz Afrika. Einige arbeiten in Konfliktregionen, andere in Geflüchtetenlagern. Sie alle sind wichtige Multiplikatoren in ihren Gemeinden. Auch Johann van der Ham ist eigentlich Missionar. Doch nach seiner Lesart der heiligen Schriften gehört die Fürsorge für den Boden ebenso zur christlichen Lehre wie die Sorge um die Seele. Darum betreibt er seit gut zehn Jahren im Süden der Stadt Blantyre in Malawi einen Lehrbauernhof. Mit Kompostkursen, Wurmtoiletten und regenerativen Landwirtschaftstechniken wie Mulchen und Mischkultur will er Kleinbauern zu einem besseren Auskommen verhelfen.

Neben dem einen Komposthaufen steht ein zweiter, gut mannshoch und schon seit ein paar Tagen. Einer der Kursteilnehmer bohrt von der Seite eine lange Eisenstange hinein. »Damit messen wir die Temperatur«, erklärt van der Ham. »In den ersten Tagen wird es im Kompost richtig heiß. Wenn ihr dann die Stange kaum noch anfassen könnt, dann ist alles in Ordnung.« Eine junge Frau legt vorsichtig die Hand an den Metallstab und zieht sie schnell wieder zurück. Ja, heiß. Durch die Hitze werden mögliche Krankheitserreger und Samen von ungewollten Beikräutern abgetötet. Sie wird in den nächsten Tagen nachlassen. In ein paar Wochen muss der Haufen dann umgesetzt werden, und in drei oder vier Monaten ist der Kompost einsatzbereit.

Fast alle, die an van der Hams Kompostkurs teilnehmen, sind, wie viele Menschen in Malawi und seinen Nachbarländern, neben ihrem Beruf auch Bäuerinnen und Bauern. Als Selbstversorger bauen sie Mais an, Hülsenfrüchte, Gemüse. Und sie alle haben dasselbe Problem: Während in Europa und anderswo Nährstoffe im Überfluss strömen, herrscht auf ihren Äckern Mangel.

»In vielen Ländern südlich der Sahara sind die Böden sehr schlecht«, erklärt der Bodenkundler Frank Mnthambala am Rande des Workshops. »Darum sind Kompost und andere Dünger für uns ganz besonders wertvoll.« Als ich Mnthambala 2018 auf einer Rechercherereise kennenlerne, ist er noch Doktorand. Inzwischen lehrt er an der agrarwissenschaftlichen Fakultät der Universität Mzuzu und erforscht, wie ein nachhaltiges Nährstoffmanagement in Malawi aussehen müsste. »Wir haben hier in Afrika ganz andere Bedingungen als ihr in Europa«, sagt er und meint nicht nur die landwirtschaftlichen Strukturen mit vielen Selbstversorgern und nur wenigen Großbetrieben. Die Unterschiede reichen viel tiefer und weit zurück in die Zeit.

Mnthambala bückt sich kurz und hält mir eine Handvoll Erde unter die Nase. Boden, so lerne ich vom Bodenkundler, liegt nicht einfach so herum. Boden bildet sich. Meistens sehr langsam und durch das Zusammenwirken einer ganzen Reihe von Vorgängen. Ausgangspunkt der Bodenbildung ist das »anstehende Gestein«, also die Gesteinsschicht, die im steten geologischen Wandel gerade an der Oberfläche liegt. Durch Verwitterung zerbröselt dieses Gestein, in dem entstehenden Staub siedeln sich Pionierpflanzen an, sterben ab, werden zersetzt, und es entsteht Humus. Je nach Ausgangsmaterial sind diese jungen Böden mehr oder weniger fruchtbar. Doch die Fruchtbarkeit lässt nach, je älter sie werden. Die meisten Böden in Mitteleuropa sind erst nach der letzten Eiszeit entstanden, also nicht älter als 12 000 Jahre. Die meisten Böden in Afrika sind einige Millionen Jahre alt.

Der afrikanische Schild, der einen großen Teil des Kontinents bildet, gehört zu den ältesten und stabilsten Landmassen der Erde. Er ist so alt, dass Wind und Wasser alle jüngeren Schichten abtragen konnten, bis das harte, kristalline Grundgebirge zum Vorschein kam. So alt, dass im feuchten Klima der Tropen die meisten Böden versauert und die Nährstoffe ausgewaschen sind.[1] Dieser Nährstoffmangel wird durch menschliche Einflüsse noch verstärkt. Mais ist in Malawi das wichtigste Grundnahrungsmittel. Und weil viele Kleinbauern nicht genügend Land für Fruchtwechsel haben, pflanzen sie Jahr für Jahr Mais auf dieselben Flächen. Dadurch werden die Böden zusätzlich erschöpft.

Der Nährstoff, der am meisten fehlt, ist Phosphor. Nicht weil er schneller ausgewaschen wird als andere. Sondern weil er in dem sauren Milieu schnell feste Bindungen mit Eisen und Aluminium eingeht, von denen es in den alten Böden reichlich gibt. So wird er »weggefangen«, bevor die Pflanzen ihn verwerten können. Und wenn einer fehlt – Gesetz des Minimums –, kann von den anderen noch so viel da sein, die Pflanzen gedeihen trotzdem nicht. Darum ist der Kompost so wertvoll. Er bringt nicht nur Nährstoffe in den Boden zurück. Mit seiner organischen Masse hilft er auch, die Bodenstruktur zu verbessern, und macht so den Phosphor für die Pflanzen wieder zugänglich.

Auf dem Lehrbauernhof in Blantyre haben sich die Kursteilnehmer inzwischen den Hühnermist von den Händen gewaschen. Sie sitzen im Seminarraum und schauen auf imposante Elektronenmikroskopaufnahmen von borstigen bodenlebenden Milben und anderen Gliedertieren, die Johann van der Ham mit einem Beamer an die Wand wirft. Zusammen mit seinem Kollegen Levison Saidi führt er die Pastoren und Sozialarbeiterinnen in die Biologie eines gesunden Ackerbodens ein, der eine auf Englisch, der andere auf Chichewa, der zweiten Landessprache in Malawi. Im Rhythmus der wechselnden Sprecher wirkt ihr Vortrag fast wie ein Ritual. Eine Art Bodenpredigt.

»Wie viele Menschen leben in Malawi?«, fragen sie die Teilnehmer. »Gut 19 Millionen«, ist die Antwort. »Ganz schön viele«, sagt erst der eine und dann der andere, wie ein Echo. »Und jetzt stellt euch vor: In einer Handvoll gutem Boden leben mehr Organismen als Menschen in ganz Malawi. Und die machen all die Arbeit für euch!«

Im Wurzelraum

Einige der Kursteilnehmenden schauen etwas ungläubig, doch van der Ham und sein Kollege haben nicht übertrieben. Im Gegenteil, ihre Zahl ist eher noch zu niedrig gegriffen. Tatsächlich ist der Boden eine sehr fein ausdifferenzierte Mikrowelt – und nicht einfach nur Dreck. Die Bodenwesen bilden eine komplexe und überaus vielfältige Gesellschaft. Eine Auswertung der bisherigen Zählungen kam vor Kurzem zu dem Schluss, dass wahrscheinlich über die Hälfte aller Arten auf dem Planeten im Boden leben, mehr als doppelt so viele wie bisher angenommen. Damit ist der Boden der Lebensraum mit der höchsten Biodiversität auf der Erde.[2] Mehr als der Regenwald. Mehr als die Ozeane.

Die genauen Zahlen sind schwer abzuschätzen, doch die Dimensionen sind so gewaltig, dass es auf die exakten Werte kaum noch ankommt. Eine etwas ältere Aufstellung der Universität Münster listet für die oberen 30 Zentimeter eines Quadratmeters mitteleuropäischen Mutterbodens folgende Einwohnerzahlen auf (im Durchschnitt)[3]: 11 Billionen Bakterien (vor allem Actinomyzeten), eine Billion Pilze und eine Million Algen. Dazu etwa eine halbe Billion Geißeltierchen, 100 Milliarden Wurzelfüßer, eine Milliarde Wimperntierchen. Außerdem 25 000 Rädertiere, eine Million Fadenwürmer, 100 000 Milben, 50 000 Springschwänze. Des Weiteren 10 000 Enchytraeiden (eine Familie innerhalb der Ringelwürmer), je 50 Schnecken, Spinnen und Asseln, 150 Doppelfüßer, 50 Hundertfüßer, 100 übrige Vielfüßer, 100 Käfer und Käferlarven, 100 Zweiflüglerlarven, 150 übrige Insekten, 80 Regenwürmer und 0,0001 Wirbeltiere. Ja, lesen Sie das ruhig noch mal! Es ist also voll da unten.

Bezogen auf die Masse haben – nach Pflanzenwurzeln und -samen – die Pilze den größten Anteil am Bodenleben: etwa 100 Gramm im Durchschnitt (pro Quadratmeter, bis 30 Zentimeter Tiefe), in besonders guten Böden auch schon einmal ein Kilogramm. Das wirkt auf den ersten Blick vielleicht nicht sehr viel. Doch auch wenn die Pilze wie die meisten Bodenbewohner sehr klein sind, vernachlässigen darf man sie auf keinen Fall. Vor allem, wenn man an Stickstoff, Phosphor und Kalium interessiert ist, führt an diesen mächtigen Winzlingen kein Weg vorbei.

Auch im Seminarraum sind van der Ham und Saidi in ihrem Vortrag inzwischen bei den Pilzen angekommen. In einem kleinen Rollenspiel demonstrieren sie unter viel Gelächter an einigen Teilnehmenden mit einer Rolle Seil, wie sich die langen, nicht einmal haarfeinen Pilzfäden, die sogenannten Hyphen, durch das Bodengefüge ziehen. Schlaufe um Schlaufe fädeln sie unter Armen, über Schultern, zwischen Knien und um Bäuche – ein vielleicht nicht ganz maßstabgerechtes, aber doch sehr einprägsames und durchaus zutreffendes Bild des Pilzwachstums.

Boden ist keine einheitliche Masse, sondern ein Gefüge aus Partikeln, mineralischen wie organischen, manche hart, manche weich, manche rau, manche schlüpfrig. Dazwischen winzige Poren gefüllt mit allerlei Gasen und Wasser, in dem je nach Umfeld ganz unterschiedliche Stoffe gelöst sein können. Bodenlösung heißt es deswegen auch. Diese Welt ist schwer zu durchdringen, nicht nur mit dem Spaten, auch als mikroskopisch kleiner Bodenspezialist. In den engen Räumen wirken sich nicht nur Adhäsion und Kohäsion, also Haft- und Bindekräfte stärker aus, auch die Oberflächenspannung des Wassers hat in dieser Winzigwelt eine ganz andere Wirkung. Pilze jedoch kann all das nicht aufhalten. Schmal und wendig schicken sie ihre Hyphen durch diese wilde Mikrolandschaft, oft kilometerweit.

Damit decken sie nicht nur ein größeres Gebiet ab als die meisten anderen Bodenorganismen. Sie sind auch ausgezeichnete Nährstoffsammler. Mit hochpotenten Rezepturen aus diversen Säuren und Enzymen kriegen sie fast alles klein, was ihnen auf ihren Streifzügen begegnet, auch hartnäckige Baustoffe wie Celluslosefasern in Blättern und Halmen oder Lignin im Holz. Manche sogar Plastik.[4]

Was sie nicht können, ist Photosynthese. Pilze sind chemoorganoheterotroph. Sie beziehen also ihre Energie nicht direkt von der Sonne und ihren Kohlenstoff nicht aus der Luft, sondern bauen ab, was von anderen Organismen nach deren Tod übrig bleibt. Weil diese Arbeit aber vergleichsweise mühsam ist, gehen viele Bodenpilze außerdem direkt an die Quelle und leben in enger Beziehung mit einer oder mehreren Pflanzen. Sie verbinden sich dazu mit deren feinen Wurzelhaaren und können so einen Teil der Zucker und andere der energiereichen Kohlenstoffverbindungen, die die Pflanzen per Photosynthese gewinnen und in Richtung Wurzelwerk schicken, für sich nutzen. Die Pflanzen wiederum haben über das weitverzweigte Hyphengeflecht der Pilze Zugang zu Wasser und Nährstoffen, die sie selbst nie erreichen könnten. Einige holen sich bis zu 80 Prozent ihres Stickstoff- und sogar bis zu 100 Prozent ihres Phosphorbedarfs über die Pilzfäden heran, und auch andere wichtige Nährstoffe wie Zink oder Kupfer.[5]

Diese Kooperation zwischen den ungleichen Partnern, die sogenannte Mykorrhiza (vom griechischen *mýkēs* »Pilz« und *rhiza* »Wurzel«), hat sich offenbar bewährt, denn sie ist uralt. Ihre Ursprünge reichen zurück in die Zeit vor etwa 500 Millionen Jahren, also noch um einiges weiter als etwa das Perm und sein »Großes Sterben«. Damals blühte in seichten, warmen Gewässern schon das Leben. Das Land jedoch war bis auf ein paar hartgesottene Bakterienkrusten und einige Pilze und Algen öde. Das Klima war trocken, die Temperaturausschläge extrem, die UV-Strahlung hoch, und die Nährstoffe lagen fest eingeschlossen in Felsen und Mineralen. Und doch begannen in dieser Zeit die ersten Pflanzen das Land zu besiedeln. Allerdings hatten die Ahnen der heutigen Landpflanzen weder Wurzeln noch andere Möglichkeiten, Nährstoffe oder Wasser aus dem Untergrund zu ziehen. Fossilfunde zeigen jedoch, dass es bereits damals Verbindungen zwischen Pflanzen und Pilzen gab, die den heutigen Mykorrhizen erstaunlich ähnlich sehen. Die meisten Forschenden gehen daher davon aus, dass es die Pilze waren, die den Landgang der Pflanzen überhaupt ermöglicht und damit den Planeten von Grund auf verändert haben.[6] Sie waren Terraformer, lange bevor die Europäer Neuseeland erreichten oder die Industriestaaten die Atmosphäre zu einem Treibhaus machen konnten.

Bis heute leben um die 80 Prozent aller Landpflanzenarten in enger Beziehung mit unterschiedlichen Mykorrhiza-Pilzen. Und wie die meisten langen Beziehungen ist auch diese deutlich komplizierter, als es von außen zunächst den Anschein hat. Ursprünglich dachte man, die Pilze seien Parasiten, die in die Pflanzenwurzeln eindringen und sich dort Nährstoffe für ihre eigenen Zwecke abzweigen. Dann ergaben erste Laborversuche, dass das Verhältnis möglicherweise gar nicht so einseitig ist und dass auch die Pflanzen Vorteile aus den Pilzkontakten ziehen können. Doch erst in den 1990er-Jahren gelang es der Forstbiologin Suzanne Simard unter schwierigen Bedingungen in den Wäldern der kanadischen Rocky Mountains, diesen Austausch auch im Freiland zu beobachten.[7] Sie ging in ihren Schlussfolgerungen sogar noch einen Schritt weiter: Die Bäume waren nicht nur mit den Pilzen, sondern über die Netzwerke der Pilze, das sogenannte Mycel, auch miteinander verbunden. »Wood Wide Web«, titelte damals die wissenschaftliche Zeitschrift *Nature,* das »Internet des Waldes«. Diese Vorstellung einer kooperativen, sich womöglich[8] gegenseitig unterstützenden Pflanzengesellschaft, die über ein Leitungsnetz aus Pilzen verbunden ist, wurde schnell populär.[9] Die Messmethode war jedoch nicht sehr präzise. Sie konnte zwar zeigen, dass Nährstoffe zwischen den Bäumen verschoben wurden, doch die genauen Transaktionen, die sich zwischen Pilzen und Wurzelspitzen abspielten, blieben buchstäblich im Dunkeln.

Ungefähr zur gleichen Zeit fand die Evolutionsbiologin Toby Kiers an der Freien Universität Amsterdam einen neuen und damals sehr ungewöhnlichen Weg, die Vorgänge in den feinen Pilzfäden direkt zu beobachten. Zusammen mit dem Chemiker Matthew Whiteside gelang es ihr in Laborversuchen, die Nährstoffe in den Hyphen mit fluoreszierenden Nanopartikeln zu markieren und so den Austausch zwischen Pilzen und Pflanzen sichtbar zu machen.[10] Was sie mit dieser neuen Methode herausfanden, kam für alle unerwartet und rückte die Beziehungen zwischen Pilzen und Pflanzen in ein neues Licht.

Bis zu diesem Zeitpunkt hatte man angenommen, dass die Nährstoffe sich in den Pilzfäden mehr oder weniger passiv entlang von chemischen Gradienten bewegten. Die hochauflösenden Videos, die Kiers und ihr Team nun von den Nährstoffströmen machen können, zeigen jedoch, dass die Pilze die farbig markierten Nährstoffe nicht nur aktiv und gezielt bewegen, sondern auch überraschend dynamisch. Sie können die Strömungsrichtung umkehren und sogar gegenläufige Ströme erzeugen, alles in derselben hauchdünnen Hyphe.[11] Wie die Pilze dieses komplexe Strömungssystem antreiben, ist noch unklar. Druck ist eine Komponente, doch Kiers und ihre Kollegen vermuten, dass die Pilze noch andere Mechanismen einsetzen. Welche das sein könnten, darüber kann die Wissenschaftlerin jedoch trotz aller Fortschritte bisher nur spekulieren. »Wir haben hier eine der am weitesten verbreiteten aller Lebensgemeinschaften«, sagt sie dazu halb lachend und halb frustriert in einem Podcast-Interview, »und wir haben keine Ahnung, wie die Nährstoffe sich bewegen!«[12]

Die Experimente zeigen auch, dass die Pilze dieses System nicht nur steuern können, sondern dabei auch durchaus strategisch vorgehen. So konnten Kiers und ihr Team zum Beispiel beobachten, wie ein Pilz, der mit einer Pflanzenwurzel verbunden war, Phosphor von der einen Seite seiner Petrischale, wo der Nährstoff reichlich vorlag, auf die andere Seite der Schale verlagerte, wo der Phosphor knapper war. Daraufhin wuchs der Pilz auf der ehemals »knappen« Seite schneller. Möglicherweise, so vermuten Kiers und ihr Team, weil er dort von der Pflanze mehr Kohlenstoffverbindungen bekam. Der Austausch war in diesem Fall also umso intensiver, je knapper der Nährstoff war.[13] Wie die Pilze, die ja kein Gehirn haben, diese Ressourcenzuteilung regeln, ist eine der vielen neuen Forschungsfragen, die sich aus diesen Beobachtungen ergeben. Die Vorstellung, dass die Pilze nur passive Leitungsbahnen zwischen den Pflanzen sind, ist jedoch nach diesen Beobachtungen überholt. Die Mykorrhiza ist eine gleichberechtigte Partnerschaft, von der alle Beteiligten profitieren, in der sie aber durchaus auch ihre eigenen Interessen verfolgen.

Doch Pilze tragen noch weitaus mehr zum Nährstoffhaushalt der Erde bei, als nur Elemente im Boden neu zu verteilen. Mit ihren vielseitigen Talenten sorgen sie auch dafür, dass bestimmte Nährstoffe überhaupt ausreichend im Boden vorliegen. Auch hierfür tun sie sich mit einem oder mehreren photosynthesetreibenden Partnern zusammen – in einer der bekanntesten und wahrscheinlich am meisten unterschätzten Symbiosen der Welt: den Flechten. Während sich in der Mykorrhiza-Lebensgemeinschaft Pilze mit Pflanzenwurzeln verbinden, sind Flechten eine Partnerschaft aus Pilzen und mikroskopisch kleinen Algen oder auch Bakterien. Oft mischen sich auch alle drei in einem winzigen, innig verknüpften Ökosystem. Anders als die Mykorrhiza, in der die Partner auch ohne einander ihre Identität behalten, also Wurzel Wurzel bleibt und Pilz Pilz, bilden die Organismen in den Flechten gemeinsam ein neues Wesen mit neuen, ihm eigenen Eigenschaften, das an Stellen überleben kann, an denen keiner der Partner alleine lebensfähig wäre.[14] Etwa auf nacktem Fels.

Felsen sind, je nach Gesteinsart, wichtige Nährstoffdepots im Erdsystem. Vor allem Phosphor und Kalium, aber auch Eisen, Kalzium oder Magnesium liegen hier fest, oft über Millionen Jahre, bis Wind und Wetter die wertvollen Stoffe langsam wieder herausarbeiten. So lange muss das Leben warten. Nur die Flechten nicht. Denn Flechten fressen Steine. Wie die Mykorrhiza-Pilze im Boden haben auch sie lange Hyphen, mit denen sie in jeden Riss, in jeden noch so feinen Spalt im Gestein dringen können, oft mehrere Millimeter tief.[15] Mit scharfen Säuren lösen sie den starren Stein und verleiben sich die Nährstoffe ein. Phosphor ist der wichtigste. Wenn sie hiervon auf eine Ader stoßen, etwa aus Apatit, dann spüren sie ihr nach, so weit die Hyphen tragen. Wie am Gipfel des Storeknuten in

Norwegen, an der scharfen Kante zwischen kahlem Mondgestein und wucherndem Gewächs, wo diese winzigen Minenarbeiter schon seit Jahrhunderten Rohstoffe abbauen und wieder einspeisen in die Kreisläufe des Lebens.

Flechten wirken klein und häufig unscheinbar, doch auf etwa acht Prozent der Erdoberfläche sind sie die dominante Form des Lebens.[16] Mal als geduckte Krusten in Gelbgrün, Orange oder Grau, mal als lose, moosartige Teppiche siedeln sie praktisch überall. Nicht nur auf Felsen, sondern auch auf Bäumen, im Regenwald wie im Schwarzwald, gelegentlich auch auf Schildkrötenpanzern, Rüsselkäferrücken oder Gummidichtungen. Sie gedeihen in den Wäldern der Taiga ebenso wie in den Trockentälern der Antarktis, in Wüsten und Gebirgen und auch auf Beton und Asphalt. Weltweit sind sie wichtige Treiber der Verwitterung. Wo sie leben und sterben, bildet sich allmählich ein feiner Staub, teils mineralisch, teils organisch – der erste Ansatz von Boden. In ihm können andere Wurzeln schlagen.

Die Nährstoffversorgung des Bodenlebens, und damit von uns allen, denn fast alle Nahrung beginnt im Boden, hängt also entscheidend von einigen uralten Kooperationen ab, von Mykorrhizen und Flechten, und für die Versorgung mit Stickstoff auch von der Symbiose zwischen Hülsenfrüchtlern und Knöllchenbakterien. Diese Pilze und Bakterien bilden zusammen mit den Pflanzen und ihren Wurzeln und den zahllosen anderen Bodenorganismen eines der komplexesten Nahrungsnetze auf dem Planeten. Und auch eines der effizientesten Recyclingsysteme.

Weil die Nährstoffe so kostbar sind, hat sich im Laufe der Evolution für jeden Abfall ein neuer Nutzer gefunden. Darum gibt es im Boden keinen Müll, sondern nur Nahrung. Was abstirbt oder verendet, was ausgeschieden wird oder verloren geht – alles ist Rohstoff für andere. Pflanzen bekommen ihre Nährstoffe von Pilzen. Wenn sie sterben, werden sie von anderen Pilzen, aber auch von Tieren wie Regenwürmern und Springschwänzen und von Bakterien und anderen Einzellern verzehrt und zersetzt und ihre Nährstoffe neu genutzt. Der Phosphor aus den Felsen wird im Schnitt etwa fünfzigmal wiederverwendet, bevor er dem Bodensystem irgendwann mit dem Wasser in einem See oder im Meer abhandenkommt und dort abermals in zahlreichen Schleifen verbaut wird.[17]

Wie sehr die enorme Produktivität, zu der Landökosysteme heute fähig sind, von diesem internen Nährstoffrecycling abhängig ist, zeigt sich eindrucksvoll an einer Berechnung zum Phosphor, der in diesen Systemen oft der limitierende Faktor ist. Wären so reiche Ökosysteme wie Steppen, Wiesen oder Wälder allein auf den »frischen« Phosphor angewiesen, den Wind und Wetter zusammen mit Flechten und Mykorrhizen in Bewegung setzen können, dann würden sie gerade einmal zwei Prozent der Biomasse produzieren, die sie jetzt erzeugen.[18] Das bedeutet nicht nur wesentlich weniger Leben über der Erde, sondern auch im Boden, außerdem weniger Kohlendioxid, das aus der Atmosphäre gebunden wird, und weniger Humus im Boden, der Wasser halten kann – nur einige der weitreichenden Folgen, die eine solche reduzierte Produktivität nach sich ziehen würde. Recycling ist also eine der Kernfunktionen, die das Erdsystem am Laufen halten.

Dieses Recycling geschieht auf zwei Ebenen, sozusagen, oder in zwei unterschiedlichen Zeitskalen. Das eine sind die großen geologischen Zyklen. Phosphor und Kalium werden aus dem Gestein gelöst, gelangen in die Biosphäre, werden dort verarbeitet und in Richtung Seen und Ozeane transportiert, wo sie absinken (Phosphor) oder auskristallisieren (Kalium) und langsam wieder zu Gestein werden, das sich, über geologische Zeiträume hinweg, allmählich oder plötzlich wieder aus der Tiefe hebt.

Das große Stickstoffreservoir des Planeten liegt nicht im Stein, sondern in der Luft, und der Stickstoffkreislauf wird durch biologische Prozesse kontrolliert. Stickstoff wird von Cyanobakterien im Wasser und von Rhizobien und einigen frei lebenden Bakterien im Boden aus der Atmosphäre gezogen und damit für das Leben verfügbar gemacht und in vielen verschiedenen Formen genutzt. Im Zuge der sogenannten Denitrifikation wandeln schließlich einige Bakterien den Stickstoff für ihre Energiegewinnung wieder in stabilen Luftstickstoff (N_2) um. So weit die großen Kreise.

Die kleinen Kreise sind die zahllosen Transformationen, die die Nährstoffe in den Ökosystemen durchlaufen, im Boden wie im Ozean, im Moor und auf der Heide, im Pansen der Wiederkäuer und in unserem eigenen Mikrobiom, überall, wo sich für die kursierenden Nährstoffe immer neue Abnehmer finden. Diese Umwandlungen geschehen schnell, manchmal in Sekunden, manchmal in einigen Tagen, Wochen oder Monaten. Diese kleinen Kreise, die uns buchstäblich den Boden bereiten, gilt es zu erhalten. Eine Welt ohne Müll, in der der Abfall der einen stets der Rohstoff der anderen ist.

Dünger für alle

Eine Welt ohne Müll – das klingt so einfach. Es hat jedoch zig Millionen Jahre gedauert, bis die Evolution an diesen Punkt gekommen ist. Zeit, die wir in den menschlichen Nährstoffsystemen nicht haben. Doch Frank Mnthambala in Malawi ist überzeugt: Wenn man das Prinzip einmal verstanden hat, kann es auch schneller gehen. Für seine Doktorarbeit ist der Bodenkundler darum monatelang über Land gefahren auf der Suche nach ebensolchen Ressourcen – Nährstoffquellen, die im Moment noch Abfall sind. Dabei ist er weit herumgekommen. Hühnerfarmen und Schlachthöfe, Kläranlagen und Müllhalden, öffentliche Latrinen, private Plumpsklos. »Eine geruchsintensive Erfahrung«, lacht er. Wir haben inzwischen den Kompostkurs verlassen und sind unterwegs in seinem roten Kleinwagen, den er »Little Lion« nennt, kleiner Löwe, weil der Motor mächtig anfängt zu brüllen, sobald es etwas steiler bergauf geht. Im Osten von Blantyre, nicht weit vom Betriebshof der malawischen Eisenbahn, biegen wir von der Ausfallstraße ab und erreichen Chambo Fisheries, eine der größten Fischfarmen im Land.

Chambo ist eine heimische Tilapia-Art und ein wichtiger Speisefisch in Malawi. 186 Tage dauert es vom Ei bis zum verkaufsfertigen Fisch, ein gutes halbes Jahr. Sobald die Jungfische groß genug sind, kommen sie in belüftete Strömungsbecken aus Beton, in denen sie bis zur Verkaufsreife gemästet werden. Tausende von Fischen, tonnenweise Futter, Monat für Monat. Das Fischfutter wird in Säcken geliefert und dann in einer großen Halle angemischt, präzise abgestimmt auf Alter und Bedarf der Fische. Phosphor ist einer der wichtigsten Nährstoffe darin. Doch wie in anderen Tierhaltungen bleiben auch hier die meisten Nährstoffe nicht in den Tieren, sondern werden ausgeschieden. Frank Mnthambala interessiert sich daher vor allem für die Abwässer. »So viele schöne Nährstoffe«, schwärmt er beim Blick in die sprudelnden Becken. »Daraus muss sich doch etwas machen lassen!«

In einer sogenannten Stoffstromanalyse hat er die Phosphorströme im gesamten malawischen Wirtschaftssystem nachverfolgt. Wie viel geht rein, wie viel raus? Was bleibt wo? Die Daten hat er grafisch in einem Fließdiagramm abgebildet – ein kaum zu durchdringendes Gefüge aus Pfeilen und Boxen, das eindrucksvoll die Komplexität des malawischen Phosphorhaushalts aufzeigt. Importe, Exporte, Kleinbauern, Großbetriebe, Erntereste, Kunstdünger, Fischzuchten, Kläranlagen, Abfälle im Großmarkt, Abfälle von Schlachthöfen, Müllhalden. Die Liste ist lang. Für mich sieht die Grafik aus wie der Schaltplan für einen gigantischen Verdauungsapparat. Was in gewisser Weise ja auch stimmt. Für Frank Mnthambala jedoch ist sie eine Schatzkarte. Denn seine Analyse zeigt: Pro Jahr produziert Malawi etwa 35 000 Tonnen organischen Phosphor, der sich recyceln ließe. Das ist mehr als das Doppelte dessen, was das Land derzeit an mineralischem Phosphatdünger verbraucht.[19] »Wir haben hier also ein riesiges Potenzial«, sagt Mnthambala. »Aber bisher wird es kaum genutzt.«

»Bisher setzt Malawi vor allem auf Mineraldünger«, erklärt er, als wir wieder ins Auto steigen. Doch die Versorgung mit den industriellen Kunstdüngern stellt das kleine Land vor große Herausforderungen. Wie die meisten afrikanischen Länder südlich der Sahara muss auch Malawi einen Großteil seiner Mineraldünger importieren, meist aus Übersee. Doch als Binnenstaat zwischen den großen Nachbarn Tansania, Sambia und Mosambik hat Malawi keinen eigenen Hafen. Und seine übrige Transportinfrastruktur ist kaum entwickelt. Entsprechend hoch sind die Frachtkosten und damit auch die Düngerpreise.

Phosphatdünger zum Beispiel kostet in Malawi doppelt so viel wie in Europa, oft auch noch mehr. Für viele der Kleinbäuerinnen und -bauern ist das unbezahlbar. Die malawische Regierung betreibt daher seit etwa 2005 ein aufwendiges Subventionsprogramm. Doch längst nicht alle Bäuerinnen und Bauern werden durch die staatliche Förderung erreicht. Und nach der COVID-19-Pandemie und dem russischen Angriffskrieg in der Ukraine sind die Preise auf dem Weltmarkt so stark gestiegen, dass selbst die subventionierten Dünger für viele Menschen in Malawi unerschwinglich geworden sind.

Wir erreichen das Städtchen Bvumbwe südlich von Blantyre. Am Straßenrand verkaufen Frauen Maniokknollen und Hühner. Gegenüber betreibt Patricia Sambani einen kleinen Laden für Landwirtschaftsbedarf. Hinter der leuchtend grün und gelb gestrichenen Fassade lagern Säcke mit Dünger und Kalk, Kisten mit Seife, Mundwasser, Kerzen, Speiseöl. Im Licht, das durch die Tür fällt, führt Frau Sambani die Bücher. Eine Mitarbeiterin zählt Scheine in die Kasse. Eine Kundin trägt einen Sack Mehl auf dem Kopf nach Hause. Draußen laden zwei Männer drei Säcke mit Stickstoffdünger auf ein Motorrad. Es hat angefangen zu regnen. Sorgfältig verschnüren sie die wertvolle Fracht unter einer Plane. »Für die Bauern hier bedeutet jeder Sack Dünger, den sie kaufen, eine Risikoabwägung«, erklärt Frank Mnthambala. Er stammt selbst aus einer einfachen Bauernfamilie und weiß, wie knapp das Bargeld in vielen Haushalten ist. »Wenn ich als Bauer jetzt mein Geld für Dünger ausgebe, dann ist es erst einmal weg. Der Nutzen des Düngers macht sich aber erst in ein paar Monaten bemerkbar. Und er ist nicht garantiert. Denn zwischen Aussaat und Ernte kann ja eine Menge passieren. Wetter, Schädlinge, Krankheiten … Wenn du nicht viel hast, dann ist also die Wahl zwischen ›sicherem Bargeld jetzt‹ und ›*vielleicht* einem höheren Ertrag später‹ eine ziemlich riskante Wette.« Dazu kommt, erklärt er weiter, dass die eigenen Vorräte bei vielen Selbstversorgern nur bis August oder September reichen. Den Rest der Zeit bis zur nächsten Ernte im April müssen sie sich mit anderen Tätigkeiten über Wasser halten. Jede zusätzliche Investition ist darum Geld, das ihnen in dieser Zeit fehlt, um sich und ihre Familien zu ernähren.

Im Moment ist davon noch nichts zu sehen. Es ist das Ende der Regenzeit. Überall im Land stehen die Gärten und Felder voll mit Mais und Hirse, Straucherbsen, Augenbohnen, Maniok. Auf den Märkten stapeln sich Kohlköpfe, Gurken, Tomaten, gewonnen aus den kargen malawischen Böden durch die harte Arbeit und den Sachverstand unzähliger Kleinbäuerinnen und -bauern. Doch harte Arbeit und Sachkunde reichen nicht. Trotz aller Bemühungen bleiben die landwirtschaftlichen Erträge in Malawi seit Jahren weit hinter dem zurück, was unter idealen Anbaubedingungen auf den malawischen Böden möglich wäre.[20]

»Mit Maßnahmen wie Bewässerung, dem Anbau ertragreicherer Pflanzensorten oder dem Einsatz moderner Maschinen ließe sich diese Ertragslücke ein gutes Stück verkleinern«, sagt Frank Mnthambala. »Doch was vor allem fehlt, ist Dünger. Am besten eine Kombination aus organischen und mineralischen Düngern. Kompost, Mist und andere organische Dünger haben viele Vorteile für uns. Sie liefern nicht nur Nährstoffe, sie verbessern auch den Boden. Damit können wir langfristig unseren Düngerbedarf sogar reduzieren. Außerdem können wir sie selbst gewinnen und müssen sie nicht importieren. Aber organische Dünger allein werden einfach nicht reichen, die Erträge so zu steigern, dass wir alle Menschen satt bekommen. Dazu brauchen wir auch Mineraldünger.«

Dass Länder wie Malawi ihre Landwirtschaft intensivieren wollen, um die Versorgung ihrer Bevölkerung zu sichern, ist nachvollziehbar und auch gerecht. Doch wie verträgt sich der dafür notwendige zusätzliche Düngereinsatz mit den Planetaren Grenzen? Die Antwort mag etwas überraschen, denn sie lautet: gut.

Um innerhalb der Planetaren Grenzen zu bleiben, müssen Stickstoff- und Phosphordünger effizienter eingesetzt werden. Und das kann – global gesehen – bedeuten, dass einige Regionen *mehr* Dünger einsetzen sollten als bisher, zum Beispiel in den afrikanischen Ländern südlich der Sahara. Denn hier hat jeder zusätzliche Sack Dünger eine wesentlich größere Wirkung auf die Erträge als in den satten und übersatten Böden des globalen Nordens.[21] Die malawischen Bäuerinnen und Bauern erzielen also mit kleinerem Düngereinsatz eine größere Wirkung, in einer Region, in der die zusätzlichen Erträge dringend gebraucht werden. Auch können ihre Pflanzen die Nährstoffe in den mageren Böden effizienter nutzen, sodass weniger ausgewaschen und die Gewässer weniger belastet werden.

Einen Teil dieser regionalen Unterschiede hat das Forschungsteam, das die Planetaren Grenzen berechnet, inzwischen schon in seine Modelle integriert. Für Phosphor unterscheidet es nun zwischen einer globalen Obergrenze und regionalen Grenzen für Gebiete mit besonders phosphorarmen Böden.[22] Weitere Studien legen eine ähnliche Unterscheidung auch für Stickstoff nahe.[23]

Vor dem Düngerladen in Bvumbwe sind die beiden Männer mit dem Motorrad inzwischen abfahrbereit. Ein dritter reicht noch ein flatterndes Huhn herüber, das unter einer Kiste gewartet hatte. Dann gibt der Fahrer Gas, und die drei Sack Dünger treten ihren Weg in Richtung Acker an.

Jeder dieser Säcke und all die anderen, die in Malawi und anderswo in Afrika aufs Feld kommen und damit global zu einer effizienten Ressourcennutzung beitragen, müssen jedoch in den Ländern des globalen Nordens eingespart werden. Und auch die Überschüsse, die die hoch industrialisierten Landwirtschaftssysteme dort verbrauchen, müssen abgebaut werden. Nur so kann die Menschheit die vielen Schäden, die Produktion und Einsatz der Dünger verursachen, eindämmen und die Planetaren Grenzen für Stickstoff und Phosphor einhalten. Doch wie soll das gehen?

Weniger fürs Meer

Unter den »Zielen für nachhaltige Entwicklung«, die sich die Vereinten Nationen bis 2030 gesetzt haben, steht das Ende des Hungers weit oben. Doch nachdem die Zahl der Hungernden weltweit zwanzig Jahre lang gesunken ist, steigt sie seit einigen Jahren wieder an. Im Jahr 2022 litten rund 735 Millionen Menschen an Hunger, 9,2 Prozent der Weltbevölkerung, also beinahe jeder Zehnte. Weitere 2,4 Milliarden Menschen haben keinen gesicherten Zugang zu nahrhaften, gesunden und erschwinglichen Lebensmitteln. Die meisten hungernden Menschen leben in Asien, den höchsten Anteil an der Gesamtbevölkerung haben sie in Afrika.[24] Die Gründe für den Hunger sind vielfältig. Ein Mangel an Lebensmitteln auf der Welt ist es jedoch nicht. Die Nahrungsmittelproduktion ist weltweit auf einem Höchststand und würde ausreichen, alle Menschen auf der Erde satt zu machen. Und doch ist der Hunger weit mehr als »nur« ein Verteilungsproblem.

Denn fast die Hälfte aller Nahrungsmittel wird derzeit unter Bedingungen produziert, die zu einem Überschreiten der Planetaren Grenzen führen und damit unser aller Lebensgrundlagen gefährden. Würde man jedoch im heutigen System die Grenzen streng befolgen, dann würde man nicht einmal die Hälfte der heutigen Weltbevölkerung satt bekommen. Ist es dann überhaupt denkbar, eine Weltbevölkerung von 10 Milliarden Menschen, wie sie für die zweite Hälfte des Jahrhunderts prognostiziert wird, innerhalb der Planetaren Grenzen zu ernähren? Im Prinzip ja, ist das Ergebnis einer Studie, in der ein

Team des Potsdamer Instituts für Klimafolgenforschung und weiterer Institute anhand von Computermodellen verschiedene Zukunftsszenarien untersucht hat.[25] Allerdings nur, betonen die Wissenschaftlerinnen und Wissenschaftler, wenn man das Ernährungssystem umbaut. Und zwar grundlegend.

In ihrer Studie stellen die Forschenden fest, dass das Einhalten der Grenzen in einigen Weltregionen wahrscheinlich zu Ertragsverlusten führen würde. Ihren Berechnungen zufolge könnten diese jedoch durch einen nachhaltigen Einsatz von Ressourcen an anderen Stellen mehr als ausgeglichen werden. Die entsprechenden Anpassungen würden jedoch einen massiven Eingriff in die bestehenden Systeme bedeuten, erklärt das Team. So müsste zum Beispiel die Bewässerung von Anbauflächen weltweit effizienter und oft auch anders verteilt werden. Einige Regionen entziehen ihren Flüssen zu viel Wasser und müssten ihre bewässerten Flächen reduzieren, während andere, etwa in Teilen Afrikas südlich der Sahara, die Bewässerung ausweiten müssten. Die Computermodelle zeigen auch, dass eine großräumige Umverteilung und zum Teil auch die Aufgabe landwirtschaftlicher Nutzflächen zum Beispiel in einigen Regionen Asiens notwendig wären, um eine wachsende Weltbevölkerung innerhalb der Planetaren Grenzen zu ernähren. Zudem müssten die meisten Menschen ihre Ernährungsgewohnheiten grundlegend ändern. Ein entscheidender Faktor ist der Studie zufolge außerdem die Reduktion des Düngemittelverbrauchs, denn der Düngereinsatz hat insbesondere in Europa und in den USA, aber auch in Indien und China einen wesentlichen Anteil am Überschreiten der Planetaren Grenzen für die Nahrungsmittelproduktion.[26] In diesen hochproduktiven Regionen werden bis zu satten 70 Prozent aller Kalorien auf eine Art erzeugt, die die Planetaren Grenzen sprengt. Hier liegt also auch das größte Potenzial, um den Düngemittelverbrauch global wieder in den sicheren Bereich zu bringen.

An Versuchen, nachhaltiger mit den Nährstoffen zu wirtschaften und die Gewässer weniger zu belasten, herrschte in den vergangenen Jahrzehnten kein Mangel. Einige waren durchaus erfolgreich, etwa das bereits erwähnte Verbot von Phosphat in Haushaltswaschmitteln in den 1980er-Jahren oder die Ausstattung vieler Kläranlagen mit einer dritten oder auch vierten Reinigungsstufe. Doch diese Maßnahmen bezogen sich überwiegend auf Nährstoffeinträge aus relativ leicht zu kontrollierenden Punktquellen oder wie im Fall der Waschmittel auf Produkte, in denen Phosphorverbindungen vergleichsweise einfach durch andere Chemikalien ersetzt werden können.

In der Landwirtschaft jedoch können Stickstoff, Phosphor und Kali nicht durch andere Stoffe ersetzt werden. Und die Wege, auf denen sie in Gewässer und andere Ökosysteme gelangen, sind diffus und oft nicht direkt zu kontrollieren. Ein nachhaltiges Nährstoffmanagement muss daher das ganze Ernährungssystem umfassen, also nicht nur jede Stufe der Wertschöpfungskette vom Acker bis auf den Teller, sondern auch den Weg, den die Nährstoffe nach dem Verzehr nehmen, zum Beispiel über die menschlichen Exkremente ins Abwasser. Nicht nur *farm to fork* also, sondern *farm to fork – and beyond.*

Eine komplexe Aufgabe. Doch nicht unlösbar. Da das Problem seit Langem bekannt ist, gibt es zu vielen Teilaspekten nicht nur gut belegte wissenschaftliche Ergebnisse, sondern auch diverse erprobte Praktiken, von denen wir wissen, dass sie sich dazu eignen, die Nährstoffbelastung zu reduzieren. Weil das System so komplex ist, gibt es zwar nicht die eine Methode, die alle Probleme löst. Im klugen Zusammenspiel jedoch können die unterschiedlichen Maßnahmen große Wirkung erzielen. Was also ist zu tun?

Mehr Effizienz

Generell gilt es, effizienter mit Stickstoff, Phosphor und Kali umzugehen. Das beginnt auf dem Acker, bei dem, was im Amtsdeutsch häufig die »landwirtschaftliche Urproduktion« heißt. Die Pflanzen auf dem Acker nutzen im weltweiten Durchschnitt weniger als die Hälfte der ausgebrachten Düngemittel. Das heißt, die andere Hälfte trägt nichts zum Ertrag bei, belastet aber später die Umwelt. Hier ließe sich also eine Menge Dünger einsparen, ohne die Erntemengen zu beeinträchtigen.

Viele Landwirtinnen und Landwirte bemühen sich schon heute, ihren Düngereinsatz zu reduzieren, schon allein um Kosten zu sparen. Mit verschiedenen Methoden achten sie darauf, dass die Pflanzen nur so viele Nährstoffe bekommen, wie sie brauchen, und möglichst genau dann, wenn sie sie brauchen. Dazu nehmen die Bauern zum Beispiel regelmäßig Bodenproben und setzen dann entsprechend dem Bodenzustand genau abgestimmte Düngermischungen ein. Immer häufiger nutzen sie auch Technologien der sogenannten Präzisionslandwirtschaft, bei der computergesteuerte Sensoren auf dem Traktor oder Drohnen mit Spezialkameras Daten über die Bodenbeschaffenheit und den Zustand der Pflanzen sammeln und direkt an den Düngerstreuer übermitteln, der dann automatisch die Dosierung anpasst. Solche Systeme sind vor allem für große Betriebe geeignet, Kleinbetriebe und Tierhaltungen mit Weidebetrieb können von diesen Methoden bisher nur wenig profitieren. Doch wo die entsprechende Technik eingesetzt werden kann, bringt sie merkliche Einsparungen beim Düngemittelverbrauch.[27]

Ein anderer Weg zu mehr Effizienz beim Düngen führt über die Pflanzen selbst. Wenn man sie bewegen könnte, mehr von den ausgebrachten Nährstoffen zu verarbeiten, käme man nicht nur mit deutlich weniger Dünger aus, es würden auch weniger Nährstoffe im Boden verbleiben, die irgendwann in die Gewässer gespült werden. Die Züchtung solcher Pflanzen ist jedoch nicht einfach, weil auch Pflanzen komplexe Systeme sind und ihre Eigenschaften oft miteinander verkoppelt. Züchtet man also beispielsweise Pflanzen mit einem kräftigeren Wurzelsystem, dann kann es passieren, dass die Pflanze dafür bei den Erträgen »spart«. Es gibt jedoch Beispiele, bei denen es mit klassischen Züchtungsmethoden gelungen ist, genetische Eigenschaften zum Beispiel aus alten Nutzpflanzensorten, sogenannten Landrassen, in moderne Hochleistungssorten einzukreuzen.

In anderen Versuchen wurden Gene von Bakterien in Nutzpflanzen übertragen, die zum Beispiel dafür sorgten, dass die Pflanzen Phosphor nun auch in Form von Phosphit aufnehmen können, eine Fähigkeit, die sonst nur Bakterien haben, Pflanzen aber nicht. Auch von den neuen Methoden der Genom-Editierung wie CRISPR/Cas9 und anderen versprechen sich die Pflanzenzüchter viel, wenn es um eine effizientere Nährstoffnutzung geht. Allerdings sind diese gentechnischen Methoden in Teilen der Bevölkerung umstritten, sodass sich erst noch zeigen muss, ob sie tatsächlich irgendwann einen Beitrag zu mehr Nährstoffeffizienz leisten werden oder ob die Gesellschaft die Risiken anders bewertet und lieber auf diese Möglichkeit verzichtet.[28]

Auch durch ihre Düngepraxis auf dem Feld können Landwirtinnen und Landwirte beeinflussen, wie viele ihrer Nährstoffgaben ungenutzt in Gewässer und die Atmosphäre gelangen. Idealerweise wirtschaften sie so, dass die Nährstoffe möglichst lange in der Landschaft gehalten werden. Dazu können sie zum Beispiel Düngerformen nutzen, die langsamer löslich sind und damit über einen längeren Zeitraum wirken, ähnlich wie man das auch von Depotpräparaten in der Medizin kennt. Sogenannte »stabilisierte Stickstoffdünger« hemmen außerdem den Stickstoffab- und -umbau durch Mikroorganismen im Boden und können so Verluste in die Atmosphäre reduzieren.[29] Schon beim Ausbringen können Landwirtinnen und Landwirte den Dünger mit Gülleinjektoren oder anderer Landtechnik in den Boden einarbeiten und damit vor allem die Stickstoffemissionen in die Atmosphäre senken.

Als diejenigen, die die Struktur der Landschaft maßgeblich mitgestalten, entscheiden sie auch durch ihre Anbaumethoden, wie schnell die Nährstoffe sich ungenutzt vom Acker machen können. Phosphor zum Beispiel bindet sich häufig an Bodenpartikel, darum ist es wichtig, deren Transport durch Erosion oder Auswaschung möglichst zu unterbinden oder zumindest abzubremsen.[30] Dabei kann die sogenannte Direktsaat helfen, eine Methode, bei der der Boden nicht oder nur selten umgepflügt wird und die neue Saat direkt nach der Ernte der Vorkultur in schmalen Schlitzen in den ansonsten unbearbeiteten Acker gebracht wird. Auch andere Maßnahmen zum Erosionsschutz wie etwa das Mulchen, der Anbau von Zwischenfrüchten oder eine Bewirtschaftung quer zum Hang sorgen dafür, dass die Nährstoffe länger in der Landschaft bleiben. Düngerfreie Pufferstreifen in den Uferbereichen von Seen und Bächen können ebenfalls helfen, die Nährstoffeinträge in die Gewässer zu reduzieren, ebenso wie der Erhalt von Mooren und Feuchtgebieten oder auch sogenannte Ackersenken, unbestellte Feldflächen, in denen sich Nährstoffe absetzen können. Auch Hecken und Mischkulturen wie etwa als Agroforstwirtschaft, bei der Baumbestände in die Ackerfläche integriert werden, bremsen die Erosion und damit den Strom der Nährstoffe in die Gewässer.

Doch bei allen Gestaltungsmöglichkeiten, die sie haben – alleine können Landwirtinnen und Landwirte die Überschüsse an Stickstoff, Phosphor und Kali, die das derzeitige Ernährungssystem in Umlauf bringt, nicht abbauen. Das kann nur gelingen, wenn auch der Rest der Gesellschaft seinen Teil beiträgt. Also auch Sie und ich.

Zum Beispiel, indem wir weniger Lebensmittel verschwenden. Das klingt zunächst vielleicht etwas belanglos, doch wenn man sich das Ausmaß der Lebensmittelvernichtung klarmacht, die sich die Menschheit weltweit Jahr für Jahr leistet, dann erkennt man schnell, dass an dieser Stelle einiges an Einsparung zu schaffen ist. 1,05 Milliarden Tonnen, fast ein Fünftel aller Lebensmittel weltweit, landete im Jahr 2022 im Müll – etwa 132 Kilogramm pro Person und Jahr. Und das sind nur die Verluste, die entstehen, nachdem die Lebensmittel in den Verkauf kommen. Auf dem Weg vom Feld bis in den Handel gehen durch Ernteverluste, schlechte Lagerung, unzureichende Transportsysteme und andere Faktoren noch einmal 13 Prozent des ursprünglichen Gesamtvolumens verloren. Das sind erschütternde Zahlen, vor allem wenn man bedenkt, dass gleichzeitig über 700 Millionen Menschen auf der Erde hungern. Und auch wenn man bedenkt, dass die Nährstoffe und andere Ressourcen, die eingesetzt wurden, um diese Lebensmittel zu erzeugen, auf diese Art keinerlei Nutzen haben – aber durchaus Schaden anrichten.

Für alle, die selbst etwas zur Senkung des Düngerverbrauchs beitragen wollen, ist hier also ein guter Ansatzpunkt. Denn rund 60 Prozent der verschwendeten Lebensmittel, weit über die Hälfte also, gehen in Privathaushalten verloren. In der Gastronomie sind es 28 Prozent, im Einzelhandel 12.[31] Vielleicht ein guter Anlass, einmal einen kritischen Blick in den eigenen Kühlschrank zu werfen und möglicherweise sein Einkaufsverhalten zu ändern.

Der andere mächtige Hebel, den wir als Verbraucherinnen und Verbraucher ansetzen können, um dabei zu helfen, die Nährstofflasten in Gewässern und anderen Ökosystemen zu reduzieren, ist eine Änderung unserer Ernährungsgewohnheiten. Vor allem unseres Fleischkonsums. Sie kennen das Thema vielleicht schon aus der Debatte um die Klimaerwärmung – die Fleischproduktion ist sehr ressourcenintensiv und führt zu hohen Treibhausgasemissionen. Wenn es nur um das Klima ginge, sollte man wahrscheinlich tatsächlich überhaupt keine tierischen Produkte mehr essen. Unter Düngergesichtspunkten ist die Lage etwas komplizierter. Denn hofeigene Nutztiere sind für viele Betriebe wertvolle Düngerlieferanten. Gerade ökologisch wirtschaftende Höfe, die kaum Mineraldünger einsetzen dürfen, sind auf den Mist ihrer Tiere angewiesen, um ihre Ackerflächen mit ausreichend Nährstoffen zu versorgen. Diese Tiere, die mit hofeigenem Futter versorgt werden, tragen wesentlich dazu bei, die lokalen Nährstoffkreisläufe zu schließen.

In der konventionellen Landwirtschaft jedoch sind Ackerbau und Tierhaltung meist getrennt und die Betriebe auf das eine oder andere spezialisiert. Das heißt, die Tiere bekommen ihr Futter von außerhalb des eigenen Hofes, oft über weite Distanzen angeliefert, und ihre nährstoffreichen Exkremente müssen abtransportiert werden. Weltweit wird gut ein Drittel der

Pflanzenproduktion als Tierfutter genutzt.[32] Die Umwandlung von pflanzlichem Futter in tierische Produkte – Fleisch, Milch, Eier – ist jedoch vergleichsweise ineffizient. Nachhaltiger wäre es daher, diese Ackerflächen direkt für die menschliche Ernährung zu nutzen. Der Düngereinsatz hierfür wäre vielleicht nicht viel geringer. Aber man würde deutlich mehr Menschen satt bekommen.

Mit dem Tierfutter, Sojaschrot aus Südamerika zum Beispiel, werden außerdem große Mengen an Nährstoffen über die Kontinente verlagert, vor allem Stickstoff. Und weil Tiere ähnlich ineffizient bei der Nährstoffaufnahme sind wie Pflanzen, landet ein großer Teil davon in der Gülle. Und auch Phosphor, der häufig im Mineralfutter als Zusatzstoff verfüttert wird, wandert zu einem großen Teil direkt in die Gülle. Das macht sie einerseits als Dünger so wertvoll. Wenn aber andererseits in den großen Tierhaltungen mehr Gülle anfällt, als die umliegenden Flächen aufnehmen können, voll mit Nährstoffen aus Übersee sozusagen, dann strömen diese kostbaren Nährstoffe mehrfach ungenutzt und in Massen in die Gewässer oder steigen in die Atmosphäre.

Am Beispiel des Phosphorbedarfs kann man gut ablesen, wie groß der »Nährstoff-Fußabdruck« des weltweiten Fleischkonsums ist. Die Umweltwissenschaftlerin Genevieve Metson wies nach, dass die Produktion von Fleisch im Durchschnitt 72 Prozent des weltweiten Phosphorverbrauchs verursacht. Sie zeigte auch, dass im Zuge der Großen Beschleunigung in den Jahren von 1961 bis 2007, als auch der Verbrauch an mineralischen Phosphordüngern weltweit in die Höhe schnellte, 28 Prozent dieses Anstiegs, also mehr als ein Viertel, auf den gestiegenen Fleischkonsum zurückging.[33] Hier zeigt sich also noch einmal sehr deutlich, wie eng die Nährstoffströme um die Welt mit unserem Alltagsleben verknüpft sind. Unsere Ernährungsgewohnheiten haben einen enormen Einfluss auf die Mengen an Nährstoffen, die in der Welt zirkulieren. Durch ein Umsteigen auf eine fleischarme Ernährung ließe sich daher eine Menge Nährstoffbelastung vermeiden.

Mehr Recycling

Ein Teil der Nährstoffeinträge in die Umwelt bleibt jedoch unvermeidbar. Ohne Dünger geht es nicht. Statt ihn wie ein Einwegprodukt zu behandeln, kann man die einmal gewonnenen Nährstoffe allerdings auch mehrmals benutzen. Idealerweise gelingt es sogar, sie dauerhaft im Kreislauf zu führen und damit eine wahrhaft nachhaltige Nutzung zu schaffen.

Ein solches Recycling von Nährstoffen ist natürlich keine neue Erfindung. Das Kompostieren von Pflanzenresten und damit die Wiederverwendung ihrer Nährstoffe ist in vielen Kulturen der Welt eine uralte Technik. Auch durch das Ausbringen von Mist und Urin von Tieren werden in der Landwirtschaft seit Jahrtausenden Nährstoffe recycelt. Und auch über menschliche Exkremente werden Nährstoffe schon lange in die Nahrungsmittelproduktion zurückgeführt, zum Beispiel mit der chinesischen »Nachterde«. In Europa nutzten Ende des 19. Jahrhunderts viele der schnell wachsenden Großstädte ausgedehnte Rieselfelder an ihren Stadträndern, auf denen sie ihre nährstoffreichen Abwässer in den Boden »verrieseln« ließen. Viele dieser Flächen wurden landwirtschaftlich genutzt, bevor im frühen 20. Jahrhundert die Böden die steigenden Abwassermengen nicht mehr verarbeiten konnten und die Erträge nachließen. Und auch später noch, als die Abwässer in zentralen Kläranlagen gesammelt und aufbereitet wurden, nutzte man den bei der Aufbereitung anfallenden Klärschlamm als Dünger, zumindest solange die Schadstoffkonzentrationen dies zuließen.

Dieser Klärschlamm ist auch heute noch eine wertvolle Nährstoffquelle. In einigen ländlichen Gegenden wird er weiterhin als Dünger genutzt, meistens jedoch wird er verbrannt. Seine Asche und damit ein Großteil seiner Nährstoffe landet auf der Deponie. Dort richten sie zwar vorerst weniger Schaden an als im Meer, doch angesichts des hohen Energie- und Ressourcenverbrauchs für die Nährstoffgewinnung ist auch dies eine Form von Verschwendung. Besonders schwer wiegt der Verlust des Phosphors, weil er nicht nur unverzichtbar für die Welternährung ist, sondern auch weltweit nur begrenzt verfügbar.

In Deutschland jedoch wird sich der Umgang mit Klärschlamm in den nächsten Jahren grundlegend ändern. Die neue Klärschlammverordnung aus dem Jahr 2017 verlangt, dass spätestens im Jahr 2032 die meisten kommunalen Kläranlagen den Phosphor aus ihren Klärschlämmen zurückgewinnen und recyceln müssen.[34]

Die vorgesehene Übergangszeit von fünfzehn Jahren zwischen Gesetzerlass und Umsetzung mag auf den ersten Blick sehr lang erscheinen. Doch zu dem Zeitpunkt, als das Gesetz in Kraft trat, existierten die notwendigen Technologien für eine wirtschaftliche Phosphorrückgewinnung gerade einmal im Labormaßstab oder als kleine Pilotanlagen, einige auch nur auf dem Papier. In diversen Forschungs- und Förderprogrammen auf Bundes- und EU-Ebene werden seitdem verschiedene Verfahren getestet und zur Marktreife weiterentwickelt. Parallel müssen angrenzende Gesetze angepasst werden, wie zum Beispiel die Düngemittelverordnung, die bisher Anforderungen an die Recycling-Dünger stellt, die die Nutzung von Klärschlamm als Ausgangsstoff praktisch unmöglich machen. Und auch Planung und Bau der Anlagen brauchen Vorlauf. Klärwerke sind langfristige Investitionen. So gesehen sind fünfzehn Jahre geradezu rasant.

Etwa 50 000 Tonnen Phosphor im Jahr könnte man nach Berechnungen des Umweltbundesamtes in Deutschland aus dem Klärschlamm zurückholen und damit etwa 40 Prozent des heute eingesetzten mineralischen Phosphordüngers ersetzen.[35] In der Praxis, so schätzen Expertinnen und Experten, werden es eher um die 20 Prozent sein.[36] Das wäre dann immer noch ein Fünftel des deutschen Phosphorbedarfs, das nicht in Minen abgebaut und über lange Strecken transportiert werden muss, mit all den negativen Umweltwirkungen, die damit verbunden sind.

Kritiker der neuen Recyclingvorgaben weisen allerdings darauf hin, dass einige der Rückgewinnungsverfahren ebenfalls sehr energieaufwendig sind, vor allem wenn man Transportwege und die Herstellung der notwendigen Chemikalien mitberücksichtigt. Als Nachteil sehen sie auch, dass mit Phosphor nur ein einzelner Nährstoff zurückgewonnen wird, obwohl im Klärschlamm auch reichlich Stickstoff und andere Wertstoffe enthalten sind.

Langfristig wäre es daher unter Nachhaltigkeitsgesichtspunkten am sinnvollsten, das Sanitärsystem insgesamt umzustellen und so die Rückgewinnung von Nährstoffen aus menschlichen Ausscheidungen effizienter und technisch einfacher zu machen. Die meisten Abwassersysteme zum Beispiel sind heute als Mischsysteme angelegt, das heißt, sie leiten nicht nur Schmutzwasser aus Haushalten und öffentlichen Einrichtungen ab, sondern auch Niederschlagswasser, das vor allem in den Städten oft mit Schadstoffen aus dem Straßenverkehr und aus anderen Quellen belastet ist. So entsteht ein Stoffgemisch, das zum Recycling mühsam wieder auseinandersortiert werden muss. Dieser Aufwand wäre wesentlich geringer, wenn man die Abwässer von vorneherein getrennt ableiten würde. Oder man geht sogar noch einen Schritt weiter, vom Wasserklosett zur Trockentoilette. Aus diesen lassen sich die Nährstoffe in den menschlichen Fäkalien am einfachsten zurückgewinnen.

Die meisten Industrienationen sind mit solchen Umbauten im Moment wahrscheinlich überfordert. Mit ihren gut ausgebauten Kanalisationssystemen sind sie in der Regel noch für einige Jahrzehnte auf ihr Abwassersystem festgelegt. In einigen größeren städtischen Neubauprojekten werden jedoch schon jetzt ressourcenschonendere Systeme eingeplant und gebaut. Andere Länder, in denen die sanitäre Infrastruktur noch im Aufbau ist, haben dagegen die Chance, die Stufe der Mischkanalisation einfach zu überspringen. Ähnlich wie viele Staaten kein festes Telefonnetz mehr installieren, sondern ihre Telekommunikation weitgehend über drahtlose Verbindungen betreiben, können sie direkt zu einem modernen, kreislauftauglichen Sanitär-Modell übergehen.

Es gibt also eine Vielzahl von Möglichkeiten, den Nährstoffverbrauch und die Verluste in die Umwelt einzudämmen. Dennoch gelingt es selbst einem wohlhabenden Land wie Deutschland nur mit Mühe, seinen (hohen) Verbrauch allmählich zu senken.[37] In anderen europäischen Ländern steigt der Düngemitteleinsatz derweil weiter an, und auch weltweit wird nicht weniger, sondern immer noch mehr Mineraldünger gehandelt und ausgebracht. Und das, obwohl die negativen Folgen der Nährstoffüberschüsse nicht nur schwerwiegend, sondern auch weithin bekannt sind. Auch beim Management von Stickstoff,

Phosphor und Kali zeigt sich also, dass Wissen und verfügbare Technologien allein nicht ausreichen, um notwendige Veränderungen zu bewirken. Solange sich nicht genug Menschen finden, die entsprechend handeln, geht die Verschwendung weiter. Ein gutes Nährstoffmanagement ist damit nicht nur eine wissenschaftlich-technische Aufgabe, sondern auch eine soziale und politische. Doch wie bewegt man Millionen oder gar Milliarden Menschen, ihr Verhalten zu ändern?

Eine Frage der Governance

Ohne die individuellen Entscheidungen einer jeden Landwirtin und jedes Konsumenten lässt sich eine Veränderung des Ernährungssystems nicht erreichen. Doch wenn sich nicht auch die wirtschaftlichen, rechtlichen und politischen Rahmenbedingungen anpassen, kann die oder der Einzelne wenig bewirken. Das Phosphorrecycling aus Klärschlamm zum Beispiel wird aufgrund einer politischen Entscheidung eingeführt, eine individuelle Entscheidung wäre in diesem Fall gar nicht möglich gewesen. Ob ein nachhaltiges Nährstoffmanagement gelingt oder nicht, ist daher ganz wesentlich auch eine Frage der Governance, also des Steuerungs- und Regelungssystems, das wir uns als Gesellschaft für den Umgang mit Stickstoff, Phosphor und Kali geben.

Ein Großteil dieser Steuerung erfolgt über Gesetze. Und weil das Nährstoffproblem in Europa nicht neu ist, gibt es inzwischen eine beeindruckende und für Laien nur schwer zu überblickende Menge an Gesetzen, die die Verwendung regeln und die Verschwendung abstellen sollen, etwa im Bodenschutzrecht, im Gewässerschutzrecht, im Düngerecht, im Düngemittelrecht oder auch im Kreislaufwirtschaftsrecht. Zu den bekannteren gehören die Nitratrichtlinie und die Wasserrahmenrichtlinie der EU, die unter anderem eine gute Wasserqualität sicherstellen sollen, oder auch die deutsche Düngeverordnung, in der die Anwendung von Düngemitteln geregelt wird.

Trotz dieser vielen Gesetze ist es bisher jedoch nicht gelungen, die Verschwendung von Stickstoff, Phosphor und Kali zu beenden. Eine der Ursachen sehen einige Kritiker darin, dass es sich bei den meisten um ordnungsrechtliche Vorgaben handelt, also um Gebote und Verbote, die, so die Kritik, meist viel zu detailliert und zu sehr auf einzelne Betriebe, Tätigkeiten oder Produkte ausgerichtet sind.[38] Also wie viel Dünger wann, welche Grenzwerte im Wasser und so weiter. Die komplexen Wechselwirkungen zwischen Nährstoffen und Umwelt lassen sich jedoch in solchen Gesetzen nur selten genau genug abbilden. Und im kleinteiligen Alltag der Landwirtschaft ist die Einhaltung der Vorschriften oft nur schwer zu überprüfen und durchzusetzen.[39] Darum schlagen einige Rechtswissenschaftler und Soziologinnen vor, auch den Umgang mit Stickstoff, Phosphor und Kali über ökonomische Instrumente zu regulieren, etwa über einen Emissionshandel, ähnlich wie er in Europa auch für den Klimaschutz eingeführt wurde. Dadurch würden statt kaum überprüfbarer Einzelmaßnahmen die Nährstoffmengen insgesamt gesteuert, die in Umlauf gebracht werden können.[40] Ansetzen könnte eine solche Form der Steuerung zum Beispiel bei der Primärenergieerzeugung oder auch bei der Verarbeitung und dem Handel mit tierischen Produkten. Indem man den Nährstoffeinsatz oder das unerwünschte Verhalten verteuert, so das Argument, schafft man eine Motivation, die Wirtschaftsweise insgesamt so zu ändern, dass nicht nur die Nährstoffüberschüsse zurückgehen, sondern sich mit Blick auf Klimaschutz und Artenvielfalt noch weitere positive Effekte einstellen.[41] Andere Vorschläge setzen bei der Subventionspolitik der EU an. Sie wollen die Agrarförderung neu strukturieren und damit die Landwirtschaft unter anderem dazu veranlassen, nachhaltiger mit Düngemitteln umzugehen.

Zusammen mit den diversen ackerbaulichen Praktiken und

Technologien geben die bestehenden Gesetze und mögliche neue umweltökonomische Instrumente uns ein beachtliches Besteck in die Hand, um die Nährstoffnutzung und damit auch unser Ernährungssystem einen großen Schritt in Richtung Nachhaltigkeit zu bewegen. Doch selbst wenn wir es beherzter einsetzen würden als im Moment, gehen einer wachsenden Gruppe von Rechtsgelehrten diese Veränderungen nicht weit genug. Sie entwickeln daher seit einigen Jahren eine ganz neue Art von Rechtsprechung, die das Verhältnis zwischen den Menschen und ihrer natürlichen Umwelt noch viel grundlegender wandeln könnte als nur in technologischer und ökonomischer Hinsicht. Dieser Wandel, sagen sie, sei dringend notwendig, um die langfristigen Verhaltensänderungen in der Gesellschaft zu erreichen, ohne die ein nachhaltiges Menschenleben auf dem Planeten nicht zu haben sei. Vor Kurzem ist nun in Spanien zum ersten Mal in Europa ein solches Gesetz in Kraft getreten. Seine Aufgabe: die Rettung des Mar Menor.

SOS Mar Menor

Das spanische Mar Menor ist, genau wie sein Name sagt, ein kleineres unter den Meeren. Kleiner als die Ozeane. Kleiner als das Mittelmeer, an dessen westliche Küsten es sich in einem leicht verbeulten Dreieck schmiegt. Kleiner auch als das Nordmeer oder die Beringsee. Kleiner sogar als die Ostsee, mit der es ansonsten viele der Zumutungen teilt, die ein kleines Randmeer heutzutage ertragen muss. Und doch hat das Kleinere Meer etwas, was bisher kein anderes Meer auf dem Planeten erlangt hat, und sei es noch so groß und weit. Das Mar Menor hat Recht. Es ist, im juristischen Sinn, eine Person. Das heißt, in einem Rechtsstreit kann es vor Gericht ziehen und für seine Rechte streiten. Es kann sich wehren.

Das ist kein schönes Märchen, sondern nüchterne juristische Realität. Sie wurde wahr, weil Hunderttausende Menschen das Elend des Kleineren Meeres nicht mehr mit ansehen wollten und sich daranmachten, ihm zu seinem Recht zu verhelfen.

Das Kleinere Meer ist eine Salzwasserlagune, vom größeren Meer, dem Mittelmeer, nur durch eine breite Sandbank getrennt. »Haff« würde man an der Ostsee wohl dazu sagen. Es liegt an der Costa Calida, der warmen Küste im Südosten Spaniens, in der Provinz Murcia, nicht weit von Cartagena. 13 mal 15 mal 21 Kilometer messen die Seiten seines beuligen Dreiecks. Das Meer ist wirklich klein. Sein Wasser ist flach und sehr salzig, Lebensraum für seltene Spezialisten, die sich an diese Bedingungen angepasst haben. Die Edle Steckmuschel *Pinna nobilis* zum Beispiel, eine vom Aussterben bedrohte Muschelart, die an die fünfzig Jahre alt und über einen Meter groß werden kann. Wenn man sie lässt.

Früher war das Mar Menor kristallklar, kann man von älteren Spaniern hören. Und voller Fische, würden ältere Fischer ergänzen. Doch jüngere Spanier und jüngere Fischer müssen anderes berichten. Sie kennen das Mar Menor nur mit dicken Algenmatten, die allen anderen das Licht rauben, mit immer mehr Quallen und immer weniger Seepferdchen und immer häufiger mit »sopa verde«, grüner Suppe, in der einst so klaren Lagune.[42]

Die Winter rund um das Mar Menor sind mild, die Böden in der Ebene des Campo Cartegena fruchtbar. Vorzügliche Bedingungen für die Landwirtschaft. Nur Wasser ist knapp. Um die 300 Millimeter Regen fallen im Schnitt pro Jahr, das ist weniger als die Hälfte der durchschnittlichen Niederschlagsmengen in Deutschland. Seit 1979 jedoch bringt der Tajo-Segura-Kanal, eines der größten Wasserbauprojekte in ganz Spanien, über eine Strecke von fast 300 Kilometern Wasser aus dem Norden über die Berge. Dieses Wasser hat die ganze Region um Murcia verändert. Vielen Menschen brachte es großen Wohlstand. Dem Mar Menor brachte es seine eigene Version der Großen Beschleunigung.

Seit den 1980er-Jahren hat sich die landwirtschaftliche Anbaufläche im Einzugsgebiet des Kleineren Meeres verzehnfacht, über 60 000 Hektar sind es heute. Die intensiv bewirtschafteten Gemüsefelder gehören zu den produktivsten in ganz Europa. Ein Großteil der Salate, Artischocken, Melonen, Auberginen, die hier unter riesigen Folienflächen oder im Freien heranwachsen, gehen in Supermärkte in Mittel- und Nordeuropa, auch nach Deutschland. Doch wie an der Ostsee und in zahllosen anderen Gewässern auf der Welt sickert auch hier der Stickstoff als Nitrat ins Grundwasser und gelangt schließlich ins Meer. Und auch der Phosphor bleibt nicht auf den Feldern. Der wenige Regen, der fällt, kommt meist in heftigen Güssen und spült Schlamm und Nährstoffe über die *ramblas,* schnell fließende temporäre Flüsse, direkt in das Kleinere Meer.

Früher lagen rund um das Mar Menor ausgedehnte Salzwiesen, die eine Menge der Nährstoff- und Sedimentfrachten abfangen konnten.[43] Doch parallel zur landwirtschaftlichen Expansion begann an der spanischen Mittelmeerküste auch der Tourismus zu boomen. Viele Salzwiesen wurden Bauland. Die Puffer, die die Nährstoffe hätten zurückhalten können, verschwanden. Stattdessen brachte der Massentourismus neue Nährstoffmassen mit sich. Die Abwassersysteme in der rasant wachsenden Urlaubslandschaft waren häufig überfordert. Was sie nicht klären konnten, lief in die umliegenden Meere, ins größere wie ins kleinere.

2016 wurde das Mar Menor zum ersten Mal grün. Durch die massive »Algenblüte« starb ein Großteil der Seegraswiesen ab, in denen die Seepferdchen und viele andere Meerestiere lebten. In den Monaten darauf legte sich die Trübnis, doch schon wenig später wurde klar, dass sich die Probleme nicht länger verdrängen ließen. Als das Kleinere Meer nach schweren Regenfällen im Sommer 2019 schließlich komplett kippte und die Wellen tonnenweise tote Fische an die Strände wuschen, hatten die Menschen genug. An die 60 000 gingen in Cartagena auf die Straße und protestierten: gegen die industrielle Landwirtschaft, gegen illegale Brunnen und übernutzte Wasserrechte, gegen ihre Regierung, die zu wenig unternahm, um das Meer zu schützen. »SOS Mar Menor« stand auf den Plakaten. »Als ich das gesehen habe, da wusste ich: Das ist mein Moment!« erzählt Teresa Vicente Giménez mir einige Jahre später im Interview. Sie ist Professorin für Rechtsphilosophie an der Universität Murcia und befasst sich seit ihrer Studienzeit in den 1980er-Jahren mit Umweltrecht und den Plagen des kleinen Meeres vor ihrer Haustür. »Es gibt viele Gesetze, die das Meer und andere Ökosysteme schützen sollen. Aber die Situation im Mar Menor wird trotzdem immer schlechter. Das bestehende Umweltrecht wirkt einfach nicht! Darum brauchen wir einen neuen Ansatz.«

Als die Bilder von den toten Fischen in den Nachrichten auftauchten, war Vicente Giménez gerade dabei, einen Forschungsaufenthalt an der Universität Reading in Großbritannien abzuschließen. Das Thema: die Natur als Rechtsperson. »Bisher stellt unser Rechtssystem den Menschen in den Mittelpunkt«, erklärt sie mir das Konzept. »Wir sind die Rechts-

subjekte, also diejenigen, die handeln können. Die Natur dagegen betrachten wir in unseren Gesetzen als *Objekt*, also als das, was behandelt *wird* und das unseren Zwecken zu dienen hat.« Wenn ein Ökosystem jedoch Rechtsperson wird, dann wird aus dem Objekt ein Subjekt, und plötzlich stehen Mensch und Natur vor dem Gesetz auf Augenhöhe. »Die Wissenschaft sagt uns, dass Mensch und Natur eins sind, dass wir Teil der Natur sind und ohne sie nicht leben können. Darum brauchen wir neue Gesetze, die dieses gleichberechtigte Verhältnis abbilden und die Interessen der Natur schützen. Und zwar um ihrer selbst willen, nicht nur zu unserem menschlichen Nutzen.«

Außerhalb von Europa gibt es bereits eine ganze Reihe von Ländern, die ein solches Eigenrecht der Natur auf unterschiedlichen Ebenen in ihre Gesetzgebung eingeschrieben haben. So hat zum Beispiel Ecuador 2008 als erstes Land die Rechte der Natur in seine Verfassung aufgenommen. In Neuseeland fließt seit 2017 der Fluss Whanganui (*Te Awa Tupua*) als Rechtsperson zwischen den sattgrünen Hügeln, über die seinerzeit der Phosphor aus Banaba verstreut wurde.[44] Und in den USA haben mit dem Wasserreis (*Zizania palustris, manoomin* in der Sprache der Chippewa), der im Gebiet der Großen Seen heimisch ist, und dem Saguaro-Kaktus (*Carnegiea gigantea*) in der Sonora-Wüste im Süden des Landes zwei Pflanzenarten eigene Rechte inne.[45]

Viele dieser Gesetzesinitiativen gehen von indigenen Gemeinschaften aus, in denen die Vorstellung, dass Berge, Flüsse oder Tiere und Pflanzen ein Eigenleben haben und man ihnen mit Respekt begegnen muss, ein ganz selbstverständlicher Teil der Weltanschauung ist. Doch auch in Kulturen, in denen bisher ein anderes Bild der Natur vorherrscht, hat das Konzept von Eigenrechten für die Natur inzwischen wichtige Fürsprecher.

So fordern zum Beispiel die Vereinten Nationen in ihrem »Harmony with Nature«-Programm Rechte für die Natur. Und Papst Franziskus, der zu mehr als einer Milliarde Katholiken spricht, verurteilte in seiner Enzyklika »Laudato si' – Über die Sorge für das gemeinsame Haus« einen »tyrannischen Anthropozentrismus« und rief nach neuen rechtlichen Grundlagen, mit denen Ökosysteme besser geschützt werden können.[46]

Bei ihrem Forschungsaufenthalt in Großbritannien hatte Teresa Vicente Giménez einige der neuen Gesetzgebungen genau analysiert. Der entscheidende Anstoß, auch das Mar Menor zu einer Rechtsperson zu machen, kam jedoch von ihren Studierenden zu Hause in Murcia. »Diese Ideen sind doch nicht nur in Südamerika oder Neuseeland relevant, haben sie gesagt. Wir haben die gleichen Themen auch hier in Spanien! Und sie drängten darauf, selbst aktiv zu werden, um die Lagune mit den Mitteln des Rechts besser zu schützen«, erzählt die Professorin mit hörbarem Stolz auf ihre Studierenden. »Ich richtete also einen Kurs ein mit dem Thema ›Wie macht man ein neues Gesetz?‹ – und wir fingen an, an dem Gesetzestext zu arbeiten.«

Bald kamen weitere Mitstreiter dazu – Aktivistinnen aus der Bürgerschaft, Anwälte, Forschende aus anderen Disziplinen. Gemeinsam entwickelte das Team die Gesetzesvorlage immer weiter und versuchte, das Gesetz über ein Volksbegehren auf regionaler Ebene einzubringen. Doch die konservative Regionalregierung lehnte den Antrag ab. »Das war ein schwerer Rückschlag für uns«, erzählt Vicente Giménez. Nun blieb nur der Weg über die Zentralregierung in Madrid. Doch für eine nationale Gesetzesinitiative brauchten sie 500 000 Unterschriften. »Das war 2021«, erinnert sich die Juristin. »Da steckten wir mitten in der Covid-19-Pandemie!« Die Hürden schienen unüberwindbar.

Doch dann kollabiert das Mar Menor im Sommer 2021 erneut. Wieder tonnenweise tote Fische. Wieder wütende Proteste. Wieder »SOS Mar Menor«. Ende August bilden 70 000 Kinder, Frauen und Männer eine Menschenkette um das kleine Meer, um es symbolisch zu umarmen. Innerhalb einer Woche kommen 100 000 Unterschriften zusammen. Insgesamt sind es am Ende 639 826 Menschen aus ganz Spanien, die die Gesetzgebungsinitiative unterzeichnen. Wenige Monate später stimmen beide Kammern des spanischen Parlaments der Vorlage mit großer Mehrheit zu.[47] Und so schreibt das Mar Menor im September 2022 Rechtsgeschichte: Als erstes Ökosystem in Europa erlangt es den Status als Rechtsperson. Sein Recht, »als Ökosystem zu existieren und sich auf natürliche Weise zu entwickeln«, ist nun gesetzlich festgeschrieben.[48] »In unserem Rechtswesen ist das wie eine Revolution« sagt Teresa Vicente Giménez.

Wer ist Mar Menor?[49]

Die Grundlagen für diese Revolution legte vor über fünfzig Jahren der US-amerikanische Jurist Christopher Stone. In seinem einflussreichen Aufsatz »Haben Bäume Rechte?« beschreibt er, wie sich die Auffassungen der Menschen von Recht und Moral im Laufe der Geschichte immer wieder verändert haben. »Tatsache ist, dass jedesmal, wenn der Anstoß entsteht, einer neuen ›Wesenheit‹ Rechte zu übertragen, dieser Vorstoß zwangsläufig unausgewogen, angsteinflößend oder lächerlich erscheinen wird. Zum Teil liegt das daran, dass wir das Rechtlose, bevor es seine Rechte erhält, nicht anders als wie ein Ding wahrnehmen können, das ›uns‹ zu dienen habe – uns, die wir bereits Inhaber von Rechten sind.«[50] So habe es Zeiten gegeben, in denen Menschen andere Menschen besitzen konnten. Doch inzwischen haben sich die Moralvorstellungen und das Rechtsempfinden verändert, und Sklaverei und Leibeigenschaft sind verboten. Ganz ähnlich habe sich auch der Kreis derer, die Rechte haben können, im Lauf der Geschichte kontinuierlich erweitert, schreibt Stone, um Menschen aufzunehmen, die über Jahrhunderte hinweg rechtlos gewesen waren, Kinder zum Beispiel und auch Frauen, Menschen mit geistiger Behinderung, Afroamerikaner, Indigene und Ungeborene.[51]

Nun auch juristische Personen in diesen Kreis aufzunehmen, die keine Menschen sind, ist weniger radikal, als es vielleicht auf den ersten Blick scheint, und auch nicht neu. Aktiengesellschaften zum Beispiel sind ebenso wie Stiftungen, Vereine oder Universitäten juristische Personen und können vor Gericht ziehen. Allein darum sei es vernünftig, argumentieren Rechtsexpertinnen und -experten, auch die Natur mit eigenen Rechten auszustatten. »Erst wenn auch die Natur über Rechtssubjektivität verfügt und ihre ökologischen Interessen selbst durchsetzen kann, wird juristische ›Waffengleichheit‹ hergestellt, die dem Gebot der Fairness genügt«, schreibt zum Beispiel der Verfassungsrechtler Jens Kersten.[52]

Den häufig vorgebrachten Einwand, dass natürliche Systeme wie Flüsse oder Wälder vor Gericht nicht selbst sprechen können, entkräftete schon Christopher Stone: »Es ist weder unausweichlich, noch ist es ein Ausdruck von Weisheit, dass Naturobjekte nicht das Recht haben, im eigenen Namen Regress einzufordern. Die Aussage, Bäche und Wälder könnten keine Klagebefugnis innehaben, weil sie nicht sprechen können, kann als Antwort nicht befriedigen. Die sogenannten juristischen Personen (*corporations*) können ebenfalls nicht sprechen, noch können es Staaten, Vermögensgesamtheiten, Kleinkinder, Nichtgeschäftsfähige, Gemeindeverwaltungen oder Universitäten. Für sie sprechen Rechtsvertreter, wie sie dies auch üblicherweise für den Normalbürger, der juristische Probleme hat, tun.«[53]

Auch Teresa Vicente Giménez vergleicht die Situation mit den Regelungen, wie sie auch für Minderjährige oder Menschen mit Behinderung gelten. »Sie haben eigene Rechte und einen gesetzlichen Vertreter, der sicherstellt, dass diese Rechte gewahrt werden. Genauso verhält es sich auch mit diesem Ökosystem.« Das neue Gesetz für das Mar Menor erlaubt es jeder Person, die Interessen der Lagune vor Gericht zu verteidigen. Außerdem sieht es den Einsatz von drei Kommissionen vor, die für das Mar Menor sprechen sollen. Im »Repräsentativen Ausschuss« sind Vertreter der staatlichen Institutionen versammelt, eine »Beobachtende Kommission« ermöglicht die Teilnahme der Zivilgesellschaft an der Vertretung des Meeres, und ein »Wissenschaftlicher Beirat« soll dafür sorgen, dass die Vertretung nach dem Stand der wissenschaftlichen Forschung erfolgt. Innerhalb der Kommissionen überwiege das Stimmgewicht des Volkes, erklärt einer der Aktivisten, die das Gesetz mit entwickelt haben, »denn die Regierung hat bisher die Interessen der Unternehmen vertreten. Wir wollen dem Mar Menor mehr Stimme und dem Volk mehr Macht geben. Denn es geht hier auch um mehr Partizipation und Demokratie.«[54]

Mit seinen vielfältigen Gestaltungsmöglichkeiten hat das Konzept der Eigenrechte der Natur in den vergangenen anderthalb Jahrzehnten weltweit stark an Aufmerksamkeit gewonnen. Eine Studie aus dem Jahr 2022 fand über 400 Initiativen in 39 Ländern.[55] Auch in Europa sind mehrere Gesetzesinitiativen in Gang. In den Niederlanden zum Beispiel soll das Wattenmeer Personenrechte bekommen. In Deutschland läuft in Bayern ein Volksbegehren, das die Rechte der Natur in der Landesverfassung festschreiben will.[56] International plädiert neben vielen anderen der Träger des Welternährungspreises 2020 Rattan Lal dafür, dass auch der Boden als Ökosystem Eigenrechte bekommen müsse. Für ihn ist klar: »Der Boden ist etwas Lebendiges, und darum hat er Rechte.«[57]

Die große Hoffnung hinter allen diesen Initiativen ist es, eine Gesetzgebung, die die Natur als Objekt sieht und damit auf der Idee von ungebremster Ausbeutung der Natur basiert, durch Gesetze zu ersetzen, die auf dem Konzept der Nachhaltigkeit beruhen und so dazu beitragen, Ökosysteme zu erhalten. »Rechte sind der Schlüssel zur modernen Gesellschaft«, schreibt der Verfassungsrechtler Kersten.[58] Und es leuchtet ein, dass die moderne Gesellschaft sich Gesetze geben muss, die ihre Lebensgrundlagen schützen. Doch bei aller Hoffnung, die auf der Einführung von Eigenrechten für die Natur ruht, gibt es unter Rechtsgelehrten und Praktikerinnen auch viele Vorbehalte gegenüber dem neuen Konzept.

Die Kritik beginnt schon bei der genauen Abgrenzung des Trägers des Personenrechts. Wälder zum Beispiel haben eine Tendenz, sich auszudehnen. Lichtungen wachsen zu, Moore verlanden. Manche Waldgebiete gehen in Buschland über. Wo genau beginnt ein Wald und damit sein Eigenrecht, und wo endet er? Und auf welchen Zeitpunkt bezieht man sich bei der Definition der Rechtsperson?

Eine andere Befürchtung ist, dass die Rechte der Natur mehr Probleme schaffen könnten, als sie lösen. Wenn beispielsweise mit jedem Recht auch Pflichten verbunden sind, was sind dann die Pflichten des Flusses? Wenn er die Fabrik an seinem Ufer verklagen kann, wenn sie sein Wasser verschmutzt – kann dann die Fabrik auch den Fluss wegen der Hochwasserschäden verklagen, die er verursacht?[59]

Wieder andere wenden ein, die Einführung neuer Rechte, vor allem auf Verfassungsebene, sei viel zu langsam, um die akuten Umweltprobleme zu lösen. Die neuen Gesetze müssen nicht nur geschrieben, sondern auch debattiert, verabschiedet und in die jeweiligen Rechtssysteme integriert werden. Diese Prozesse dauern oft viele Jahre.

Viele bezweifeln außerdem, dass es wirklich notwendig ist, neue Gesetze zu schaffen, um die Biosphäre zu schützen. Das spektakuläre »Klima-Urteil« des Bundesverfassungsgerichts aus dem Jahr 2021 zum Beispiel, das die deutsche Bundesregierung verpflichtete, ihr Klimaschutzgesetz zu überarbeiten und zu verschärfen, basiert auf dem Grundgesetzartikel 20a: »Der Staat schützt auch in Verantwortung für die künftigen Generationen die natürlichen Lebensgrundlagen und die Tiere«, heißt es dort. Dieser Artikel steht schon seit 1994 im Grundgesetz, wurde allerdings bisher nicht angewendet. Die Anwältin Roda Verheyen, die das Klimaurteil mit erstritten hat, sieht denn auch keine grundsätzlichen Mängel im bestehenden Umweltrecht, sondern vor allem ein Vollzugsproblem. »Das Recht ist längst da«, sagte sie in einem Zeitungsinterview. »Man muss es nur anwenden.«[60]

Vor allem aber ist ungeklärt, ob Eigenrechte für die Natur, die die gesamte Biosphäre in den Mittelpunkt stellen und nicht länger allein den Menschen, tatsächlich eine Verbesserung der Umweltsituation herbeiführen können. Dazu müssten sie vor Gericht erfolgreich eingeklagt werden. Doch solche Erfolge sind bisher rar. In den USA hatte der Wasserreis *manoomin* im Zusammenhang mit dem Bau einer Ölpipeline gegen das Umweltamt des Bundesstaates Minnesota geklagt, doch die Klage wurde abgewiesen. In einem anderen Verfahren, bei dem Lachse als Kläger auftraten, deren Wanderrouten zu ihren Laichgründen durch Staudämme unterbrochen waren, kam es zu einem Vergleich, jedoch ohne dass die Gegenpartei die Eigenrechte der Fische anerkannt hätte.[61] In Indien wurde das Gerichtsurteil, das dem Ganges und seinem Nebenfluss Yamuna Personenrechte zugesprochen hatte, inzwischen durch den Obersten Gerichtshof des Landes aufgehoben.[62] Und auch in Spanien wird das Gesetz, das dem Mar Menor Personenrechte gibt, derzeit auf Antrag der einen Partei, die im Parlament gegen das Gesetz gestimmt hatte, vor Gericht auf seine Verfassungsmäßigkeit überprüft.[63]

Und selbst in Ecuador, wo die Personenrechte der Natur Verfassungsrang haben, ist die Erfolgsbilanz bisher gemischt. Zwar konnte der Nebelwald *Los Cedros* vor Gericht erwirken, dass bestimmte Bergbauaktivitäten innerhalb seiner Grenzen gestoppt werden mussten.[64] Doch das Urteil des Verfassungsgerichts löste auch heftige Gegenreaktionen aus, nicht nur durch private Unternehmen und die Regierung, sondern auch innerhalb der Justiz selbst, gerade auch in den unteren Instanzen. Ein ecuadorianischer Umweltanwalt fasst die gegenwärtige Situation um die Rechte der Natur in seinem Land so zusammen: »Der Krieg hat gerade erst begonnen.«[65]

Neue Verhältnisse

Bei aller Skepsis stimmen die meisten Rechtsexpertinnen und -experten jedoch überein, dass schon die Diskussion über die Frage, ob ein Fluss, ein Wald oder ein kleineres Meer eine Rechtsperson sein kann, in der Gesellschaft viel bewegen kann.[66] Sie lenkt nicht nur die Aufmerksamkeit darauf, dass das herrschende Recht die Natur meist wie Besitz, Wirtschaftsunternehmen jedoch wie Personen behandelt. Sie gibt auch einen Anlass, die eigene Sichtweise auf den Platz des Menschen im Erdsystem zu überprüfen und möglicherweise zurechtzurücken.

Eine Natur, die wir als Objekt behandeln, bleibt passiv. Das heißt, auch wenn wir sie schön finden und schützenswert und ihre Komplexität anerkennen, so behandeln wir sie am Ende doch als Sache – als Lieferantin von Rohstoffen und Ökosystemdienstleistungen, die wir zu unserem Nutzen bewahren oder ausbeuten können. Bei einer Natur, die wir als Subjekt sehen, akzeptieren wir dagegen, dass sie autonom ist und selbst gestaltet. Die Folge ist ein partnerschaftliches Verhältnis zwischen Mensch und Natur, das heißt, die Bedürfnisse des Menschen stehen nicht länger im Mittelpunkt. Man muss sich arrangieren.

Biologisch gesehen fällt eine solche Weltsicht, in der die Natur eine eigenständige Partnerin ist, gar nicht so schwer. Dass trotzdem viele Biologinnen und Biologen die Natur lange als Objekt betrachtet haben und viele das auch weiterhin tun, zeigt, wie weit der Weg ist, den vor allem westliche Gesellschaften noch zurücklegen müssen, bevor sie sich eine gleichberechtigte Natur (wieder) vorstellen können.

Dieselbe biologische Forschung hat jedoch inzwischen vielfach nachgewiesen, dass Mensch und Natur so eng miteinander verbandelt sind, dass es kaum möglich ist, sie getrennt voneinander zu betrachten.[67] So wissen wir inzwischen, dass gut die Hälfte der Zellen in dem Gebilde, das wir den menschlichen Körper nennen, nicht etwa menschliche Zellen sind, sondern eine bunte Gesellschaft aus Bakterien und diversen anderen Kleinstlebewesen.[68] Dieses Mikrobiom besiedelt nicht nur den menschlichen Darm und ist dort unverzichtbar für die menschliche Verdauung, es lebt auch in und auf vielen anderen Teilen des menschlichen Körpers. Menschen sind also ähnlich wie der Boden komplexe Ökosysteme, und je besser wir unsere Gefüge verstehen, desto schwieriger wird es, genau zu bestimmen, wo ein Individuum anfängt oder ein anderes endet.

Doch selbst wenn man das könnte, müsste man außerdem anerkennen, dass kein Mensch isoliert von seiner belebten äußeren Umwelt existieren kann. Ohne Pflanzen, Tiere, Pilze und Mikroorganismen, die für den fortlaufenden Umsatz von Sauerstoff und Wasser, Kohlenstoff und natürlich Stickstoff, Phosphor, Kalium und anderen Nährstoffen sorgen, wären wir nicht am Leben. Tatsächlich sind wir also alle eher wie die Flechten: symbiotisch verbunden mit anderen Wesen. Ohne sie nicht wir selbst.

Wenn das aber so ist, dann ist die Frage, wer noch Subjekt ist und was schon Objekt, kaum noch zu beantworten. Und so kommt ausgerechnet aus der vermeintlich trockenen Juristerei die Forderung nach neuen Narrativen, die diese Verwobenheit anerkennen und der Natur Gehör verschaffen. »Die Zeit wird kommen«, schrieb Stone schon 1972, »in der diese Gedanken und die ersten Veränderungen des Rechts in einer radikal neuen Theorie oder in einem Mythos von den Beziehungen des Menschen zur restlichen Natur – gefühlt und verstanden – zusammengefasst werden können.« Und weiter: »Was fehlt, ist ein Mythos, der unseren wachsenden Wissensstand auf dem Gebiet der Geophysik, der Biologie und des Kosmos insgesamt erfasst. Es erscheint mir in diesem Zusammenhang nicht zu abwegig, dass wir die Erde als einen einzigen Organismus ansehen, innerhalb dessen die Menschheit ein funktionaler Teil ist [...]. Die Menschheit unterscheidet sich vom Rest der Natur, aber etwa in der Weise, wie sich das menschliche Gehirn von den Lungen unterscheidet.«[69]

Ein halbes Jahrhundert später ist diese Forderung noch immer und aus einem immer größer werdenden Kreis zu hören. »Ohne eine gewisse ›Wiederverzauberung der Welt‹ wird ein gemeinsames Leben nicht zu gewinnen sein«, schreiben zum Beispiel der Soziologe Frank Adloff und die Autorin Tanja Busse, die gemeinsam ein Buch zu den Rechten der Natur herausgegeben haben.[70] Der bekannte britische Autor Robert Macfarlane, der sich seit Jahrzehnten mit den Beziehungen zwischen Menschen und Landschaften beschäftigt, spricht von einem »radical re-storying«, einem »radikalen Neu-Erzählen«.[71] Und auch der indische Schriftsteller Amitav Ghosh argumentiert am Beispiel der Muskatnuss – auch ein Naturgut, das in einer Zeit, in der Gewürze gehandelt wurden wie Juwelen, durch weiße Kolonialisten rücksichtslos ausgebeutet wurde – dafür, der »zum Schweigen gebrachten Natur« wieder eine Stimme zu geben.[72]

Diese Forderungen sind Teil einer breiteren interdisziplinären Strömung. So arbeiten in einer anderen Ecke der akademischen Welt seit den 1990er-Jahren Wissenschaftlerinnen und Wissenschaftler daran, in einem recht bunten Feld, das oft als »Neuer Materialismus« zusammengefasst wird, die Trennung zwischen Mensch und Natur aufzuheben. Zu ihnen gehören zum Beispiel die US-amerikanische Wissenschaftshistorikerin Donna Haraway und die Politikwissenschaftlerin und Philosophin Jane Bennett, und in Europa die Philosophinnen Isabelle Stengers und Rosi Braidotti und der französische Soziologe und Philosoph Bruno Latour.

Die Überlegungen zu Rechten der Natur beziehen sich in der Regel auf Ökosysteme oder bestimmte Tier- oder Pflanzenarten. Mit Stickstoff, Phosphor und Kalium haben sie vor allem insofern zu tun, als dass sie ein Instrument sein können, den Umgang mit den Nährstoffen zu regulieren und in nachhaltigere Bahnen zu lenken. Stickstoff, Phosphor und Kalium für sich genommen sind nicht lebendig. Deswegen kommt auch niemand auf die Idee, in ihnen Personen zu sehen und ihnen Rechte zu geben. Doch nur weil sie nicht lebendig sind, müssen sie dann auch passiv sein? Oder zeigen sie uns mit all dem Einfluss, den sie nicht nur auf unsere biologische Existenz nehmen, sondern auch auf den Lauf unserer Geschichte, dass nicht allein die Menschen auf die Materie wirken, sondern umgekehrt die Materie auch auf uns?

Für die Philosophin Jane Bennett sind die Dinge genau das – eine zwar nicht absichtsvoll, aber doch aktiv handelnde Macht. *Vibrant matter* nennt sie sie daher, »lebhafte Materie«. In Bennetts Philosophie haben die Dinge nicht nur die Fähigkeit, die Vorhaben von Menschen »zu behindern und zu blockieren«, wie sie schreibt, sondern sie wirken darüber hinaus auch als

»Kräfte mit eigenen Entwicklungsverläufen, Neigungen oder Tendenzen«. Die Materialien, an denen Bennett diese Kräfte beispielhaft herleitet, sind so sowohl natürliche als auch künstliche Stoffe, darunter Metalle, ein Stück Plastikmüll oder auch Omega-3-Fettsäuren in unserer Nahrung. »Was ich anstrebe«, schreibt Bennett, »ist die Artikulierung einer lebhaften Materie, die neben dem Menschen wirkt.«[73]

Folgt man Bennetts Idee eines »vitalen Materialismus«, einer Art Macht der Dinge, dann hat das weitreichende Konsequenzen. Denn dann sind Stickstoff, Phosphor und Kalium nicht mehr nur Ressourcen, über die wir Menschen einfach nach unseren Bedürfnissen verfügen können, sondern eher so etwas wie Nachbarn im großen Weltgefüge, mit eigenen Tendenzen und Dynamiken, die wir achten und beachten müssen.[74] Diese Nachbarn ziehen ihre angestammten Kreise im Erdsystem und entfalten Wirkungen, von denen einige mit uns zu tun haben, andere nicht. Unsere Aufgabe in diesem Arrangement ist es dann vor allem, uns anzupassen.

Für Bennett kann eine solche Sichtweise dazu beitragen, »einen klügeren und nachhaltigeren Umgang mit lebhafter Materie und lebendigen Dingen zu befördern«, unter anderem weil sie vermutet, »dass das Bild einer toten oder durch und durch instrumentalisierten Materie die menschliche Hybris und unsere die Erde zerstörenden Eroberungs- und Konsumfantasien nährt«.[75] Eine neu entdeckte Aufmerksamkeit für die Materie und ihre Kräfte könne stattdessen, so Bennett, zu einem »deutlicheren Bewusstsein des Ausmaßes einladen, in dem alle Körper verwandt sind – verwandt im Sinne von untrennbar in ein dichtes Beziehungsgeflecht verwoben. In einer verwobenen Welt lebhafter Materie kann es durchaus sein, dass man sich selbst Schaden zufügt, wenn man einen anderen Teil des Geflechts beschädigt.« Eine solche »aufgeklärte oder erweiterte Vorstellung von Eigeninteresse ist den Menschen förderlich«, schreibt Bennett.[76] Materie als »lebhaft« zu sehen ist für sie also durchaus auch ein politisches Vorhaben.

Ein »lebhaftes« Gedankenspiel

Für einen eher sachlich orientierten Mitteleuropäer klingt das alles zunächst vielleicht befremdlich. Doch vielleicht macht es auch neugierig genug, den fremden Gedanken einmal anzuprobieren.

Gehen wir für einen Moment zurück zum Phosphor auf Banaba. Wie sieht die Geschichte aus seiner Perspektive aus?

Er nährte nicht nur Kokospalmen und Menschen auf Banaba. Er ließ auch auf den Hügeln Neuseelands europäische Gräser wachsen, die ohne ihn dort kaum hätten gedeihen können. Diese Gräser fütterten Schafe und Rinder und erlaubten es dadurch europäischen Siedlern und ihren Familien, sich auf den »antipodischen Inseln« eine neue Heimat zu schaffen. Für die Menschen auf Banaba hingegen bewirkte der Phosphor unter ihren Füßen, dass sie ihre Heimat verloren, denn er lockte Menschen wie Albert Ellis an, die die Vorkommen auf der Insel ausbeuteten und keine Skrupel hatten, die ursprünglichen Bewohnerinnen und Bewohner von ihrem Land und ihren Ahnen zu trennen.

In Neuseeland löste der Phosphor aus Banaba (und später von anderswo) weitere weitreichende Entwicklungen aus. Er veränderte nicht nur das Landschaftsbild der Inseln, er sorgte auch dafür, dass Seen eutrophiert und viele heimische Pflanzen aus ihren natürlichen Habitaten verdrängt wurden. Weil er das

Gras wachsen ließ, das genug Schafe und Rinder satt machen konnte, formte er auch die Grundlagen für die wirtschaftliche Struktur des Landes. Fleisch ist noch heute eines der wichtigsten Exportgüter der Inseln, und so liegt es auch am Phosphor, dass sich Menschen in anderen Teilen der Welt Ernährungsgewohnheiten zulegten, die ihnen sonst kaum möglich gewesen wären.

Hat der Phosphor das alles mit Absicht getan? Wohl kaum. Und wären nicht Menschen wie Ellis gekommen, wäre er wohl auch nicht in Neuseeland gelandet. Aber heißt das, dass er nichts getan hat? Oder war der Phosphor in seinen Jahrmillionen auf der Insel nicht auf seine Art durchaus beschäftigt? Zum Beispiel ging er damals, als sich der Inselberg vom Meeresgrund hob, in seiner neuen Umgebung neue chemische Verbindungen ein. Zusammen mit anderen Elementen bildete er neue Gesteine, gemeinsam haben sie die Insel auf- und umgebaut, lange bevor Menschen einen Fuß auf ihr Land gesetzt hatten. Und als die ersten Kokospalmen kamen, der erste Palmendieb und all die anderen Wesen, die nach und nach die Insel bevölkerten, hat der Phosphor jede ihrer Zellen in unzähligen chemischen Wandlungen mit Energie versorgt. Kein Herzschlag, kein Atemzug, keine neuen Kinder ohne Phosphor.

Natürlich haben Ellis und seine Nachfolger durch die Ausbeutung der Inselvorkommen große Mengen Phosphor in Bewegung gesetzt und an Orte gebracht, wo er sonst nicht hingekommen wäre. Gleichzeitig wird es in diesem Gedankenspiel zunehmend schwieriger, der Frage aus dem Weg zu gehen, ob nicht doch auch irgendwie der Phosphor Albert Ellis in Bewegung gesetzt hat. Denn hätte sich der Phosphor nicht im Zusammenspiel mit einer Vielzahl irdischer Kräfte auf Banaba eingefunden, wäre Ellis wohl kaum dorthin gesegelt. Und selbst jetzt, könnte man sagen, indem wir seine Geschichte erzählen, entfaltet der Phosphor seine Wirkmacht. Und zeigt uns, wie wir eingesponnen sind in ein vielfältiges, dynamisches und, mit Bennett, »lebhaftes« Erdsystem.

Auch diese Geschichte bleibt am Ende anthropozentrisch, was auch sonst. Und für viele mag sie zu weit führen, zu weit weg vom Boden der Tatsachen. Und doch ist dieser Perspektivwechsel vielleicht nützlich. Weil wir uns plötzlich bewusst werden, dass Phosphor, Stickstoff und Kalium viel mehr tun, als wir normalerweise annehmen. Dass sie viel mehr bewirken, als wir ihnen normalerweise zugestehen. Dass sie eine aktive Rolle haben im Erdsystem. Dass sie mehr sind als nur träge, passive Rohstoffe.

Und vielleicht kann diese Vorstellung, die sich nicht nur im Rechtswesen der westlichen Welt, sondern auch in der Philosophie langsam herausbildet, auch wenn sie merkwürdig scheint, bei dem grundlegenden gesellschaftlichen Umbau helfen, den wir in den kommenden Jahren und Jahrzehnten bewältigen müssen. Sind wir imstande, die lineare ausbeuterische Logik aufzugeben, nach der wir seit über 400 Jahren die Materialien der Erde bewirtschaften, und gelingt es uns, stattdessen eine nachhaltige, das heißt eine dauerhaft tragfähige und weitgehend verlustfreie Kreislaufwirtschaft aufzubauen? Die Antwort auf diese Frage, da sind sich die naturwissenschaftlich und die sozialwissenschaftlich Forschenden erstaunlich einig, wird nicht nur von unserem Wissen und klugen Technologien abhängen, sondern ganz wesentlich von den *soft skills* der Menschheit, von den sozialen Fähigkeiten also, die uns im Lauf der Evolution schon vielfach gute Dienste geleistet haben und es uns überhaupt ermöglichen, in komplexen Gesellschaften zusammenzuleben.[77]

Die Basis unserer sozialen Kompetenz ist Empathie, das Vermögen, uns in andere einzufühlen und mit ihnen eine Verbindung aufzubauen. Empathie sollten wir also fördern. Doch Konzepte wie »Kreislaufwirtschaft« oder »Rohstoffstrategie«, so wichtig sie auch sein mögen, können das kaum leisten. Empathie »entwickelt sich aus Geschichten«, schreibt stattdessen der Autor Amitav Ghosh.[78] Darum ist es für ihn ein wichtiger erster Schritt, angesichts der Herausforderungen, vor denen wir als Weltgemeinschaft stehen, »eine gemeinsame Sprache und ein gemeinsames Narrativ zu finden – ein Narrativ der Demut, in dem die Menschen nicht nur ihre wechselseitige Abhängigkeit voneinander anerkennen, sondern auch die von ›all unseren Verwandten‹.«[79] In einem solchen Narrativ können nicht mehr ganz so passiv erscheinende Rohstoffe vielleicht einen emotionalen Anknüpfungspunkt schaffen und so den Menschen helfen, ihr Verhalten zu ändern.

Planetares Denken

Die neue Achtung für die enge Verwobenheit der Menschen im Erdsystem führt nicht nur im Rechtswesen und in der Philosophie zu neuen Konzepten. Auch andere Disziplinen beginnen, die wechselseitigen Abhängigkeiten stärker in ihre Forschung einzubeziehen. Ein häufiger Begriff dabei ist der des »Planetaren«.[80]

Im Gesundheitswesen zum Beispiel sprechen die Fachleute nicht länger nur von *public health,* sondern von *planetary health,* von »planetarer Gesundheit« also.[81] »Gesund leben auf einer gesunden Erde«, fasst der wissenschaftliche Beirat, der die Bundesregierung zu globalen Umweltveränderungen berät, dieses neue Gesundheitsverständnis knapp zusammen. »Menschliche Gesundheit im umfassenden Sinne […], die nicht nur die Abwesenheit von Krankheit, sondern einen Zustand des vollständigen körperlichen, seelischen und sozialen Wohlbefindens beschreibt, ist auf eine ›gesunde‹ Erde mit funktionierenden, resilienten und leistungsfähigen Ökosystemen und einem stabilen Klima angewiesen«, schreiben die Expertinnen und Experten in ihrem Gutachten.[82]

Und auch in den Sozialwissenschaften, in denen die Natur traditionell eher als die Kulisse betrachtet wird, in der sich das menschliche Treiben abspielt, kommen immer mehr Forschende zu dem Schluss, dass irdische und gesellschaftliche Prozesse nicht länger zu trennen sind. Bronislaw Szerszynski und Nigel Clark zum Beispiel beschreiben diesen grundlegenden Wandel im Vorwort zu *Planetary Social Thought* so: Ziel des Buches sei es, »das Betätigungsfeld der Sozial- und Geisteswissenschaften um das Wissen darum zu erweitern, wie unser Planet funktioniert. […] Wir müssen diesen Fragen über das konventionelle Gebiet des Gesellschaftlichen hinaus nachgehen, durch die Kontaktzone menschlicher und nichtmenschlicher Prozesse hindurch, und tief in die Zeit und die Räume der Erde selbst. Wenn die fundamentale Frage des Politischen ist, wie wir unser Leben anders gestalten können […], dann ist es auch an der Zeit zu fragen, wie eigentlich der Planet ein anderer wird, als er ist. Wenn wir interessiert an oder begeistert von der Frage sind, wie wir die Dinge als Gemeinschaft anders angehen können, dann sollten wir uns auch damit befassen und neugierig darauf sein, wie die Erde, im Laufe der Zeit, herausgefunden hat, die Dinge anders anzugehen. […] Dies sind Fragen, die nicht länger getrennt voneinander zu betrachten sind. Oder vielmehr, die nie voneinander hätten getrennt werden dürfen.«[83, 84]

Von der anderen Seite des wissenschaftlichen Spektrums wenden sich angesichts der akuten Notwendigkeit, nicht nur entschieden und schnell, sondern auch global koordiniert zu handeln, die Erdsystemwissenschaften mit dringenden Fragen an die Gesellschaftswissenschaften. Gemeinsam entwickeln sie einen neuen Rechts- und Governance-Ansatz, den sie *Planetary Commons* nennen, planetare Gemeinschaftsgüter.[85] Er ist eine Weiterentwicklung des Konzepts der *Global Commons,* das schon heute den Umgang mit Gemeinschaftsgütern regelt, die außerhalb der geografischen Grenzen der Nationalstaaten und ihrer Gerichtsbarkeit liegen – Räume wie die Tiefsee, die Antarktis oder die Atmosphäre. Ihr Schutz liegt im Interesse aller, er dient also dem Gemeinwohl. Die Idee der planetaren Gemeinschaftsgüter erweitert diesen Schutz auf die kritischen biophysikalischen Systeme, die den Zustand und die Widerstandsfähigkeit des Gesamtsystems Erde regeln. Zu ihnen gehören Flüsse und Ozeane, Wälder und Watt, Permafrostböden, Monsunsysteme oder auch die erdumspannenden Ströme von Stickstoff und Phosphor.[86]

Gesteuert werden soll dieser Schutz dabei nicht durch irgendeine Form von planetarer Zentralregierung. Vielmehr orientieren sich die Forschenden in ihrem ersten Entwurf einer »Erdsystem-Governance« an den Forschungen der Wirtschaftsnobelpreisträgerin Elinor Ostrom, die in vielen Fallstudien untersucht hat, wie gemeinschaftliches Eigentum erfolgreich durch seine Nutzerinnen und Nutzer verwaltet werden kann. Statt einer fragmentierten, nationalstaatlich organisierten Regierungsführung, wie sie bisher vorherrscht, entwerfen die Forschenden ein sogenanntes »polyzentrisches« System, das aus über mehrere Ebenen hinweg ineinandergeschachtelten Institutionen besteht.[87] »Unser Vorschlag ist, dass sich alle Menschen auf der Welt gemeinschaftlich um die *Planetary Commons* kümmern und zu ihrem Erhalt beitragen, in einer Kombination aus offiziellen und informellen Governance-Strukturen, mit einer Regulierung durch den Staat und andere gesellschaftliche Akteure, die globalen Zusammenhänge im Blick, aber unter lokaler Kontrolle.« Dabei müssten die neuen Governance-Strukturen unbedingt so angelegt werden, dass »neo-koloniale und neoliberale Praktiken der Ausbeutung« vermieden werden, betonen der Erdsystemforscher Johan Rockström und der Rechtswissenschaftler Louis Kotzé, die das Konzept mit entwickeln. Man wolle schließlich nicht »die zerstörerischen Muster wiederholen, die uns überhaupt erst in diese Situation gebracht haben«.[88]

Die Forschenden räumen ein, dass die Einführung einer solchen kollektiven Form der Governance komplex ist. Und sie rechnen mit heftigem Widerstand, weil ihre Idee der Planetaren Gemeinschaftsgüter nicht nur das Recht der Staaten auf Selbstbestimmung beeinträchtigen würde, sondern auch Unternehmensinteressen und globale Machtverhältnisse infrage stellt. Sie weisen jedoch darauf hin, dass es bereits Beispiele gibt, die zeigen, dass eine multilaterale Zusammenarbeit funktionieren kann, etwa das Montreal-Protokoll zum Schutz der stratosphärischen Ozonschicht oder auch das UN-Hochseeschutzabkommen.[89]

Welche und wie viele ihrer Vorschläge sich jemals umsetzen lassen werden, kann im Moment niemand abschätzen. Die Arbeit an einem planetaren Governance-System hat gerade erst begonnen. Doch bei aller Kritik, die dem Konzept der planetaren Gemeinschaftsgüter entgegenschlagen wird, oder vielleicht auch gerade wegen dieser Kritik, kann man eines mit einiger Sicherheit sagen: Wie bei den Personenrechten für die

Natur liegt auch hier schon in der Auseinandersetzung um den künftigen Umgang mit dem Erdsystem ein Gewinn. Auch wenn sie noch ganz am Anfang stehen, so zeigen diese Initiativen und Konzepte und auch die verschiedenen Maßnahmen zum Nährstoffmanagement, zum Gewässerschutz, zum Recycling sehr deutlich: Die Anpassung unserer Lebens- und Wirtschaftsweise an das Erdsystem ist möglich. Und sie hat schon begonnen.

Stoffwechsel

Stickstoff, Phosphor und Kalium spielen in diesem Anpassungsprozess eine entscheidende Rolle. Die Ströme dieser drei Nährstoffe gehören zu den wichtigsten lebenserhaltenden Systemen auf dem Planeten. Die Art, wie wir künftig unsere Beziehungen mit ihnen organisieren, wird daher mit darüber entscheiden, wie das Leben auf der Erde weitergeht. Nicht nur unseres.

Stickstoff, Phosphor und Kalium sind essenziell. Das heißt, im Gegensatz zu Materialien wie Kohle, Erdöl oder auch Gold können wir sie nicht einfach ersetzen. Sie sind unverzichtbar. Und nicht immer verfügbar, selbst wenn sie reichlich auf dem Planeten vorhanden sind. Das heißt, wir müssen mit ihnen haushalten.

In ihren verschlungenen Pfaden um die Welt zeigen Stickstoff, Phosphor und Kalium uns aber auch, dass ein effizientes Recyclingsystem über Jahrmillionen hinweg funktionieren kann. Dieses System ist über die Tiefe der Zeit gesehen erstaunlich robust. Wenn es jedoch überlastet wird, vor allem durch zu viel Stickstoff oder Phosphor, kann es Zustände herbeiführen, an die sich Organismen und Ökosysteme nicht mehr anpassen können, wie den Sauerstoffmangel in den Meeren – im Kleinen in der Ostsee und im Mar Menor, im Großen in den Ozeanen am Ende des Perms, als das Leben auf dem Planeten beinahe ausgelöscht worden wäre.

Weil sie so lebensnotwendig sind und trotz ihrer Fülle auf dem Planeten oft nur schwer verfügbar, sind wir auch in unserer Geschichte eng mit den Nährstoffen verbunden. Als sie knapp wurden, haben wir mit Forschergeist und Energie Wege zu neuen Quellen gefunden, zu den Kalisalzen tief in der Erde, zum trägen Stickstoff in der Luft. Weil sie chemisch sind, wer sie sind, können Stickstoff, Phosphor und Kalium nicht nur nähren, sondern auch zerstören. Ihre Sprengkraft hat nicht nur die Art verändert, wie wir Kriege führen, sondern auch, wie wir Straßen bauen, Flüsse stauen und Rohstoffe fördern. Als Dünger erneuern sie die Ackerböden der Welt und helfen, die Menschheit satt zu machen. Doch in Massen am falschen Ort bringen sie oft den Tod. An der Ostsee verbündeten sich ihretwegen mitten im Kalten Krieg die Staaten, um das Meer zu schützen. In Spanien ändert sich das Recht.

Im Lauf der Geschichte zeigt sich auch, wie sich unser Verhältnis zu Stickstoff, Phosphor und Kalium gewandelt hat. Als Nährstoffe machen sie von Anbeginn das Leben möglich und düngen später die ersten Felder. Mit der Entdeckung der Mineraldüngung werden sie Rohstoffe und profitable Ware. Ihrer Ausbeutung folgt oft die Ausbeutung von Menschen. An anderer Stelle nähren sie, und die Menschheit wächst. Die Düngung in Massen macht sie jedoch zu Schadstoffen. Allmählich beginnen wir, ihre Wirkung im Erdsystem zu verstehen, und sehen sie zunehmend als Wertstoffe, mit denen wir sorgfältig umgehen und die wir in unseren Wirtschaftskreisläufen behalten wollen.

Dabei hilft es, dass Stickstoff, Phosphor und Kalium neben all ihren großen Wirkungen in der Welt auch Teil unseres Alltagslebens sind. Das gibt uns reichlich Möglichkeiten, den Umgang zu gestalten. Was wir essen und wie wir es gewinnen, wie wir unsere Landschaften formen und unsere Städte, wie wir mit unseren Abfällen wirtschaften und ob wir solche in Zukunft überhaupt noch haben werden. An all diesen Stellen können wir zum Funktionieren beitragen. Und sind auch für das Funktionieren verantwortlich. Als Einzelpersonen und als Gesellschaft, im Kleinen beim Planen einer Kompostanlage oder eines Klärwerks ebenso wie im Großen bei den Entscheidungen darüber, wie unser Ernährungssystem künftig aussehen soll, aus welchen Quellen wir den notwendigen Düngerbedarf decken wollen oder wie viel Veränderung wir in einem Ökosystem wie der Ostsee in Kauf nehmen wollen.

Stickstoff, Phosphor und Kalium verbinden uns ganz direkt und physisch mit dem Planeten. Im einen Moment sind sie Felsen und Salze, im nächsten fließen sie durch uns hindurch wie Wasser und die Luft, die wir atmen. Ein stetes Pendeln zwischen Leben und nicht. Folgen wir ihren Strömen, dann finden wir die Geschichten, die wir brauchen, um uns dieses Erdsystem vorstellen zu können, von dem wir ein Teil sind und in dem wir einen Platz finden müssen. Ein System, in dem nicht nur Menschen und vielleicht noch ein paar andere Tiere den Lauf der Welt bestimmen, sondern auch und mindestens im gleichen Ausmaß Pflanzen und Bakterien, Pilze und Viren und – auf ihre eigene, eben erdige Art – die Erde selbst.

Epilog

Einen Nachmittag, als dieses Buch fast fertig ist, gehe ich nach dem Schreiben eine kurze Runde über die Obstwiese hinter dem Haus. Es ist eine junge Wiese mit alten Sorten, Hochstämme allesamt, kapitale Bäume, wenn sie mal groß sind. Am Waldrand hinter dem Maisacker staken nach den letzten Hitzesommern die Fichten kahl in den Himmel. Am Horizont kurbeln ein paar Turbinen im Wind.

Ich hole tief Luft, und während ich die Nase voll mit Stickstoff habe, wird mir für einen Moment bewusst, was diese Atome alles hinter sich haben. Geschmiedet im heißen Kern der ersten Sterne, in einem noch sehr jungen Universum, und jetzt, knapp 13,8 Milliarden Jahre später, nach einer kosmischen Reise zur Erde, durch Atmosphäre, Ozeane und den Boden unter meinen Füßen, durch Bakterienzellen, Kuhmägen, Quittenbäume – in meiner Nase. Nicht schlecht, denke ich. Und dann denke ich, was diese Atome noch alles vor sich haben, zusammen mit Phosphor, Kalium und den anderen. Und dann bin ich ein bisschen neidisch. Aber nur kurz. Denn mir fällt ein, dass ich ja dabei sein werde, irgendwie. In dieser besonderen elementaren Art, in der wir alle verbunden sind.

für e.
und f.

Dank

Mein erster Dank gilt den zahlreichen Wissenschaftlerinnen und Wissenschaftlern, mit denen ich über die Jahre der Vorarbeit für dieses Buch die verschlungenen Pfade von Stickstoff, Phosphor und Kali erkunden durfte. Sie waren überaus großzügig mit ihrer Zeit und Expertise, und ich bedaure, dass ich nicht alle in diesem Buch nennen konnte. Danken möchte ich insbesondere auch den Mitarbeiterinnen und Mitarbeitern verschiedener staatlicher Stellen, die meine Anfragen bearbeitet haben, vor allem in der Bundesanstalt für Geowissenschaften und Rohstoffe, beim Geologischen Landesdienst Baden-Württemberg, im Hessischen Landesamt für Naturschutz, Umwelt und Geologie, beim Norwegischen Geologischen Dienst, im Sächsischen Landesamt für Umwelt, Landwirtschaft und Geologie und beim Geologischen Dienst der USA. Sie haben nicht nur schnell und umfassend geantwortet, sondern mir durch ihre Erläuterungen die Arbeit mit den angeforderten Daten sehr erleichtert und mich wahrscheinlich vor einigen Fehlern bewahrt.

Besonders bedanken möchte ich mich außerdem bei Liz Tilley und Dana Cordell für ihre Unterstützung bei den Recherchen in Malawi, bei Dieter Stahl für seine Ausführungen über den Kali-Bergbau, bei der Regisseurin Lea Najjar für den Zugang zu ihrem Film Kash Kash und den Aufnahmen aus Beirut, und bei den zahllosen Freiwilligen der Wikipedia, ohne deren gesammeltes Schwarmwissen eine so viele Disziplinen überspannende Recherche wie diese kaum möglich wäre.

Für ihre finanzielle Unterstützung danke ich dem European Journalism Centre, der Deutschen Bundesstiftung Umwelt und der European Geological Union, die durch Stipendien und eine Projektförderung wichtige Teile der Recherche ermöglicht haben.

Meine Agentin Barbara Wenner und das wunderbare Team beim Hanser-Verlag um meine Lektorin Annika Domainko haben dieses Buch und auch mich als Autorin von Anfang an mit großem Engagement und viel Wohlwollen begleitet. Das weiß ich sehr zu schätzen und bedanke mich herzlich.

Schreiben ist im Gegensatz zur Filmerei eine recht einsame Tätigkeit. Dass ich trotzdem niemals allein dastand, verdanke ich einer ganzen Reihe von lieben Menschen, und niemandem mehr als euch, Sibylle, Kai, Rangi und Florian. Ich danke euch. Es war mir ein Fest. Ein Felsenfest.

Glossar

Die meisten Fachbegriffe in diesem Buch werden Ihnen schon begegnet sein. Für den Fall, dass die Erinnerung daran gerade etwas vage ist, hier eine kleine Auffrischung. Die Fachleute unter Ihnen bitte ich um Nachsicht, wenn die Erklärungen manchmal etwas hemdsärmelig daherkommen. Da ja aber die meisten von uns auf den meisten Gebieten Laien sind, hoffe ich, dass auch Sie auf diesen Seiten etwas Nützliches finden.
Stickstoff, Phosphor und Kalium kommen in der Natur und im sonstigen menschlichen Gebrauch in einer Vielzahl von Verbindungen und Zuständen vor. Um die Dinge für die Zwecke dieses Buches zu vereinfachen, bleibe ich **nah am allgemeinen Sprachgebrauch** und verwende bis auf wenige Ausnahmen die Elementarnamen, unabhängig davon, in welcher chemischen Form die Stoffe gerade vorliegen. Das heißt, »**Stickstoff**« umfasst in diesem Buch auch Stickstoffverbindungen, »**Phosphor**« auch Phosphate und andere Phosphorverbindungen. Bei Kalium hat sich im Deutschen im Zusammenhang sowohl mit Bergbau als auch mit Düngemitteln der Begriff »**Kali**« eingebürgert, und ich benutze diesen entsprechend.

Chemisches

Ein chemisches **Element** ist eine Substanz, die mit chemischen Methoden nicht in eine andere zerlegt oder umgewandelt werden kann (wohl aber durch eine Kernreaktion).
Ein **Atom** ist die kleinste mögliche Menge eines Elements. Atome sind die Bausteine, aus denen alle festen, flüssigen und gasförmigen Stoffe bestehen. Der Atomkern besteht aus Protonen und Neutronen. Die Atomhülle besteht aus negativ geladenen **Elektronen**.
Ein **Molekül** ist eine Gruppe von zwei oder mehr Atomen, die durch chemische Bindungen zusammengehalten werden.
Ein **Ion** ist ein elektrisch geladenes Atom oder Molekül. Die Ladung entsteht, wenn ein Atom oder Molekül gegenüber seinem neutralen Zustand Elektronen aufgenommen oder abgegeben hat. Bei Elektronenüberschuss

ist das Ion negativ geladen (Anion), bei Elektronenmangel ist seine Ladung positiv (Kation).
Isotope sind verschiedene Atomarten desselben Elements, die sich in der Anzahl ihrer Neutronen im Atomkern unterscheiden.
Die **Ordnungszahl** gibt die Zahl der Protonen in jedem Atom eines Elements an. In elektrisch neutralen Atomen ist die Anzahl der Protonen gleich der Anzahl der Elektronen. Die Ordnungszahl gibt auch die Position eines Elements im Periodensystem an.
Alle drei Elemente – Stickstoff, Phosphor und Kalium – haben **ungerade Ordnungszahlen** und sind damit generell **seltener** als Elemente mit geraden Ordnungszahlen. Elemente mit einer geraden Anzahl an Protonen und Elektronen haben eine höhere Bindungsenergie. Dadurch sind sie stabiler und damit auch häufiger. Diese Unterschiede gehen zurück auf die Entstehung der Elemente kurz nach der Entstehung des Universums.
Ein **Mineral** ist ein durch geologische Prozesse entstandener Feststoff. Es ist in der Regel kristallin und kann ein Element oder eine chemische Verbindung sein.
Mineralstoffe sind lebensnotwendige anorganische Substanzen. Man unterscheidet zwischen Spurenelementen, wie Eisen, Jod, Selen oder Zink, und Mengenelementen, zu denen neben Kalzium, Chlor und einigen weiteren auch Kalium und Phosphor gehören.
Der Begriff **Nährstoff** wird je nach Kontext unterschiedlich definiert. In diesem Buch umfasst er, falls nicht anders vermerkt, die Elemente Stickstoff, Phosphor und Kalium. Weitere Nährstoffe in der Pflanzenernährung sind Wasser und Kohlendioxid. Da sie jedoch nicht Thema dieses Buches sind, sind sie hier mit Nährstoffen nicht mitgemeint. In der tierischen Ernährung unterscheidet man zudem im Sprachgebrauch häufig zwischen Fetten, Eiweißen und Kohlenhydraten als Hauptnährstoffen und Vitaminen und Mineralstoffen als weiteren wichtigen Nahrungsbestandteilen. Diese setzen sich jedoch aus den gleichen Elementen zusammen, wie sie auch für die Pflanzenernährung notwendig sind.
Organische Verbindungen basieren auf Kohlenstoff. Zu ihnen gehören zum Beispiel Proteine und Kohlenhydrate. Zu den **anorganischen** Stoffen zählen alle Elemente, alle kohlenstofffreien Verbindungen sowie außerdem Kohlenstoffverbindungen ohne atomare Kohlenstoff-Wasserstoff-Bindung, zum Beispiel CO_2, Kohlensäure oder Carbonate.
Unter **Salz** verstehen wir im alltäglichen Sprachgebrauch meist Speisesalz, also Kochsalz (Natriumchlorid, NaCl). In der Chemie umfasst der Begriff

jedoch eine viel größere Gruppe chemischer Verbindungen, die charakteristische Ionengitter bilden und meist als feste Kristalle vorliegen. Zu ihnen gehören nicht nur die diversen Kalisalze, sondern auch Phosphate und Nitrate.

Stickstoff hat die Ordnungszahl 7. Sein Elementarzeichen **N** leitet sich vom lateinischen *nitrogenium* ab, was etwa »Salpeterbildner« heißt. Der deutsche Name (wie auch die französische Bezeichnung *azote*) gehen auf die Beobachtung zurück, dass Lebewesen in reinem Stickstoff ersticken (also *a-zōós* sind, »ohne Leben«). Als Distickstoff oder molekularer Stickstoff (N_2) macht er 78 Prozent der Luft in der Erdatmosphäre aus. Man spricht darum auch von »**Luftstickstoff**«.
Reaktiver Stickstoff umfasst stickstoffhaltige Verbindungen, die im Gegensatz zum Luftstickstoff reaktionsfreudig sind. Dies sind die meisten.
Im Zuge der **Stickstofffixierung**, etwa durch Knöllchenbakterien, Cyanobakterien oder auch mittels des Haber-Bosch-Verfahrens, wird der reaktionsträge Luftstickstoff in andere Verbindungen umgewandelt und damit unter anderem als Nährstoff für Lebewesen verfügbar.
Ammoniak (NH_3) ist ein stechend riechendes, farbloses, giftiges Gas und der wichtigste Grundstoff für die Produktion weiterer Stickstoffverbindungen.
Ammonium (NH_4^+) ist ein Kation. Es entsteht in der Natur hauptsächlich durch den Abbau von Proteinen, zum Beispiel durch Pilze und Bakterien.
Ammoniumnitrat (NH_4NO_3) ist ein Ammoniumsalz, das heute zumeist synthetisch erzeugt wird, zum Beispiel durch die Reaktion von Ammoniak mit Salpetersäure. Es wird sowohl zur Herstellung von Düngemitteln verwendet als auch als Bestandteil von Sprengstoffen.
Im Stickstoffkreislauf werden Ammoniak und Ammonium im Boden und im Wasser im Zuge der **Nitrifikation** von Bakterien zuerst zu Nitrit und von anderen Bakterien weiter zu Nitrat verarbeitet.
Nitrit (NO_2^-) ist ein Ion, das als Salz oder gelöst in Wasser vorliegen kann. Nitrite sind giftig. In geringen Mengen werden sie oft als Pökelsalz verwendet.
Nitrat (NO_3^-) ist ebenfalls ein Ion. Es kommt meist gelöst im Wasser vor und wird von Pflanzen und Mikroorganismen aufgenommen.
Bei der **Denitrifikation** setzen bestimmte Bakterien Nitrite und Nitrate für ihre Energiegewinnung ein und überführen sie über mehrere Zwischenstufen wieder in Luftstickstoff. Dieser Prozess wird manchmal auch Nitratatmung genannt.

Nitrathaltige Salze nennt man umgangssprachlich **Salpeter**. Zu ihnen gehören unter anderem **Kalisalpeter** (auch: Bengalsalpeter, Kaliumnitrat, KNO_3), **Chilesalpeter** (auch: Natronsalpeter, Natriumnitrat, $NaNO_3$) und **Kalk- oder Mauersalpeter** (Kalziumnitrat, $Ca(NO_3)_2$).
Konversionssalpeter ist Kalisalpeter, der in Deutschland bis Anfang des 20. Jahrhunderts aus importiertem Chilesalpeter und Kaliumchlorid aus dem Kalibergbau gewonnen wurde.

Kalisalpeter ist der Hauptbestandteil von **Schwarzpulver.**
Schwarzpulver ist sozusagen der Vorfahre der modernen Sprengstoffe. Es wurde vor über tausend Jahren im alten China erfunden und kam von dort wahrscheinlich über die Seidenstraße nach Europa. Schwarzpulver lässt sich auch mit Natronsalpeter wie dem aus Chile herstellen. Dieser neigt jedoch dazu, die Feuchtigkeit aus der Umgebung anzuziehen. Als Schießpulver sind diese Mischungen daher ungeeignet. Für die Sprengstoff- und Munitionsherstellung im großen Stil wurde Chilesalpeter erst interessant, als man eine Methode gefunden hatte, ihn chemisch als »Konversionssalpeter« in Kalisalpeter umzuwandeln.
Im Gegensatz zu Kalisalpeter, der in der Natur nur in relativ kleinen Mengen vorkommt, konnte **Chilesalpeter** in den großen Lagerstätten Südamerikas im großen Stil abgebaut werden, weshalb er als Rohstoff für die Munitionsherstellung historisch eine wichtige Rolle einnahm. Mit der Erfindung von Nitroglycerin und Dynamit wurde er später auch direkt zu Explosivstoff verarbeitet.

Stickstoff kommt auch in wichtigen Gasen vor. **Stickstoffdioxid** (NO_2) ist ein rotbraunes, gesundheitsschädliches Reizgas, das vor allem in Verbrennungsprozessen entsteht. **Sickstoffmonoxid** (NO) ist ein kurzlebiges Gas, das in Abgasen schnell zu Stickstoffdioxid reagiert. Die beiden werden oft unter dem Sammelbegriff **Stickoxide** (NO_x) zusammengefasst.
Lachgas ist der Trivialname für Distickstoffmonoxid (N_2O). Historisch wurde es als Narkosemittel eingesetzt. Es ist außerdem ein langlebiges Treibhausgas und trägt erheblich zur globalen Erhitzung bei.

Harnstoff (CH_4N_2O) ist eine stickstoffhaltige Verbindung, die beim Abbau von Proteinen im Körper entsteht. Bei Säugetieren wird er mit dem Urin und in geringeren Mengen auch im Schweiß ausgeschieden. Harnstoff

(Urea) ist ein viel genutzter Stickstoffdünger und ein Ausgangsstoff für die chemische Industrie.
Vögel, Reptilien, Schnecken und einige andere Tiere geben ihre stickstoffhaltigen Stoffwechselprodukte in Form von konzentrierter **Harnsäure** ($C_5H_4N_4O_3$) ab, einer weißen, zähflüssigen Paste. Darum ist »Vogelkacke« meistens weiß (mit einem kleinen dunklen Anteil, dem eigentlichen Kot).

Das Elementsymbol für **Phosphor** ist **P**. Seine Ordnungszahl ist 15. Sein Name leitet sich vom griechischen *phōsphóros* ab, »lichttragend«.
Auf der Erde kommt Phosphor fast ausschließlich in gebundener Form vor, meist als Phosphat. **Apatit** und **Phosphorit** sind typische phosphorhaltige Minerale.
Guano, der durch die Verwitterung von Seevogelexkrementen entsteht, enthält neben Nitraten auch große Mengen Phosphor.
Das Molekül **Adenosintriphosphat (ATP)** ist ein wichtiger Energieträger in den Zellen von Lebewesen. Durch das Abspalten von einer oder zwei Phosphatgruppen entsteht Adenosindiphosphat (ADP) bzw. Adenosinmonophosphat (AMP). Durch diese Umwandlung wird Energie frei, die sodann für andere Prozesse in der Zelle genutzt werden kann, etwa Muskelkontraktionen, die Weiterleitung von Nervenimpulsen oder die Synthese neuer Verbindungen.
Der Phosphorgehalt in Düngemitteln wird oft umgerechnet auf **Phosphorpentoxid (P_2O_5)** angegeben, um die unterschiedlichen Düngermixturen besser vergleichen zu können.
Superphosphate sind Düngemittel, die durch die Behandlung von Phosphatgestein (früher auch Knochen) mit Schwefelsäure hergestellt werden.

Der Name **Kalium** leitet sich von *al-qalya* ab, dem arabischen Wort für Pflanzenasche. Sein Elementarsymbol ist **K**, die Ordnungszahl 19. Im Periodensystem zählt es zur Hauptgruppe der Alkalimetalle.
Kalium kommt in der Natur in einer Vielzahl von Mineralen vor. Von diesen werden vor allem die Kalisalze **Sylvin (Kaliumchlorid)** und **Kainit** wirtschaftlich genutzt, zumeist als Dünger. Kaliumchlorid (in älteren Texten auch: **Chlorkalium**) ist auch der Rohstoff für die Herstellung der meisten technisch genutzten Kaliumverbindungen (s. u.).
Kaliumoxid (K_2O) wird als Bezugsgröße für den Anteil an Kalium in Düngemitteln herangezogen. Es wird nicht als Düngemittel genutzt.
Kalisalpeter und **Schwarzpulver**: s. o.

Kaliumkarbonat (K_2CO_3) ist das Kaliumsalz der Kohlensäure. Es wird als Rohstoff für die Herstellung von Glas, Seife und anderen chemischen Produkten verwendet. Historisch wurde Kaliumkarbonat aus Pflanzenasche (vor allem aus der Verbrennung von Holz, aber auch von Seetang) gewonnen, die mit Wasser ausgewaschen und dann in »Pötten« eingedampft wurde. Daher auch der Name **Pottasche**, der auch der Ursprung des englischen Begriffs *potash* ist, unter dem heute viele mineralische Kaliumsalze zusammengefasst werden.

Dünger

Mineraldünger sind anorganische Düngemittel, das heißt, die Nährstoffe liegen in mineralischer Form vor, meist als Salze. Sie werden in der Regel industriell erzeugt und als Granulat, als Pulver oder in flüssiger Form ausgebracht. Oft werden sie auch **synthetische Dünger** genannt.
Organische Dünger enthalten die Nährstoffe vor allem in Form von organischen Verbindungen wie Pflanzenteilen oder tierischen Ausscheidungen. Beispiele sind Stallmist, Gülle, Gärreste aus Biogasanlagen, Kompost oder Stroh. Entstehen die Dünger im landwirtschaftlichen Betrieb, spricht man auch von **Wirtschaftsdüngern**.

Mehr als Dünger

Neben ihrer Verwendung als Düngemittel werden Stickstoff, Phosphor und in geringerem Umfang auch Kalium noch in vielen anderen Lebensbereichen eingesetzt.
So sind viele Sprengstoffe Stickstoffverbindungen, und auch in der organischen Chemie spielen Stickstoffverbindungen eine wichtige Rolle. Als Gas wird Stickstoff unter anderem zum Füllen von Flugzeugreifen verwendet, es dient als Schutzgas beim Schweißen oder auch als Füllgas bei Glühlampen. Flüssigstickstoff ist ein wichtiges Kältemedium, das etwa zum Kühlen von Hochtemperatursupraleitern verwendet wird oder auch zur Lagerung medizinischer Proben, Eizellen oder Sperma und zur Herstellung von Speiseeis. Phosphor wird sowohl als Bestandteil von Flammschutzmitteln als auch bei der Streichholzherstellung eingesetzt. Phosphorsäure ist Ausgangsstoff für eine Vielzahl chemischer Verbindungen. In hoher Konzentration ist sie

ätzend, doch in verdünnter Form ist sie in der Lebensmittelindustrie ein weit verbreitetes Konservierungs- und Säuerungsmittel. In Lithium-Eisenphosphat-Akkumulatoren (LFP-Akkus) wird Phosphor zunehmend auch in der Batterietechnik eingesetzt.
Kalium wird vor allem in Form von Kalilauge (KOH, auch: Kaliumhydroxid, Ätzkali) in großen Mengen in der chemischen Industrie verbraucht, unter anderem bei der Herstellung von Seifen und Farbstoffen. Kalilauge ist auch ein wichtiges Elektrolyt in Nickel-Cadmium-Akkumulatoren.

Maße und Massen

Ein **Hektar** umfasst die Fläche eines Quadrats mit 100 Meter Seitenlänge, also 10 000 Quadratmeter. Zum Vergleich: Ein Fußballfeld mit den Seitenlängen 68 und 105 Meter hat eine Fläche von 0,714 Hektar.
Landwirtschaftsbetriebe in Deutschland haben im Durchschnitt eine Nutzfläche von rund 63 Hektar. Kleinbetriebliche Strukturen sind vor allem in Süddeutschland zu finden, während im Norden Großbetriebe überwiegen. Die Zahl der Betriebe mit weniger als 100 Hektar Nutzfläche nimmt bundesweit seit Jahren ab. Die Betriebe mit mehr als 100 Hektar Nutzfläche bewirtschaften zusammen rund 62 Prozent der gesamten landwirtschaftlich genutzten Fläche in Deutschland.
Eine **Tonne (t)** sind 1000 Kilogramm.
Eine **Megatonne (Mt)** sind 1 Million Tonnen (1 000 000 t).

Anmerkungen

Einleitung

1 Margulis, L., Sagan, D. (1999): Leben. Vom Ursprung zur Vielfalt. S. 42
2 Toepfer, G. (2011): Mensch. In: Historisches Wörterbuch der Biologie
3 Lenton, T. (2016): Earth system science. S. 1
4 Seo, K.-W. et al. (2023): Drift of Earth's Pole Confirms Groundwater Depletion as a Significant Contributor to Global Sea Level Rise 1993–2010

Teil I: Nährstoff

1 Über die Explosion wurde in vielen Medien berichtet. Für die Informationen über die Herkunft des Ammoniumnitrats beziehe ich mich vor allem auf die Recherchen der Journalistinnen und Journalisten der *New York Times* und der *BBC*, insbesondere:
Walsh, D., Higgins, A. (2020): Blame for Beirut Explosion Begins With a Leaky, Troubled Ship (*NYT*)
Ruhayem, R., Adams, P. (2020): The inferno and the mystery ship (*BBC*)
2 Morton, O. (2009): Eating the Sun. S. 251 f, 283
3 Mann, C. C. (2018): The wizard and the prophet. S. 184 ff
4 Elser, J., Haygarth, P. (2021): Phosphorus. Past and future. S. 19
5 Scott, J. C. (2017): Against the grain. A deep history of the earliest states. S. 66
6 Smil, V. (2004): Enriching the earth. S. 26 f
7 Smil, V. (2004): Enriching the earth. S. 27
8 Smil, V. (2004): Enriching the earth. S. 28
9 Preger, A. (2022): Gobale Überdosis. S. 62
10 Smil, V. (2004): Enriching the earth. S. 29
11 Preger, A. (2022): Gobale Überdosis. S. 57 ff

12 Allen, R. C. (2008): The Nitrogen Hypothesis and the English Agricultural Revolution. S. 182
13 Chorley, G. P. H. (1981): The agricultural revolution in northern Europe. S. 92
14 Smil, V. (2004): Enriching the earth. S. 31
15 Smil, V. (2004): Enriching the earth. S. 21 f
16 Wehler, H. U. (1995): Deutsche Gesellschaftsgeschichte, Bd. 3. S. 7 ff
17 Die folgenden Informationen zu Sprengel stammen überwiegend aus Ploeg, R. R. van der et al. (1999): On the origin of the Theory of Mineral Nutrition of Plants and the Law of the Minimum
18 Ploeg, R. R. van der et al. (1999): On the origin of the Theory of Mineral Nutrition of Plants and the Law of the Minimum. S. 1058
19 Krätz, O. (2003): Annäherung an ein schwieriges Genie – Justus Liebig
20 Liebig, J. von (1855): Die Grundsätze der Agricultur-Chemie. S. 14 ff
21 Smil, V. (2004): Enriching the earth. S. 8
22 Sprengel, C. (1828): Von der Substanz der Ackerkrume und des Untergrundes
23 Zitiert nach Ploeg, R. R. van der et al. (1999). S. 1058

Teil 2: Rohstoff

1 Rott, A. (2016): Alexander von Humboldt brachte Guano nach Europa – mit ungeahnten Folgen
2 Cushman, G. T. (2013): Guano and the opening of the Pacific world. S. 25 f
3 Cushman, G. T. (2013): Guano and the opening of the Pacific world. S. 26
4 Cushman, G. T. (2013): Guano and the opening of the Pacific world. S. 43 f
5 Rott, A. (2016): Alexander von Humboldt brachte Guano nach Europa – mit ungeahnten Folgen. S. 89
6 Cushman, G. T. (2013): Guano and the opening of the Pacific world. S. 54
7 Mann, C. C. (2018): The wizard and the prophet
8 Rott, A. (2016): Alexander von Humboldt brachte Guano nach Europa – mit ungeahnten Folgen. S. 88 ff
9 Hth, G. (1863): Der Guano und seine Fundorte. S. 260

10 Smil, V. (2004): Enriching the earth. S. 43
11 Rott, A. (2016): Alexander von Humboldt brachte Guano nach Europa – mit ungeahnten Folgen. S. 94
12 Cushman, G. T. (2013): Guano and the opening of the Pacific world. S. 53
13 Cushman, G. T. (2013): Guano and the opening of the Pacific world. S. 51
14 Cushman, G. T. (2013): Guano and the opening of the Pacific world. S. 52
15 Cushman, G. T. (2013): Guano and the opening of the Pacific world. S. 74 (Übersetzung durch die Autorin)
16 Smil, V. (2004): Enriching the earth. S. 45 f
17 Smil, V. (2004): Enriching the earth. S. 241
18 Cushman, G. T. (2013): Guano and the opening of the Pacific world. S. 73
19 Hager, T. (2008): The alchemy of air. S. 45
20 Hager, T. (2008): The alchemy of air. S. 51
21 Smil, V. (2004): Enriching the earth. S. 44 f
22 Michalski, G. (2004): Long term atmospheric deposition as the source of nitrate and other salts in the Atacama Desert, Chile: New evidence from mass-independent oxygen isotopic compositions
23 Hartley, A. J. et al. (2005): 150 million years of climatic stability: evidence from the Atacama Desert, northern Chile
24 Smil, V. (2004): Enriching the earth. S. 241
25 Smil, V. (2004): Enriching the earth. S. 46
26 Hager, T. (2008): The alchemy of air. S. 53
27 Ostersehlte, C. (2019): Die Reederei F. Laeisz in Hamburg
28 Smil, V. (2004): Enriching the earth. S. 47
29 Hager, T. (2008): The alchemy of air. S. 52
30 Smil, V. (2004): Enriching the earth. S. 46
31 Fehr, S. (2015): Stickstoff als Schlüsselressource im Ersten Weltkrieg. S. 181
32 Cushman, G. T. (2013): Guano and the opening of the Pacific world. S. 70
33 Jaenicke (1958): Johannes Jaenickes Interview mit George von Hevesy und Hermann Staudinger (zitiert nach Preger, A. (2022): Gobale Überdosis. S. 91)
34 Smil, V. (2004): Enriching the earth. S. 70
35 Smil, V. (2004): Enriching the earth. S. 80
36 Smil, V. (2004): Enriching the earth. S. 77
37 Smil, V. (2004): Enriching the earth. Chapter 5: Creating an Industry. S. 83–107

38 Hager, T. (2008): The alchemy of air. S. 136

39 Kurz nach Kriegsbeginn ließ die Kriegs-Rohstoff-Abteilung unter Walther Rathenau Salpetersäure (zur Herstellung von Chilesalpeter) und »Kunstsalpeter« (Natriumnitrat, als Ersatz für Chilesalpeter) durch Ammoniakoxidation herstellen und sicherte so vorerst die Munitionsherstellung. Auch die Kalkstickstoffproduktion wurde gesteigert.
Fehr, S. (2015): Stickstoff als Schlüsselressource im Ersten Weltkrieg

40 Fehr, S. (2015): Stickstoff als Schlüsselressource im Ersten Weltkrieg. S. 185

41 BASF Unternehmensgeschichte https://www.basf.com/global/de/who-we-are/history/Oppau1921.html (abgerufen 30.04.2024)

42 Wikipedia: Explosion des Oppauer Stickstoffwerkes https://de.wikipedia.org/wiki/Explosion_des_Oppauer_Stickstoffwerkes# (abgerufen 30.04.2024)

43 Hager, T. (2008): The alchemy of air. S. 265

44 Hager, T. (2008): The alchemy of air. S. 250 (Haber). S. 260 ff (Bosch)

45 Erisman, J. W. (2008): How a century of ammonia synthesis changed the world

46 Smil, V. (1999): Detonator of the population explosion

47 Galloway, J. N. et al. (2021): The Human Creation and Use of Reactive Nitrogen: A Global and Regional Perspective

48 Erisman, J. W. (2008): How a century of ammonia synthesis changed the world

49 Paul, J. et al. (2020): Einführung in die Stratigraphie des Zechsteins. S. 23

50 Halliday, T. (2022): Urwelten. S. 173

51 Paul, J. et al. (2020): Einführung in die Stratigraphie des Zechsteins. S. 19
Hohmann, H.-J., Mehnert, D. (Hrsg.) (2004): Bunte Salze, weiße Berge. S. 8

52 Hohmann, H.-J., Mehnert, D. (Hrsg.) (2004): Bunte Salze, weiße Berge. S. 8 ff

53 Hohmann, H.-J., Mehnert, D. (Hrsg.) (2004): Bunte Salze, weiße Berge. S. 14

54 Delhaes-Guenther, K. v. (1974): Kali in Deutschland. S. 47

55 Delhaes-Guenther, K. v. (1974): Kali in Deutschland. S. 23 f

56 Delhaes-Guenther, K. v. (1974): Kali in Deutschland. S. 145

57 Prüfer, T. (2006): Wachstum erleben. S. 23

58 Wehler, H. U. (1995): Deutsche Gesellschaftsgeschichte, Bd. 3. S. 4, 12
59 Prüfer, T. (2006): Wachstum erleben. S. 27
60 Delhaes-Guenther, K. v. (1974): Kali in Deutschland. S. 41 f
61 Delhaes-Guenther, K. v. (1974): Kali in Deutschland. S. 163–165
62 Delhaes-Guenther, K. v. (1974): Kali in Deutschland. S. 168
63 Delhaes-Guenther, K. v. (1974): Kali in Deutschland. S. 80 f
64 Delhaes-Guenther, K. v. (1974): Kali in Deutschland. S. 57 f
65 Delhaes-Guenther, K. v. (1974): Kali in Deutschland. S. 58
66 Prüfer, T. (2006): Wachstum erleben. S. 28
67 Prüfer, T. (2006): Wachstum erleben. S. 29, 58
Delhaes-Guenther, K. v. (1974): Kali in Deutschland. S. 149 f
68 Delhaes-Guenther, K. v. (1974): Kali in Deutschland. S. 161
69 Prüfer, T. (2006): Wachstum erleben. S. 35
Delhaes-Guenther, K. v. (1974): Kali in Deutschland. S. 140
70 Delhaes-Guenther, K. v. (1974): Kali in Deutschland. S. 150
71 Da Kalisalze unterschiedliche Mengen an Kalium enthalten, werden die gehandelten Tonnagen zur besseren Vergleichbarkeit in Kaliumoxid-Äquivalenten (K_2O) angegeben.
72 Delhaes-Guenther, K. v. (1974): Kali in Deutschland. S. 155
73 Prüfer, T. (2006): Wachstum erleben. S. 46–55
74 Ciceri, D. et al. (2014): Historical and technical developments of potassium resources. S. 593
75 Ciceri, D. et al. (2014): Historical and technical developments of potassium resources. S. 595
76 USGS (2024): Mineral Commodity Summaries – Potash.
Alle Angaben über Kalimengen in Kaliumoxid (K_2O)-Äquivalenten
77 Aufgrund von Sanktionen, Einfuhrquoten, Exportstopps und anderen Maßnahmen im Zusammenhang mit dem russischen Angriff auf die Ukraine im Februar 2022 fiel die Weltproduktion für Kali von über 46 Millionen Tonnen im Jahr 2021 auf rund 40 Millionen Tonnen im Folgejahr, vor allem durch den Produktionsrückgang in Belarus und Russland.
78 Braukmann. U., Böhme, D. (2010): Salt pollution of the middle and lower sections of the river Werra (Germany) and its impact on benthic macroinvertebrates
79 Baberschke, N. et al. (2019): Potash mining effluents and ion imbalances cause transient osmoregulatory stress, affect gill integrity and elevate chronically plasma sulfate levels in adult common roach, *Rutilus rutilus*

LAVES (2020): Fischbestandserfassungen in Oberweser und Werra. S. 34 ff

80 Baberschke, N. et al. (2019): Potash mining effluents and ion imbalances cause transient osmoregulatory stress, affect gill integrity and elevate chronically plasma sulfate levels in adult common roach, *Rutilus rutilus*

81 Coring, E., Bäthe, J. (2010): Effects of reduced salt concentrations on plant communities in the River Werra (Germany)

82 Prüfer, T. (2006): Wachstum erleben. S. 193

83 FGG Weser 2021, Tabelle 5.3

84 Hutching, M. (2020): Aerial Topdressing and Aircraft Service (NZ) Ltd.

85 Eine Sammlung von Fotos, die das Beladen und die Flugzeuge im Einsatz zeigen, findet sich in der Online-Kollektion des neuseeländischen Museums für Transport und Technik (MOTAT): https://collection.motat.nz/objects/69954/folder-of-aircraft-service-nz-ltd

86 Caradus, J. R. et al. (2021): Pastoral agriculture, a significant driver of New Zealand's economy, based on introduced grassland ecology and technological advances

87 Star, P. (2005): Native forests to empires of grass: The construction of New Zealand's grasslands

88 Mark, A. F. (2007): ›Grasslands‹, Te Ara – the Encyclopedia of New Zealand

89 Star, P. (2005): Native forests to empires of grass: The construction of New Zealand's grasslands

90 Brooking, T., Pawson, E. (2011): Seeds of Empire. S. 87, 97

91 Cronon, W. (1991): Nature's Metropolis. S. 233

92 Stringleman, H., Peden, R. (2015): ›Sheep farming – The refrigerated meat trade‹, Te Ara – the Encyclopedia of New Zealand

93 Brett, H. (1924): White Wings Vol I. Fifty Years Of Sail In The New Zealand Trade, 1850 to 1900. The Dunedin

94 Caradus, J. R. et al. (2021): Pastoral agriculture, a significant driver of New Zealand's economy, based on introduced grassland ecology and technological advances

95 Brooking, T., Pawson, E. (2011): Seeds of Empire. S. 71

96 Brooking, T., Pawson, E. (2011): Seeds of Empire. S. 69

97 Brooking, T., Pawson, E. (2011): Seeds of Empire. S. 175–179

98 Brooking, T., Pawson, E. (2011): Seeds of Empire. S. 182 f

99 Brooking, T., Pawson, E. (2011): Seeds of Empire. S. 202 (Übersetzung durch die Autorin)

100 Brooking, T., Pawson, E. (2011): Seeds of Empire. S. 183 (Übersetzung durch die Autorin)

101 McSaveney, E. (2024): ›Floods – The Kōpuawhara flash flood, 1938‹. Te Ara – the Encyclopedia of New Zealand.

102 Brooking, T., Pawson, E. (2011): Seeds of Empire. S. 195

103 Cushman, G. T. (2013): Guano and the opening of the Pacific world. S. 230

104 Brooking, T., Pawson, E. (2011): Seeds of Empire. S. 194

105 Hutching, M. (2020): Aerial Topdressing and Aircraft Service (NZ) Ltd.

106 Maber, J. (2008): ›Topdressing‹, Te Ara – the Encyclopedia of New Zealand.

107 Brooking, T., Pawson, E. (2011): Seeds of Empire. S. 203 f

108 Teaiwa, K. (2015): Paradise Lost. Australian National University TV. (Video)

109 Teaiwa, K. (2014): Consuming Ocean Island. S. 56

110 Brooking, T., Pawson, E. (2011): Seeds of Empire. S. 187

111 Cushman, G. T. (2013): Guano and the opening of the Pacific world. S. 114 (Übersetzung durch die Autorin)
Diese ersten Europäer gaben der Insel auch den Namen Ocean Island, der auch heute noch häufig verwendet wird.

112 Torrens, H. (1995): Mary Anning (1799–1847) of Lyme, ›the greatest fossilist the world ever knew‹

113 Rosen, J. (2021): Humanity is flushing away one of life's essential elements

114 Rott, B. (2021): Einige Aspekte zur Rolle von Phosphor in der Geschichte der Menschheit. S. 106

115 Cushman, G. T. (2013): Guano and the opening of the Pacific world. S. 82

116 Cushman, G. T. (2013): Guano and the opening of the Pacific world. S. 117 f

117 Halliday, T. (2022): Urwelten

118 Cushman, G. T. (2013): Guano and the opening of the Pacific world. S. 120

119 Teaiwa, K. (2014): Consuming Ocean Island. S. 8 f

120 Siehe auch Teaiwa, K. in: Clark, N., Szerszynski, B. (2021): Planetary social thought. S. 146

121 Teaiwa, K. (2014): Consuming Ocean Island. S. 8 f (Übersetzung durch die Autorin)

122 Zitiert nach Teaiwa, K. (2014): Consuming Ocean Island. S. 12 f (Übersetzung durch die Autorin)

123 Cushman, G. T. (2013): Guano and the opening of the Pacific world. S. 113 f

124 Teaiwa, K. (2014): Consuming Ocean Island. S. 115

125 Cushman, G. T. (2013): Guano and the opening of the Pacific world. S. 114

126 Cushman, G. T. (2013): Guano and the opening of the Pacific world. S. 125

127 Teaiwa, K. (2014): Consuming Ocean Island. S. 44 ff
Cushman, G. T. (2013): Guano and the opening of the Pacific world. S. 118 f

128 Cushman, G. T. (2013): Guano and the opening of the Pacific world. S. 118 f

129 Zitiert nach: Teaiwa, K. (2014): Consuming Ocean Island. S. 46 (Übersetzung durch die Autorin)

130 Cushman, G. T. (2013): Guano and the opening of the Pacific world. S. 125

131 Teaiwa, K. (2014): Consuming Ocean Island. S. 120

132 Cushman, G. T. (2013): Guano and the opening of the Pacific world. S. 107

133 Jehan, D. (2022): Tramways, Coconuts and Phosphate. S. 19

134 Jehan, D. (2022): Tramways, Coconuts and Phosphate. S. 28, 35 ff, 45 ff

135 Jehan, D. (2022): Tramways, Coconuts and Phosphate. S. 27 (Übersetzung durch die Autorin)

136 Cushman, G. T. (2013): Guano and the opening of the Pacific world. S. 121

137 Cushman, G. T. (2013): Guano and the opening of the Pacific world. S. 127 (Übersetzung durch die Autorin)

138 Cushman, G. T. (2013): Guano and the opening of the Pacific world. S. 108 (Übersetzung durch die Autorin)

139 Cushman, G. T. (2013): Guano and the opening of the Pacific world. S. 127 f (Aktualisierung des Geldwerts für 2024 durch die Autorin; Daten des Arbeitsministeriums der USA)

140 Cushman, G. T. (2013): Guano and the opening of the Pacific world. S. 125

141 Teaiwa, K. (2014): Consuming Ocean Island. S. 130
Cushman, G. T. (2013): Guano and the opening of the Pacific world. S. 128

142 Cushman, G. T. (2013): Guano and the opening of the Pacific world. S. 123

143 Teaiwa, K. (2014): Consuming Ocean Island. S. 123 f

144 Cushman, G. T. (2013): Guano and the opening of the Pacific world. S. 124 (Übersetzung durch die Autorin)

145 Teaiwa, K. (2014): Consuming Ocean Island. S. 122

146 Teaiwa, K. (2014): Consuming Ocean Island. S. 132 f
Cushman, G. T. (2013): Guano and the opening of the Pacific world. S. 125 f

147 Zitiert nach Teaiwa, K. (2014): Consuming Ocean Island. S. 132 (Übersetzung durch die Autorin)

148 Cushman, G. T. (2013): Guano and the opening of the Pacific world. S. 127

149 Cushman, G. T. (2013): Guano and the opening of the Pacific world. S. 126 f (Übersetzung durch die Autorin)

150 Cushman, G. T. (2013): Guano and the opening of the Pacific world. S. 230 f

151 Cushman, G. T. (2013): Guano and the opening of the Pacific world. S. 234 ff

152 Cushman, G. T. (2013): Guano and the opening of the Pacific world. S. 234 ff

153 Brooking, T., Pawson, E. (2011): Seeds of Empire. S. 187

154 Jehan, D. (2022): Tramways, Coconuts and Phosphate. S. 79 f

155 The Open University United Kingdom (o. J.): Coming home to Banaba (Video)

156 Teaiwa, K. (2014): Consuming Ocean Island. S. 138

157 Teaiwa, K. (2014): Consuming Ocean Island. S. 179

158 Teaiwa, K. (2014): Consuming Ocean Island. S. 165

159 Teaiwa, K. (2014): Consuming Ocean Island. S. 173

160 Teaiwa, K. (2022): No more drinking water, little food: our island is a field of bones.

161 Kava ist eine Pflanzenart aus der Familie der Pfeffergewächse. Im westpazifischen Raum wird aus ihren Wurzeln und anderen Pflanzenteilen ein Getränk hergestellt, das traditionell vor allem bei religiösen und kulturellen Zeremonien gereicht wird, aber auch eine wichtige Rolle bei verschiedenen anderen Anlässen spielt.

162 Teaiwa, K. (2014): Consuming Ocean Island. Prelude (ohne Seitenangabe) (Übersetzung durch die Autorin)

163 Clark, N., Szerszynski, B. (2021): Planetary social thought. S. 148
164 Daneshgar, S. et al. (2018): The Potential Phosphorus Crisis: Resource Conservation and Possible Escape Technologies. A Review
165 USGS (2024): Mineral Commodity Summaries – Phosphate Rock (Mengenangaben bezogen auf handelsfähiges Phosphatgestein)
166 Chatham House, The Royal Institute of International Affairs (2020): resourcetrade.earth https://resourcetrade.earth/ (abgerufen am 02.05.2024)
167 AMIS Agricultural Market Information System http://www.amis-outlook.org/indicators/outside/fertilizer/en/ (abgerufen 02.05.2024)
168 Chatham House, The Royal Institute of International Affairs (2020): resourcetrade.earth https://resourcetrade.earth/ (abgerufen am 02.05.2024)
169 Gollner, S. et al. (2022): Restoration experiments in polymetallic nodule areas
170 Europäische Kommission et al. (2023): Study on the critical raw materials for the EU 2023. Final report
171 Die Recherchen in Norwegen wurden teilweise gefördert durch die Deutsche Bundesstiftung Umwelt (DBU). Teile wurden bereits im Projekt »Phosphorama« (phosphorama.de) veröffentlicht. Die Recherchereise fand im August 2022 statt.
172 Li, Z. X. et al. (2008): Assembly, configuration, and break-up history of Rodinia: A synthesis
173 Brown, L. L., McEnroe, S. A. (2004): Palaeomagnetism of the Egersund–Ogna anorthosite, Rogaland, Norway, and the position of Fennoscandia in the Late Proterozoic
174 Wilson, J. R. et al. (1996): The Bjerkreim-Sokndal Layered Intrusion, Southwest Norway
175 Redfern, M., (2003): The Earth. A very short introduction. S. 82
176 Jung, P. et al. (2019): Desert breath—How fog promotes a novel type of soil biocenosis, forming the coastal Atacama Desert's living skin
Jung, P. et al. (2020): The grit crust: A poly-extremotolerant microbial community from the Atacama Desert as a model for astrobiology
177 Gierth, E., Krause, H. (1973): Die Ilmenitlagerstätte Tellnes (Süd-Norwegen)
178 Die magnetischen Anomalien rund um diese geronnenen Klumpen sind so speziell, dass Wissenschaftlerinnen sie als irdische Referenz

für Studien der (ebenfalls sehr speziellen) Magnetfelder auf dem Mars heranziehen.
Siehe: Brown & McEnroe (2004)

179 DPP (2023): Position der Deutschen Phosphor-Plattform DPP e. V. zum Phosphaterzvorkommen in Norwegen

180 United Nations Environment Programme (UNEP) (2024): Global Resources Outlook. Bend the Trend – Pathways to a liveable planet as resource use spikes

181 WU Vienna (2023): Country Profile for Germany. Vienna University of Economics and Business

182 Umweltbundesamt (UBA) (2022): Die Nutzung natürlicher Ressourcen. Ressourcenbericht für Deutschland 2022. S. 25

183 Umweltbundesamt (UBA) (2022): Die Nutzung natürlicher Ressourcen. Ressourcenbericht für Deutschland 2022. S. 30

184 WU Vienna (2023): Material flow by country. Vienna University of Economics and Business

185 Luckeneder, S. et al. (2021): Surge in global metal mining threatens vulnerable ecosystems

186 Spears, B. et al. (2022): Concerns about global phosphorus demand for lithium-iron-phosphate batteries in the light electric vehicle sector
Tartler, J. (2024): Batterieproduktion – China zieht Großfabrik in Marokko hoch. Tagesspiegel Background

Teil 3: Schadstoff

1 Kurlansky, M. (1999): Cod. A biography of the fish that changed the world

2 ICES (2023): Cod (Gadus morhua) in subdivisions 22–24, western Baltic stock (western Baltic Sea)

3 Receveur, A. et al. (2022): Western Baltic cod in distress: decline in energy reserves since 1977

4 Funk, S. et al. (2020): Gillnet fishers' knowledge reveals seasonality in depth and habitat use of cod (Gadus morhua) in the Western Baltic Sea
Funk, S. et al. (2021): The forgotten feeding ground: patterns in seasonal and depth-specific food intake of adult cod *Gadus morhua* in the western Baltic Sea

5 Sofanova, K. et al. (2024): Summer heatwaves on the Baltic Sea seabed contribute to oxygen deficiency in shallow areas
6 Bundesministerium für Umwelt, Naturschutz, nukleare Sicherheit und Verbraucherschutz (BMUV) (2024): Zustand der deutschen Ostseegewässer – Bericht gemäß § 45j i. V. m. §§ 45c, 45d und 45e des Wasserhaushaltsgesetzes (Entwurf). S. 189 f
7 Galloway, J. N., Cowling, E. B. (2002): Reactive nitrogen and the world: 200 years of change
8 Die Angaben in der Literatur zur Nutzungseffizienz von Stickstoffdüngern unterschieden sich zum Teil stark, je nach Feldfrucht und Analaysemethodik. Die Zahlen hier stammen aus Erisman et al. (2008) und Lassaletta et al. (2014).
9 Steinkopf, M. et al. (2024): Trophic lengthening triggered by filamentous, N2-fixing cyanobacteria disrupts pelagic but not benthic food webs in a large estuarine ecosystem
10 Breitburg, D. et al. (2018): Declining oxygen in the global ocean and coastal waters
11 Carstensen, J. et al. (2014): Deoxygenation of the Baltic Sea during the last century
12 HELCOM (2023): Thematic assessment of Eutrophication 2016–2021. Baltic Sea Environment Proceedings No.192
13 Berthold, M. et al. (2019): Phosphorus and the Baltic Sea: Sustainable Management
14 https://helcom.fi/action-areas/industrial-municipal-releases/helcom-hot-spots/ (abgerufen am 02.05.2024)
15 HELCOM (2023): Thematic assessment of Eutrophication 2016–2021. Baltic Sea Environment Proceedings No.192
16 HELCOM (2022): Assessment of sources of nutrient inputs to the Baltic Sea in 2017. S. 16 f
17 HELCOM (2023): Thematic assessment of Eutrophication 2016–2021. Baltic Sea Environment Proceedings No.192. S. 35
18 HELCOM (2023): Agricultural nutrient balance. HELCOM driver indicator report. S. 4
19 Bundesministerium für Umwelt, Naturschutz, nukleare Sicherheit und Verbraucherschutz (BMUV) (2024): Zustand der deutschen Ostseegewässer – Bericht gemäß § 45j i. V. m. §§ 45c, 45d und 45e des Wasserhaushaltsgesetzes (Entwurf). S. 54

20 Umweltbundesamt (2023): Nährstoffeinträge über Flüsse und Direkteinleiter in die Ostsee
21 Berthold, M. et al. (2019): Phosphorus and the Baltic Sea: Sustainable Management. S. 3
22 HELCOM (2023): Thematic assessment of Eutrophication 2016–2021. Baltic Sea Environment Proceedings No.192. S. 9
23 Eurostat (2023): Agri-environmental indicator: Mineral fertiliser consumption
24 Umweltbundesamt (2017): Gewässer in Deutschland. Zustand und Bewertung
25 Halliday, T. (2022) Urwelten. Eine Reise durch die ausgestorbenen Ökosysteme der Erdgeschichte
26 Burgess, S. D., Bowring, S. A. (2015): High-precision geochronology confirms voluminous magmatism before, during, and after Earth's most severe extinction
27 Yan, Y. et al. (2019): Two-million-year-old snapshots of atmospheric gases from Antarctic ice
28 Rae, J. W. B. et al. (2021): Atmospheric CO_2 over the past 66 million years from marine archives
29 Jurikova, H. et al. (2019): Boron isotope systematics of cultured brachiopods: Response to acidification, vital effects and implications for palaeo-pH reconstruction
30 Jurikova, H. et al. (2020): Permian–Triassic mass extinction pulses driven by major marine carbon cycle perturbations
31 Benton, M. J., Titchett, R. J. (2003): How to kill (almost) all life: the end-Permian extinction event
32 Vajda, V. et al. (2020): End-Permian (252 Mya) deforestation, wildfires and flooding—An ancient biotic crisis with lessons for the present
33 Lenton, T. (2016): Earth system science
34 Czerski, H. (2023): Blue machine. How the ocean shapes our world
35 Sigman, D. M., Hain, M. P. (2012): The biological productivity of the ocean
36 Demuth, B. (2019): Floating coast. An environmental history of the Bering Strait
37 Demuth, B. (2019): Floating coast. An environmental history of the Bering Strait. S. 68 f
38 Scales, H. (2021): The brilliant abyss. S. 38
Little, C. T. S. (2010): Life at the bottom. The prolific afterlife of whales

39 Mann, C. C. (2018): The wizard and the prophet. S. 41
40 Cushman, G. T. (2013): Guano and the opening of the Pacific world. A global ecological history. S. 92
41 Reimchen, T. E., Fox, C. H. (2013): Fine-scale spatiotemporal influences of salmon on growth and nitrogen signatures of Sitka spruce tree rings
42 Kieran, C. N. et al. (2021): Links between fluctuations in sockeye salmon abundance and riparian forest productivity identified by remote sensing
43 Baron, N. (2015): Salmon trees.
44 Hellfield, J. M., Naiman, R. J. (2002): Salmon and alder as nitrogen sources to riparian forests in a boreal Alaskan watershed
45 Gresh, T. et al. (2000): An Estimation of Historic and Current Levels of Salmon Production in the Northeast Pacific Ecosystem: Evidence of a Nutrient Deficit in the Freshwater Systems of the Pacific Northwest
46 Lenton, T. (2016): Earth system science. S. 40 ff
47 Lenton, T., Watson, A. (2011): Revolutions that made the Earth. S. 254 ff
48 Woods, W. D., Feiste, B. (2017): Apollo 17 Flight Journal. Day 1 Transposition, Docking and Extraction. Corrected transcript and commentary
49 Dies ist die Definition, die meist in der Erdsystemwissenschaft genutzt wird. Geologinnen und Geologen, die die Erde über längere Zeiträume betrachten, zählen oft auch die Erdkruste oder sogar das gesamte Erdinnere zum Erdsystem. Dessen unterer Rand ist also bisher nicht scharf definiert.
Siehe auch: Lenton, T. (2016): Earth system science. S. 14 ff
50 Watts, J. (2020): James Lovelock: ›The biosphere and I are both in the last 1% of our lives‹
51 Lovelock, J. (1979): Gaia. A new look at life on Earth. S. vii
52 Margulis, L., Sagan, D. (1999): Leben. Vom Ursprung zur Vielfalt. S. 44 f
53 Clark, N., Szerszynski, B. (2021): Planetary social thought. S. 25
54 Lovelock, J. (1979): Gaia. A new look at life on Earth. S. xv (Vorwort zur Neuauflage im Jahr 2000)
55 Lovelock, J. (2003): Gaia: The living Earth
56 Margulis, L. (1998): Symbiotic planet. S. 113 ff
57 Lenton, T. (2016): Earth system science. S. 4 f
58 Lovelock, J. (1979): Gaia. A new look at life on Earth. S. xiii (Vorwort zur Neuauflage im Jahr 2000) (Übersetzung durch die Autorin)
59 Masco, J. (2010): Bad weather. S. 15
60 Nationale Akademie der Wissenschaften Leopoldina (2022):

Zukunftsreport Wissenschaft. Erdsystemwissenschaft – Forschung für eine Erde im Wandel. S. 21

61 Clark, N., Szerszynski, B. (2021): Planetary social thought. S. 23 ff

62 Kolbert, E. (2014): The sixth extinction. An unnatural history

63 Broecker, W. S. (1987): Unpleasant surprises in the greenhouse?

64 Clark, N., Szerszynski, B. (2021): Planetary social thought. S. 21

65 Clark, N., Szerszynski, B. (2021): Planetary social thought. S. 26

66 Clark, N., Szerszynski, B. (2021): Planetary social thought. S. 27

67 Rockström, J., Gaffney, O. (2021): Breaking boundaries. S. 75 ff

68 Rockström, J., Gaffney, O. (2021): Breaking boundaries. S. 77

69 Steffen, W. et al. (2015): Planetary boundaries: Guiding human development on a changing planet

70 Richardson, K. et al. (2023): Earth beyond six of nine planetary boundaries

71 Rockström, J., Gaffney, O. (2021): Breaking boundaries. S. 57 f

72 United Nations Department of Economic and Social Affairs, Population Division (2022). World Population Prospects

73 Rockström, J., Gaffney, O. (2021): Breaking boundaries. S. 55

74 Rockström, J., Gaffney, O. (2021): Breaking boundaries. S. 60 ff

75 Steffen, W. et al. (2015) The trajectory of the Anthropocene: The Great Acceleration

76 Rockström, J., Gaffney, O. (2021): Breaking boundaries. S. 60 (Übersetzung durch die Autorin)

77 Strotmann, C. et al. (2021): Fertilisers in the Long 19th Century and Beyond: Usage, Commercialisation and Production (ca 1800–1939)
Strotmann, C. (2021): Nitrogenous Fertilisers in Germany – Paths of Distribution from Chile Saltpetre to Haber-Bosch-Ammonia and Cyanamide (ca 1914–1930)

78 Zahlen zu Stickstoffproduktion und -verbrauch im Deutschen Reich während und nach dem Ersten Weltkrieg stammen aus Strotmann (2021), falls nicht anders vermerkt.

79 Strotmann, C. (2021): Nitrogenous Fertilisers in Germany. S. 161 f

80 Strotmann, C. (2021): Nitrogenous Fertilisers in Germany. S. 176 f

81 Strotmann, C. (2021): Nitrogenous Fertilisers in Germany. S. 174 ff

82 Strotmann, C. (2021): Nitrogenous Fertilisers in Germany. S. 178 ff

83 Strotmann, C. (2021): Nitrogenous Fertilisers in Germany. S. 187

84 Strotmann, C. et al. (2021): Fertilisers in the Long 19th Century and Beyond: Usage, Commercialisation and Production (ca 1800–1939)

85 Strotmann, C. (2021): Nitrogenous Fertilisers in Germany. S. 185 ff
86 Strotmann, C. (2021): Nitrogenous Fertilisers in Germany. S. 185
87 Zahlen für die Zeit ab 1930 aus Gorman, H. S. (2015), falls nicht anders vermerkt
88 Gorman, H. S. (2015): Wie kann der menschliche Anteil am Stickstoffkreislauf begrenzt werden? S. 219 ff
89 Gorman, H. S. (2013): The Story of N: A Social History of the Nitrogen Cycle and the Challenge of Sustainability
90 Gorman, H. S. (2015): Wie kann der menschliche Anteil am Stickstoffkreislauf begrenzt werden? S. 219 f
91 Gorman, H. S. (2015): Wie kann der menschliche Anteil am Stickstoffkreislauf begrenzt werden? S. 221
92 Preger, A. (2022): Globale Überdosis. S. 127
93 Borlaug, N. (1970): The Green Revolution, peace, and humanity
94 Preger, A. (2022): Globale Überdosis. S. 128
95 Gorman, H. S. (2015): Wie kann der menschliche Anteil am Stickstoffkreislauf begrenzt werden? S. 222
96 Gorman, H. S. (2013): The Story of N. (E-Book, Position 1357)
97 Preger, A. (2022): Globale Überdosis. S. 129 f
98 Hoppenhaus, K. (2020): Unnützes Unkraut? Wie verwandte Wildarten wichtigen Nutzpflanzen gegen Klimastress und Krankheiten helfen können
99 Gorman, H. S. (2015): Wie kann der menschliche Anteil am Stickstoffkreislauf begrenzt werden? S. 224
100 Erisman, J. W. et al. (2008): How a century of ammonia synthesis changed the world
101 Galloway, J. N. et al. (2021): The Human Creation and Use of Reactive Nitrogen: A Global and Regional Perspective
102 Fowler, D. (2013): The global nitrogen cycle in the twenty-first century
103 Lassaletta, L. et al. (2014): 50 year trends in nitrogen use efficiency of world cropping systems: the relationship between yield and nitrogen input to cropland
Erisman, J. W. et al. (2008): How a century of ammonia synthesis changed the world
104 Elser, J., Haygarth, P. (2021): Phosphorus. Past and future. S. 92 ff
105 BMEL/BMU (2020): Nitratbericht. S. 5
106 Staude, I. R. et al. (2020): Replacements of small- by large-ranged species scale up to diversity loss in Europe's temperate forest biome

107 Preger, A. (2022): Globale Überdosis. S. 168
108 Rockström, J. et al. (2009): A safe operating space for humanity
109 Chrobak, U. (2021): The world's forgotten greenhouse gas
110 IEA (2021): Ammonia Technology Roadmap. S. 8 f
111 Menegat, S. et al. (2022): Greenhouse gas emissions from global production and use of nitrogen synthetic fertilisers in agriculture
112 Endt, C. (2023): Das sind Deutschlands schmutzigste Fabriken
113 Richardson, K. et al. (2023): Earth beyond six of nine planetary boundaries
114 IFASTAT (2024): Fertilizer Consumption – Historical trends by country or region. https://www.ifastat.org/databases/graph/1_1 (abgerufen 02.05.2024)
115 IFA (2023): Medium-term fertilizer outlook. 2023–2027
116 Eurostat (2023): Agri-environmental indicator – mineral fertiliser consumption

Teil 4: Wertstoff

1 Maida, J. H. A. (2013): Phosphorus status of some Malawi soils
2 Anthony, M. A. et al. (2023): Enumerating soil biodiversity
3 Hellberg-Rode, G. (2002): HyperSoil. Anzahl und Biomasse der Bodenorganismen
4 Sheldrake, M. (2021): Verwobenes Leben: Wie Pilze unsere Welt formen und unsere Zukunft beeinflussen. S. 15
5 Sheldrake, M. (2021): Verwobenes Leben. S. 200
6 Sheldrake, M. (2021): Verwobenes Leben. S. 188
7 Simard, S. (2021): Finding the mother tree
8 Karst, J. et al. (2023): Positive citation bias and overinterpreted results lead to misinformation on common mycorrhizal networks in forests
9 Kaplan, S. (2023): Scientists tangle over ›wood wide web‹ connecting forests and fungi
10 Kiers, T. (2022). Q & A
11 Rillig, M., Krieger, A. (2020): Fungi – the kingdom of mushrooms, spores, and networks. Life in the Soil Podcast. Ep 2
12 Ghalambor, C. et al. (2022): Hidden network. The evolutionary relationship between arbuscular mycorrhizal fungi and plants. Big Biology Podcast. Ep 75 (Übersetzung durch die Autorin)

13 Whiteside, M. D. et al. (2019): Mycorrhizal Fungi Respond to Resource Inequality by Moving Phosphorus from Rich to Poor Patches across Networks
14 Sheldrake, M. (2021): Verwobenes Leben. S. 111
15 Lenton, T., Watson, A. (2011): Revolutions that made the Earth. S. 263
16 Ahmadjian, V. (1995): Lichens are more important than you think
17 Lenton, T., Watson, A. (2011): Revolutions that made the Earth. S. 311
18 Lenton, T., Watson, A. (2011): Revolutions that made the Earth. S. 317
19 Mnthambala, F. et al. (2021): Phosphorus flow analysis for Malawi: Identifying potential sources of renewable phosphorus recovery
20 Mueller, N. D. et al. (2012): Closing yield gaps through nutrient and water management
21 Zhang, X. et al. (2015): Managing nitrogen for sustainable development
22 Steffen, W. et al. (2015): Planetary boundaries: Guiding human development on a changing planet
23 Schulte-Uebbing, L. F. et al. (2022): From planetary to regional boundaries for agricultural nitrogen pollution
24 FAO et al. (2023): The State of Food Security and Nutrition in the World
25 Gerten, D. et al. (2020): Feeding ten billion people is possible within four terrestrial planetary boundaries
26 Das Forschungsteam hat in seiner Studie zunächst nur Stickstoffdünger berücksichtigt. Die Annahme ist, dass die Reduktion von Phosphordünger einen ähnlichen Einfluss auf die Nahrungsmittelproduktion haben würde wie die von Stickstoffdüngern. Ob sich diese Einbußen durch Umverteilung und andere Methoden innerhalb der Planetaren Grenzen ausgleichen ließen, müsse, so die Autoren, in einer weiteren Studie überprüft werden.
27 Elser, P., Haygarth, P. (2021): Phosphorus. Past and future. S. 139 ff
28 Elser, P., Haygarth, P. (2021): Phosphorus. Past and future. S. 146 ff
29 Wissemeier, A. H. (2015): Können neue, innovative Düngemitteltypen das moderne Stickstoffproblem lösen?
30 Hoppenhaus, K., Grunze, S. (2022): Phosphorama – Meeresschutz beginnt an Land: Wie Menschen an der Schlei ihre Nährstoffkreisläufe schließen wollen
31 UNEP United Nations Environment Programme (2024): Food Waste Index Report 2024. Think Eat Save: Tracking Progress to Halve Global Food Waste. S. 46 f

32 Elser, P., Haygarth, P. (2021): Phosphorus. Past and future. S. 154
33 Metson, G. S. et al. (2012): The role of diet in phosphorus demand
34 Hoppenhaus, K., Grunze, S. (2021): Phosphorama – Unterwegs in die Kreislaufwirtschaft: Phosphor-Recycling aus Klärschlamm
35 Umweltbundesamt (2018): Klärschlammentsorgung in der Bundesrepublik Deutschland. S. 49
36 Hoppenhaus, K., Grunze, S. (2018): Das unersetzliche Element
37 Statistisches Bundesamt (Destatis) (2024): Inlandsabsatz von Düngemitteln
38 Garske, B. in: Hoppenhaus, K., Grunze, S. (2022): Phosphorama – Zu viel Phosphor in der Landschaft
39 Garske, B., Ekardt, F. (2021): Ökonomische Instrumente der Phosphor-Governance
40 Sachverständigenrat für Umweltfragen (2015): Sondergutachten Stickstoff: Lösungsstrategien für ein drängendes Umweltproblem. S. 344 ff
41 Garske, B., Ekardt, F. (2021): Ökonomische Instrumente der Phosphor-Governance
42 Sánchez, E. (2019): Sea pollution in Spain – Why did thousands of dead fish wash up on Spain's Mar Menor?
43 Conesa, H. M., Jiménez-Cárceles, F. J. (2007): The Mar Menor lagoon (SE Spain) – A singular natural ecosystem threatened by human activities
44 Chapron, G. et al. (2019): A rights revolution for nature
45 Eveleth, R. et al. (2022): The rights of rice and future of nature. Upholt, B. (2022): Saguaro, free of the Earth
46 UN Secretary-General (2022): Harmony with nature: Report of the Secretary-General. A/77/244. Chapron, G. et al. (2019): A rights revolution for nature
47 Vicente Giménez, T. (2023): The rights of Nature: the legal revolution of the 21st century.
48 Ministerio de la Presidencia, Justicia y Relaciones con las Cortes (MPR) (2022): Boletín Oficial del Estado: Ley 19/2022, de 30 de septiembre, para el reconocimiento de personalidad jurídica a la laguna del Mar Menor y su cuenca (Übersetzung durch die Autorin)
49 Leonard, K. (2019): Warum Seen und Flüsse dieselben Rechte wie Menschen haben sollten. (Video, Minute 03:01)
50 Stone, C. D. (2013): Haben Bäume Rechte? Plädoyer für die Eigenrechte der Natur. S. 11

51 Stone, C. D. (2013): Haben Bäume Rechte? S. 8
52 Kersten, J. (2020): Natur als Rechtssubjekt. Für eine ökologische Revolution des Rechts
53 Stone, C. D. (2013): Haben Bäume Rechte? S. 25
54 Prinz, U. (2023): Würde für das Mar Menor – warum eine Salzwasserlagune in Europa nun vor Gericht ziehen kann
55 Putzer, A. et al. (2022): Putting the rights of nature on the map. A quantitative analysis of rights of nature initiatives across the world
56 Ewering, E. S., Gutmann, A. (2021): Gibt Bayern der Natur Rechte?
57 Lal, R. (2019): Rights-of-Soil (Übersetzung durch die Autorin)
58 Kersten, J. (2020): Natur als Rechtssubjekt. Für eine ökologische Revolution des Rechts
59 Macfarlane, R. (2019): Should this tree have the same rights as you?
60 Habekuß, F. et al. (2022): Das Recht der Natur
61 Surma, K. (2023): Lawsuit Asserting the ›Rights of Salmon‹ Ends in a Settlement That Benefits The Fish
62 Chapron, G. et al. (2019): A rights revolution for nature
63 Fuchs, M.-C. (2023): Rights of Nature reach Europe
64 Prieto, G. (2021): The Los Cedros Forest has Rights
65 Koehn, L. (2023): Judicial Backlash Against the Rights of Nature in Ecuador
66 Habekuß, F. et al. (2022): Das Recht der Natur
67 Gilbert, S. F. et al. (2012): A symbiotic view of life: We have never been individuals
68 Sender, R. et al. (2016): Revised Estimates for the Number of Human and Bacteria Cells in the Body
69 Stone bezieht sich in seinem Plädoyer ausdrücklich auch auf das Internationale Geophysikalische Jahr, das oft als »Gründungsjahr« der Erdsystemwissenschaft bezeichnet wird. Stone, C. D. (2013): Haben Bäume Rechte? S. 74 f
70 Adloff, F., Busse, T. (2021): Gegen das Massensterben: Warum die Natur Rechte braucht
71 Macfarlane, R. (2019): Should this tree have the same rights as you?
72 Ghosh, A. (2023): Der Fluch der Muskatnuss: Gleichnis für einen Planeten in Aufruhr. S. 190
73 Bennett, J. (2020): Lebhafte Materie. Eine politische Ökologie der Dinge. S. 8

74 Bennett, J. (2020): Lebhafte Materie. S. 10
75 Bennett, J. (2020): Lebhafte Materie. S. 8, 10
76 Bennett, J. (2020): Lebhafte Materie. S. 45
77 Elser, J., Haygarth, P. (2021): Phosphorus. Past and future. S. 202 f
78 Ghosh, A. (2023): Der Fluch der Muskatnuss. S. 266
79 Ghosh, A. (2023): Der Fluch der Muskatnuss. S. 269
80 Der Begriff des Planetaren an sich ist dabei natürlich überhaupt nicht neu. Lynn Margulis zum Beispiel verwendet ihn schon in den 1990er-Jahren, oft in der Formulierung »planetary life« für alles Leben auf der Erde. (Margulis, L. (1998): Symbiotic Planet. A new look at evolution. S. 119)
81 Whitmee, S. et al. (2015): Safeguarding human health in the Anthropocene epoch: report of The Rockefeller Foundation–Lancet Commission on planetary health
82 WBGU – Wissenschaftlicher Beirat der Bundesregierung Globale Umweltveränderungen (2023): Gesund leben auf einer gesunden Erde
83 Clark, N., Szerszynski, B. (2021): Planetary social thought. S. 4 (Übersetzung durch die Autorin)
84 Der französische Soziologe und Philosoph Bruno Latour kommt zu ähnlichen Schlüssen. Sein Begriff des »Terrestrischen« kommt dem »Planetaren« sehr nahe. Er schreibt: »Das TERRESTRISCHE stellt nicht länger allein den Rahmen des menschlichen Handels dar, es *ist* vielmehr *Teil davon*. Der Raum ist nicht mehr der mit ihrem Raster aus Längen- und Breitengraden erfasste der Kartografie, sondern ist zu einer bewegten Geschichte geworden, in der wir selbst nur Beteiligte unter vielen sind, die auf Reaktionen der anderen reagieren. Augenscheinlich landen wir mitten in der *Geogeschichte*.« (Hervorhebungen im Original) Latour, B. (2019): Das terrestrische Manifest. S. 53
85 Rockström, J. et al. (2024): The planetary commons: A new paradigm for safeguarding Earth-regulating systems in the Anthropocene
86 Rockström, J., Kotzé, L. (2024): ›Planetary commons‹ needed to safeguard humanity's future on Earth
87 Rockström, J. et al. (2024): The planetary commons
88 Rockström, J., Kotzé, L. (2024): ›Planetary commons‹ needed to safeguard humanity's future on Earth (Übersetzung durch die Autorin)
89 Rockström, J., Kotzé, L. (2024): ›Planetary commons‹ needed to safeguard humanity's future on Earth

Bibliografie

Adloff, F. und Busse, T. (2021) »Gegen das Massensterben: Warum die Natur Rechte braucht«, *Blätter für deutsche und internationale Politik*, (11/2021), S. 43–52. Verfügbar unter: https://www.blaetter.de/ausgabe/2021/november/gegen-das-massensterben-warum-die-natur-rechte-braucht (Alle URLs Stand Mai 2024).

Ahmadjian, V. (1995) »Lichens are more important than you think«, *BioScience*, 45(3), S. 124–124.

Allen, R. C. (2008) »The nitrogen hypothesis and the English agricultural revolution: A biological analysis«, *The Journal of Economic History*, 68(1), S. 182–210.

Anthony, M. A., Bender, S. F. und Heijden, M. G. A. van der (2023) »Enumerating soil biodiversity«, *Proceedings of the National Academy of Sciences*, 120(33), S. 1–9.

Baberschke, N. et al. (2019) »Potash mining effluents and ion imbalances cause transient osmoregulatory stress, affect gill integrity and elevate chronically plasma sulfate levels in adult common roach, *Rutilus rutilus*«, *Environmental Pollution*, 249, S. 181–190.

Baron, N. (2015) »Salmon trees. A researcher's discovery that trees and animals depend on salmon as much as people do has far-reaching implications for British Columbia's forestry and fisheries policies«, *Hakai Magazine*, https://hakaimagazine.com/features/salmon-trees/.

Bennett, J. (2020) *Lebhafte Materie. Eine politische Ökologie der Dinge*. Berlin: Matthes & Seitz Verlagsgesellschaft.

Benton, M. J. und Twitchett, R. J. (2003) »How to kill (almost) all life: the end-Permian extinction event«, *Trends in Ecology & Evolution*, 18(7), S. 358–365.

Berthold, M. et al. (2019) »Phosphorus and the Baltic Sea: Sustainable Management«, in P. A. Maurice (ed.) *Encyclopedia of Water: Science, Technology, and Society*. John Wiley & Sons, S. 1–20.

BMUV und BMEL (2020) *Nitratbericht 2020. Gemeinsamer Bericht der Bundesministerien für Umwelt, Naturschutz und nukleare Sicherheit sowie für Ernährung und Landwirtschaft.*

BMUV Bundesministerium für Umwelt, Naturschutz, nukleare Sicherheit und Verbraucherschutz (2024) *Zustand der deutschen Ostseegewässer – Bericht gemäß § 45j i. V.m. §§ 45c, 45d und 45e des Wasserhaushaltsgesetzes.* Verfügbar unter: https://mitglieder.meeresschutz.info/files/meeresschutz/berichte/art8910/zyklus2024/Entwurf_Zustandsbericht-2024_Ostsee_2023-10-15.pdf.

Borlaug, N. (1970) »The Green Revolution, peace, and humanity«. *Nobel Lecture.* Verfügbar unter: https://www.nobelprize.org/prizes/peace/1970/borlaug/lecture/.

Braukmann, U. und Böhme, D. (2011) »Salt pollution of the middle and lower sections of the river Werra (Germany) and its impact on benthic macroinvertebrates«, *Limnologica – Ecology and Management of Inland Waters*, 41(2), S. 113–124.

Brett, H. (1924) »White Wings Vol I. Fifty Years Of Sail In The New Zealand Trade, 1850 to 1900. The Dunedin«. In: The Brett Printing Company Limited (New Zealand Texts Collection), Auckland. Verfügbar unter: https://nzetc.victoria.ac.nz/tm/scholarly/tei-Bre01Whit-t1-body-d66.html.

Broecker, W. S. (1987) »Unpleasant surprises in the greenhouse?«, *Nature*, 328(6126), S. 123–126.

Brooking, T. und Pawson, E. (2007) »Silences of Grass: Retrieving the Role of Pasture Plants in the Development of New Zealand and the British Empire«, *The Journal of Imperial and Commonwealth History*, 35(3), S. 417–435.

Brooking, T. und Pawson, E. (2011) *Seeds of Empire. The Environmental Transformation of New Zealand.* New York: Bloomsbury Academic.

Brown, L. L. und McEnroe, S. A. (2004) »Palaeomagnetism of the Egersund–Ogna anorthosite, Rogaland, Norway, and the position of Fennoscandia in the Late Proterozoic«, *Geophysical Journal International*, 158(2), S. 479–488.

Burgess, S. D. und Bowring, S. A. (2015) »High-precision geochronology confirms voluminous magmatism before, during, and after Earth's most severe extinction«, *Science Advances*, 1(7), S. e1500470.

Caradus, J. R. et al. (2023) »Pastoral agriculture, a significant driver of New Zealand's economy, based on an introduced grassland ecology and technological advances«, *Journal of the Royal Society of New Zealand*, 53(3), S. 259–303.

Chapron, G., Epstein, Y. und López-Bao, J. V. (2019) »A rights revolution for nature«, *Science*, 363(6434), S. 1392–1393.

Chorley, G. P. H. (1981) »The Agricultural Revolution in Northern Europe, 1750–880 – Nitrogen, Legumes, and Crop Productivity«, *The Economic History Review*, 34(1), S. 71–93.

Chrobak, U. (2021) *The world's forgotten greenhouse gas, BBC*. Verfügbar unter: https://www.bbc.com/future/article/20210603-nitrous-oxide-the-worlds-forgotten-greenhouse-gas.

Ciceri, D., Manning, D. A. C. und Allanore, A. (2015) »Historical and technical developments of potassium resources«, *Science of The Total Environment*, 502, S. 590–601.

Clark, N. und Szerszynski, B. (2021) *Planetary social thought. The Anthropocene challenge to the social sciences*. Cambridge, UK: Polity Press.

Conesa, H. M. und Jiménez-Cárceles, F. J. (2007) »The Mar Menor lagoon (SE Spain): A singular natural ecosystem threatened by human activities«, *Marine Pollution Bulletin*, 54(7), S. 839–849.

Coring, E. und Bäthe, J. (2011) »Effects of reduced salt concentrations on plant communities in the River Werra (Germany)«, *Limnologica – Ecology and Management of Inland Waters*, 41(2), S. 134–142.

Cronon, W. (1991) *Nature's Metropolis. Chicago and the Great West*. New York, London: W. W. Norton & Company.

Cushman, G. T. (2013) *Guano and the opening of the Pacific world. A global ecological history*. Cambridge: Cambridge University Press.

Czerski, H. (2023) *Blue machine. How the ocean shapes our world*. London: Transworld Publishers.

Daneshgar, S. et al. (2018) »The Potential Phosphorus Crisis: Resource Conservation and Possible Escape Technologies: A Review«, *Resources*, 7(2), S. 37.

Delhaes-Guenther, K. von (1974) *Kali in Deutschland. Vorindustrien, Produktionstechniken und Marktprozesse der Deutschen Kaliwirtschaft im 19. Jahrhundert*. Köln, Wien: Böhlau Verlag.

Demuth, B. (2019) *Floating coast. An environmental history of the Bering Strait*. London, New York: W. W. Norton & Company.

Deutsche Phosphor-Plattform DPP e. V. (2023) *Position der Deutschen Phosphor-Plattform DPP e. V. zum Phosphaterzvorkommen in Norwegen*. Verfügbar unter: https://www.deutsche-phosphor-plattform.de/stellungnahme-der-dpp-zum-phosphaterzvorkommen-in-norwegen/.

Elser, J. und Haygarth, P. (2021) *Phosphorus. Past and future*. New York: Oxford University Press.

Emeis, S. und Schlögl-Flierl, K. (Hrsg.) (2021) *Phosphor – Fluch und Segen eines Elements*. München: Oekom Verlag (Stoffgeschichten).

Endt, C. (2023) »Das sind Deutschlands schmutzigste Fabriken«, *Die Zeit*. Verfügbar unter: https://www.zeit.de/wirtschaft/unternehmen/2023-06/treibhausgasemissionen-industrie-thyssenkrupp-klimaneutralitaet.

Erisman, J. W. et al. (2008) »How a century of ammonia synthesis changed the world«, *Nature Geoscience*, 1(10), S. 636–639.

European Commission, Directorate-General for Internal Market, Industry, Entrepreneurship and SMEs (2023) *Study on the critical raw materials for the EU 2023 – Final report*. Publications Office of the European Union. Verfügbar unter: https://op.europa.eu/en/publication-detail/-/publication/57318397-fdd4-11ed-a05c-01aa75ed71a1.

Eurostat (2023) *Agri-environmental indicator: Mineral fertiliser consumption*. Verfügbar unter: https://ec.europa.eu/eurostat/statistics-explained/index.php?title=Agri-environmental_indicator_-_mineral_fertiliser_consumption#Analysis_at_EU_level.

Eveleth, R. et al. (2022) »The rights of rice and future of nature«, *99% Invisible*. Verfügbar unter: https://99percentinvisible.org/episode/the-rights-of-rice-and-future-of-nature/.

Ewering, E. S. und Gutmann, A. (2021) »Gibt Bayern der Natur Rechte?«, *Verfassungsblog*. Verfügbar unter: https://verfassungsblog.de/gibt-bayern-der-natur-rechte/.

FAO et al. (2023) *The State of Food Security and Nutrition in the World 2023. Urbanization, agrifood systems transformation and healthy diets across the rural–urban continuum*. Rome: FAO. Verfügbar unter: https://doi.org/104060/cc3017en.

Fehr, S. (2015) »Stickstoff als Schlüsselressource im Ersten Weltkrieg«, in: Ertl, G. und Soentgen, J. (Hrsg.): *N Stickstoff – ein Element schreibt Weltgeschichte*. München: Oekom Verlag (Stoffgeschichten), S. 179–190.

Fowler, D. et al. (2013) »The global nitrogen cycle in the twenty-first century«, *Philosophical Transactions of the Royal Society B: Biological Sciences*, 368(1621), S. 20130164.

Fuchs, M.-C. (2023) »Rights of Nature reach Europe«, *Verfassungsblog*. Verfügbar unter: https://verfassungsblog.de/rights-of-nature-reach-europe/.

Funk, S. et al. (2020) »Gillnet fishers' knowledge reveals seasonality in depth and habitat use of cod (*Gadus morhua*) in the Western Baltic Sea«, *ICES Journal of Marine Science*, 77(5), S. 1–14.

Funk, S. et al. (2021) »The forgotten feeding ground: patterns in seasonal and depth-specific food intake of adult cod *Gadus morhua* in the western Baltic Sea«, *Journal of Fish Biology*, 98(3), S. 707–722.

Galloway, J. N., Bleeker, A. und Erisman, J. W. (2021) »The Human Creation and Use of Reactive Nitrogen: A Global and Regional Perspective«, *Annual Review of Environment and Resources*, 46(1), S. 1–34.

Galloway, J. N. und Cowling, E. B. (2002) »Reactive Nitrogen and The World: 200 Years of Change«, *AMBIO: A Journal of the Human Environment*, 31(2), S. 64–71.

Garske, B. und Ekardt, F. (2021) »Ökonomische Instrumente der Phosphor-Governance«, *Natur und Recht*, 43(4), S. 245–256.

Gerten, D. et al. (2020) »Feeding ten billion people is possible within four terrestrial planetary boundaries«, *Nature Sustainability*, 3(3), S. 200–208.

Ghalambor, C., Martin, M. und Woods, A. (2022) »Hidden network. The evolutionary relationship between arbuscular mycorrhizal fungi and plants«, *Big Biology Podcast*. Verfügbar unter: https://www.bigbiology.org/episodes/2022/1/6/ep-75-hidden-network-the-evolutionary-relationship-between-arbuscular-mycorrhizal-fungi-and-plants-with-toby-kiers?rq=kiers.

Ghosh, A. (2023) *Der Fluch der Muskatnuss: Gleichnis für einen Planeten in Aufruhr*. 2. Auflage. Berlin: Matthes & Seitz.

Gierth, E. und Krause, H. (1973) »Die Ilmenitlagerstätte Tellnes (Süd-Norwegen)«, *Norsk Geologisk Tidsskrift*, 53, S. 359–402.

Gilbert, S. F., Sapp, J. und Tauber, A. I. (2012) »A Symbiotic View of Life: We Have Never Been Individuals«, *The Quarterly Review of Biology*, 87(4), S. 325–341.

Giménez, T. V. (2023) »The rights of Nature: the legal revolution of the 21st century«, *MOJ Ecology & Environmental Sciences*, 8(3), S. 97–115.

Gollner, S. et al. (2022) »Restoration experiments in polymetallic nodule areas«, *Integrated Environmental Assessment and Management*, 18(3), S. 682–696.

Gorman, H. S. (2013) *The Story of N: A Social History of the Nitrogen Cycle and the Challenge of Sustainability*. New Brunswick, New Jersey: Rutgers University Press (Studies in Modern Science, Technology, and the Environment).

Gorman, H. S. (2015) »Wie kann der menschliche Anteil am Stickstoffkreislauf begrenzt werden?«, in: Ertl, G. und Soentgen, J. (Hrsg.): *N Stickstoff – ein Element schreibt Weltgeschichte*. München: Oekom Verlag (Stoffgeschichten), S. 217–236.

Gresh, T., Lichatowich, J. und Schoonmaker, P. (2000) »An Estimation of Historic and Current Levels of Salmon Production in the Northeast Pacific Ecosystem: Evidence of a Nutrient Deficit in the Freshwater Systems of the Pacific Northwest«, *Fisheries*, 1(25), S. 15–21.

Habekuß, F., Grefe, C. und Schmitt, S. (2022) »Das Recht der Natur«, *Die Zeit*. Verfügbar unter: https://www.zeit.de/2022/16/umweltzerstoerung-oekozid-amazonas-voelkerrecht.

Hager, T. (2008) *The alchemy of air. A Jewish genius, a doomed tycoon, and the scientific discovery that fed the world but fueled the rise of Hitler*. New York: Broadway Books.

Halliday, T. (2022) *Urwelten. Eine Reise durch die ausgestorbenen Ökosysteme der Erdgeschichte*. München: Hanser Verlag.

Hartley, A. J. et al. (2005) »150 million years of climatic stability: evidence from the Atacama Desert, northern Chile«, *Journal of the Geological Society*, 162(3), S. 421–424.

HELCOM (2022) *Assessment of sources of nutrient inputs to the Baltic Sea in 2017*. BSEP No. 187. Helsinki Commission. Verfügbar unter: https://helcom.fi/helcom-at-work/projects/summary-of-the-helcom-seventh-pollution-load-compilation-plc-7/.

HELCOM (2023a) *Agricultural nutrient balance. HELCOM driver indicator report*. Verfügbar unter: https://indicators.helcom.fi/indicator/agricultural-nutrient-balance/.

HELCOM (2023b) *HELCOM Thematic assessment of Eutrophication 2016–2021. Baltic Sea Environment Proceedings No. 192*. Verfügbar unter: https://helcom.fi/post_type_publ/holas3_eut.

Helfield, J. M. und Naiman, R. J. (2002) »Salmon and alder as nitrogen sources to riparian forests in a boreal Alaskan watershed«, *Oecologia*, 133(4), S. 573–582.

Hellberg-Rode, G. (2002) *Hypersoil. Anzahl und Biomasse der Bodenorganismen*. Verfügbar unter: https://hypersoil.uni-muenster.de/0/06/07.htm.

Hohmann, H.-J. und Mehnert, D. (Hrsg.) (2004): *Bunte Salze, weiße Berge. Wachstum und Wandel der Kaliindustrie zwischen Thüringer Wald, Rhön und Vogelsberg*. Hünfeld: Verlag Ulmenstein.

Hoppenhaus, K. (2020) »Unnützes Unkraut? Wie verwandte Wildarten wichtigen Nutzpflanzen gegen Klimastress und Krankheiten helfen können«, *Riffreporter*. Verfügbar unter: https://www.riffreporter.de/de/umwelt/crop-wild-nutzpflanzen.

Hoppenhaus, K. und Grunze, S. (2018) »Das unersetzliche Element«,

Die Zeit. https://www.zeit.de/2018/48/phosphor-knappheit-lebensnot wendig-afrika-malawi-ressourcen-duengemittel.

Hoppenhaus, K. und Grunze, S. (2021) »Phosphorama: Unterwegs in die Kreislaufwirtschaft – Phosphor-Recycling aus Klärschlamm«, *Riffreporter*. Verfügbar unter: https://www.riffreporter.de/de/umwelt/phosphor-recycling-klaerschlamm.

Hoppenhaus, K. und Grunze, S. (2022a) »Phosphorama: Meeresschutz beginnt an Land – Wie Menschen an der Schlei ihre Nährstoffkreisläufe schließen wollen«, *Riffreporter*. Verfügbar unter: https://www.riffrepor ter.de/de/umwelt/phosphor-duenger-erosion-eutrophierung-schlei-ost see-gewaesser-schutz-regional-kreislauf.

Hoppenhaus, K. und Grunze, S. (2022b) »Phosphorama: Zu viel Phosphor in der Landschaft – Wie wir besser mit Phosphor haushalten können«, *Riffreporter*. Verfügbar unter: https://www.riffreporter.de/de/umwelt/phosphor-governance-preis-emissionshandel-steuern-oekonomie-policy-motivation.

Hth., G. (1863) »Der Guano und seine Fundorte«, *Die Gartenlaube* [Preprint]. Verfügbar unter: https://de.wikisource.org/wiki/Der_Guano_und_seine_Fundorte.

Hutching, M. (2020) »Aerial Topdressing and Aircraft Service (NZ) Ltd.« Verfügbar unter: https://medium.com/motat/aerial-topdressing-and-air craft-servicenz-ltd-77a2afab9d91.

International Council for the Exploration of the Sea (ICES) (2023) *Cod (Gadus morhua) in subdivisions 22–24, western Baltic stock (western Baltic Sea)*. In: Report of the ICES Advisory Committee. ICES Advice 2023, cod.27.22–24. https://doi.org/1017895/ices.advice.21820494.

International Energy Agency (IEA) (2021) *Ammonia Technology Roadmap. Towards more sustainable nitrogen fertiliser production*. Verfügbar unter: https://www.iea.org/reports/ammonia-technology-roadmap.

International Energy Agency (IEA) (2023) *Critical Minerals Market Review 2023*. Verfügbar unter: https://www.iea.org/reports/critical-minerals-market-review-2023.

International Fertilizer Association (IFA) (2023) *Medium-term fertilizer outlook. 2023–2027. Public summary*. International Fertilizer Association. Verfügbar unter: https://www.fertilizer.org/wp-content/uploads/2023/07/2023_IFA_medium_term_outlook_public_summary.pdf.

International Resource Panel (IRP) (2020) *Mineral Resource Governance in the 21st Century: Gearing extractive industries towards sustainable development. A Report by the International Resource Panel*. United Nations Environment Programme, Nairobi, Kenya. Verfügbar unter: https://www.resourcepanel.org/reports/mineral-resource-governance-21st-century.

Jaenicke, J. (1958) »Johannes Jaenickes Interview mit George von Hevesy und Hermann Staudinger.«, *Archiv der Max-Planck-Gesellschaft*.

Jasinski, S. (2024a) *USGS Mineral Commodity Summaries: Phosphate*. US Geological Survey. Verfügbar unter: https://www.usgs.gov/centers/national-minerals-information-center/phosphate-rock-statistics-and-information.

Jasinski, S. (2024b) *USGS Mineral Commodity Summaries: Potash*. US Geological Survey. Verfügbar unter: https://www.usgs.gov/centers/national-minerals-information-center/potash-statistics-and-information.

Jehan, D. (2022) *Tramways, Coconuts and Phosphate. A History of the Tramways of Ocean Island and Nauru*. Melbourne: Light Railway Research Society of Australia. Verfügbar unter: https://shop.lrrsa.org.au/product/tramways-coconuts-and-phosphate/.

Johnson, B. (2022) *Making Ammonia. Fritz Haber, Walther Nernst, and the Nature of Scientific Discovery*. Cham: Springer Nature Switzerland.

Jung, P. et al. (2019) »Desert breath – How fog promotes a novel type of soil biocenosis, forming the coastal Atacama Desert's living skin«, *Geobiology*, 18(1), S. 113–124.

Jung, P. et al. (2022) »The grit crust: A poly-extremotolerant microbial community from the Atacama Desert as a model for astrobiology«, *Frontiers in Astronomy and Space Sciences*, 9, S. 1–9.

Jurikova, H. et al. (2019) »Boron isotope systematics of cultured brachiopods: Response to acidification, vital effects and implications for palaeo-pH reconstruction«, *Geochimica et Cosmochimica Acta*, 248, S. 370–386.

Jurikova, H. et al. (2020) »Permian–Triassic mass extinction pulses driven by major marine carbon cycle perturbations«, *Nature Geoscience*, 13(11), S. 745–750.

Kaplan, S. (2023) »Scientists tangle over ›wood wide web‹ connecting forests and fungi«, *Washington Post*. Verfügbar unter: https://wapo.st/3WNPC2p.

Karst, J., Jones, M. D. und Hoeksema, J. D. (2023) »Positive citation bias and overinterpreted results lead to misinformation on common mycorrhizal networks in forests«, *Nature Ecology & Evolution*, 7(4), S. 501–511.

Kersten, J. (2020) »Natur als Rechtssubjekt. Für eine ökologische Revolution des Rechts«, *Aus Politik und Zeitgeschichte.* Verfügbar unter: https://www.bpb.de/shop/zeitschriften/apuz/305893/natur-als-rechtssubjekt/.

Kieran, C. N. et al. (2021) »Links between fluctuations in sockeye salmon abundance and riparian forest productivity identified by remote sensing«, *Ecosphere,* 12(8), S. 1–14.

Kiers, T. (2022) »Q & A: Toby Kiers«, *Current Biology.* Verfügbar unter: https://www.cell.com/current-biology/fulltext/S0960-9822(22)00112-9.

Koehn, L. (2023) »Judicial Backlash Against the Rights of Nature in Ecuador«, *Verfassungsblog.* Verfügbar unter: https://verfassungsblog.de/judicial-backlash-against-the-rights-of-nature-in-ecuador/.

Kolbert, E. (2014) *The sixth extinction. An unnatural history.* New York: Picador.

Krätz, O. (2003) »Annäherung an ein schwieriges Genie – Justus Liebig«, *Chemie in unserer Zeit,* 37, S. 416–423.

Kurlansky, M. (1999) *Cod. A biography of the fish that changed the world.* London: Vintage.

Lal, R. (2019) »Rights-of-Soil«, *Journal of Soil and Water Conservation,* 74(4), S. 81A-86A.

Lassaletta, L. et al. (2014) »50 year trends in nitrogen use efficiency of world cropping systems: the relationship between yield and nitrogen input to cropland«, *Environmental Research Letters,* 9(11).

Latour, B. (2018) *Das terrestrische Manifest.* 3. Auflage. Berlin: Edition Suhrkamp.

LAVES (2020) *Fischbestandserfassungen in Oberweser und Werra.* Niedersächsisches Landesamt für Verbraucherschutz und Lebensmittelsicherheit.

Lenton, T. (2016) *Earth system science. A very short introduction.* New York: Oxford University Press.

Lenton, T. und Watson, A. (2011) *Revolutions that made the Earth.* Paperback, reprinted 2014. New York: Oxford University Press.

Leonard, K. (2019) »Warum Seen und Flüsse dieselben Rechte wie Menschen haben sollten«, *TEDWomen* (Video). Verfügbar unter: https://www.ted.com/talks/kelsey_leonard_why_lakes_and_rivers_should_have_the_same_rights_as_humans/transcript?language=de.

Leopoldina (2022) *Erdsystemwissenschaft – Forschung für eine Erde im Wandel.* Halle (Saale): Hrsg. Deutsche Akademie der Naturforscher Leopoldina. Verfügbar unter: https://levana.leopoldina.org/receive/leopoldina_mods_00590.

Li, Z. X. et al. (2008) »Assembly, configuration, and break-up history of Rodinia: A synthesis«, *Precambrian Research*, 160(1–2), S. 179–210.

Liebig, J. von (1855) *Die Grundsätze der Agricultur-Chemie: mit Rücksicht auf die in England angestellten Untersuchungen*. Braunschweig: Vieweg.

Little, C. T. S. (2010) Life at the bottom. The prolific afterlife of whales, *Scientific American*. Verfügbar unter: https://www.scientificamerican.com/article/the-prolific-afterlife-of-whales/.

Lovelock, J. (1979) *Gaia. A new look at life on Earth*. 2. Auflage 2016. New York: Oxford University Press.

Lovelock, J. (2003) »Gaia: The living earth«, *Nature*, 426, S. 769–770.

Luckeneder, S. et al. (2021) »Surge in global metal mining threatens vulnerable ecosystems«, *Global Environmental Change*, 69, 102 303.

Maber, J. (2008) »Topdressing«, *Te Ara – the Encyclopedia of New Zealand*. Verfügbar unter: http://www.TeAra.govt.nz/en/topdressing.

Macfarlane, R. (2019) »Should this tree have the same rights as you?«, *The Guardian*. Verfügbar unter: https://www.theguardian.com/books/2019/nov/02/trees-have-rights-too-robert-macfarlane-on-the-new-laws-of-nature.

Maida, J. H. A. (2013) »Phosphorus status of some Malawi soils«, *African Journal of Agricultural Research*, 8(32), S. 1–10.

Mann, C. C. (2018) *The wizard and the prophet. Two groundbreaking scientists and their conflicting visions of the future of our planet*. London: Picador.

Margulis, L. (1998) *Symbiotic Planet. A new look at evolution*. New York: Basic Books (Science Masters).

Margulis, L. und Sagan, D. (1999) *Leben. Vom Ursprung zur Vielfalt*. Heidelberg, Berlin: Spektrum Akademischer Verlag.

Mark, A. F. (2007) »Grasslands«, *Te Ara – the Encyclopedia of New Zealand*. Verfügbar unter: http://www.TeAra.govt.nz/en/grasslands.

Masco, J. (2010) »Bad Weather: On Planetary Crisis«, *Social Studies of Science*, 40(1), S. 7–40.

Maus, V. et al. (2022) »An update on global mining land use«, *Scientific Data*, 9(1), S. 433.

McEnroe, S. A., Brown, L. L. und Robinson, P. (2004) »Earth analog for Martian magnetic anomalies: remanence properties of hemo-ilmenite norites in the Bjerkreim-Sokndal intrusion, Rogaland, Norway«, *Journal of Applied Geophysics*, 56(3), S. 195–212.

McSaveney, E. (2024) »Floods – The Kōpuawhara flash flood, 1938«,

Te Ara – the Encyclopedia of New Zealand. Verfügbar unter: http://www.TeAra.govt.nz/en/floods/page-3.

Menegat, S., Ledo, A. und Tirado, R. (2022) »Greenhouse gas emissions from global production and use of nitrogen synthetic fertilisers in agriculture«, *Scientific Reports*, 12(1), 14 490.

Metson, G. S., Bennett, E. M. und Elser, J. J. (2012) »The role of diet in phosphorus demand«, *Environmental Research Letters*, 7(4), 044 043.

Michalski, G., Böhlke, J. K. und Thiemens, M. (2004) »Long term atmospheric deposition as the source of nitrate and other salts in the Atacama Desert, Chile: New evidence from mass-independent oxygen isotopic compositions«, *Geochimica et Cosmochimica Acta*, 68(20), S. 4023–4038.

Ministerio de la Presidencia, Justicia y Relaciones con las Cortes (MPR) (2022) *Ley 19/2022, de 30 de septiembre, para el reconocimiento de personalidad jurídica a la laguna del Mar Menor y su cuenca*. Verfügbar unter: https://www.boe.es/diario_boe/txt.php?id=BOE-A-2022-16019.

Mnthambala, F. et al. (2021) »Phosphorus flow analysis for Malawi: Identifying potential sources of renewable phosphorus recovery«, *Resources, Conservation and Recycling*, 173, 105 744.

Möllmann, C. et al. (2021) »Tipping point realized in cod fishery«, *Scientific Reports*, 11(1), 14 259.

Morton, O. (2009) *Eating the sun. The everyday miracle of how plants power the planet*. London: Fourth Estate.

Mueller, N. D. et al. (2012) »Closing yield gaps through nutrient and water management«, *Nature*, 490(7419), S. 254–257.

Naiman, R. J. et al. (2002) »Pacific Salmon, Nutrients, and the Dynamics of Freshwater and Riparian Ecosystems«, *Ecosystems*, 5(4), S. 399–417.

Ostersehlte, C. (2019) »Die Reederei F. Laeisz in Hamburg. Ein Global Player im Salpeterhandel«, *Ozeanum. Das maritime Magazin. Spezial: Die Peking*, 2, S. 86–101.

Paul, J., Heggemann, H. und Hug-Diegel, N. (2020) »Einführung in die Stratigraphie des Zechsteins«, *Schriftenreihe der Deutschen Gesellschaft für Geowissenschaften*, (89), S. 19–27.

Ploeg, R. R. van der, Böhm, W. und Kirkham, M. B. (1999) »On the Origin of the Theory of Mineral Nutrition of Plants and the Law of the Minimum«, *Soil Science Society of America Journal*, 63(5), S. 1055–1062.

Preger, A. (2022) *Globale Überdosis. Stickstoff, die unterschätzte Gefahr für Umwelt und Gesundheit*. Köln: Quadriga, Bastei Lübbe.

Prieto, G. (2021) »The Los Cedros Forest has Rights«, *Verfassungsblog*.

Verfügbar unter: https://verfassungsblog.de/the-los-cedros-forest-has-rights/.

Prinz, U. (2023) »Würde für das Mar Menor – warum eine Salzwasserlagune in Europa nun vor Gericht ziehen kann«, *Recherchekollektiv Ozean & Meere. Riffreporter*. Verfügbar unter: https://www.riffreporter.de/de/umwelt/mar-menor-rechte-der-natur-umweltkatastrophe-personen rechte-spanien.

Prüfer, T. (2006) *Wachstum erleben. Die Geschichte der K+S Gruppe*. Kassel: K+S Gruppe.

Putzer, A. et al. (2022) »Putting the rights of nature on the map. A quantitative analysis of rights of nature initiatives across the world«, *Journal of Maps*, 18(1), S. 89–96.

Rae, J. W. B. et al. (2021) »Atmospheric CO_2 over the Past 66 Million Years from Marine Archives«, *Annual Review of Earth and Planetary Sciences*, 49(1), S. 1–33.

Receveur, A. et al. (2022) »Western Baltic cod in distress: decline in energy reserves since 1977«, *ICES Journal of Marine Science*, 79(4), S. 1187–1201.

Redfern, M. (2003) *The Earth: A very short Introduction*. New York: Oxford University Press.

Reimchen, T. E. und Fox, C. H. (2013) »Fine-scale spatiotemporal influences of salmon on growth and nitrogen signatures of Sitka spruce tree rings«, *BMC Ecology*, 13(1), S. 38.

Richardson, K. et al. (2023) »Earth beyond six of nine planetary boundaries«, *Science Advances*, 9(37), eadh2458.

Rillig, M. und Krieger, A. (2020) »Life in the Soil Podcast. Episode 2: Fungi – the kingdom of mushrooms, spores, and networks«. Verfügbar unter: https://rilliglab.org/2020/12/17/life-in-the-soil-podcast-2-fungi/.

Rockström, J. et al. (2009) »A safe operating space for humanity«, *Nature*, 461(7263), S. 472–475.

Rockström, J. et al. (2024) »The planetary commons: A new paradigm for safeguarding Earth-regulating systems in the Anthropocene«, *Proceedings of the National Academy of Sciences*, 121(5), e2 301 531 121.

Rockström, J. und Gaffney, O. (2021) *Breaking Boundaries. The Science of our Planet*. London: Dorling Kindersley Limited, Penguin Random House.

Rockström, J. und Kotzé, L. (2024) »›Planetary commons‹ needed to safeguard humanity's future on Earth«, *Context. Thomsen Reuters Foundation*. Verfügbar unter: https://www.context.news/climate-risks/opinion/planetary-commons-needed-to-safeguard-humanitys-future-on-earth.

Rosen, J. (2021) »Humanity is flushing away one of life's essential elements. We broke phosphorus«, *The Atlantic*. Verfügbar unter: https://www.theatlantic.com/science/archive/2021/02/phosphorus-pollution-fertilizer/617937/.

Rößler, R. (2013) »Farnwälder, Glutwolken und Salzwüsten. Perm«, in P. Rothe, V. Storch und C. von See (Hrsg.) *Lebensspuren im Stein: Ausflüge in die Erdgeschichte Mitteleuropas*. 1. Auflage. Wiley-VCH, S. 92–105.

Rott, B. (2016) »Alexander von Humboldt brachte Guano nach Europa – mit ungeahnten Folgen«, in *HiN: Alexander von Humboldt im Netz, XVII (2016)* 32. Potsdam: Universitätsverlag Potsdam, S. 84–111.

Ruhayem, R. und Adams, P. (2020) »The inferno and the mystery ship«, *BBC*. Verfügbar unter: https://www.bbc.co.uk/news/extra/x2iutcqf1g/beirut-blast.

Sachverständigenrat für Umweltfragen (SRU) (2015) *Stickstoff: Lösungsstrategien für ein drängendes Umweltproblem*. Verfügbar unter: https://www.umweltrat.de/SharedDocs/Downloads/DE/02_Sondergutachten/2012_2016/2015_01_SG_Stickstoff_HD.html.

Safonova, K., Meier, H. E. M. und Gröger, M. (2024) »Summer heatwaves on the Baltic Sea seabed contribute to oxygen deficiency in shallow areas«, *Communications Earth & Environment*, 5(1), S. 106.

Sánchez, E. (2019) »Sea pollution in Spain – Why did thousands of dead fish wash up on Spain's Mar Menor?«, *El País*. Verfügbar unter: https://english.elpais.com/elpais/2019/10/22/inenglish/1571743580_215496.html#.

Scales, H. (2021) *The brilliant abyss. Exploring the majestic hidden life of the deep ocean and the looming threat that imperils it*. New York: Grove Atlantic.

Schulte-Uebbing, L. F. et al. (2022) »From planetary to regional boundaries for agricultural nitrogen pollution«, *Nature*, 610(7932), S. 507–512.

Scott, J. C. (2017) *Against the grain. A deep history of the earliest states*. New Haven und London: Yale University Press.

Sender, R., Fuchs, S. und Milo, R. (2016) »Revised estimates for the number of human and bacteria cells in the body«, *PLoS Biology*, 14(8), e1002533.

Seo, K. et al. (2023) »Drift of Earth's pole confirms groundwater depletion as a significant contributor to global sea level rise 1993–2010«, *Geophysical Research Letters*, 50(12). Verfügbar unter: https://doi.org/101029/2023gl103509.

Sheldrake, M. (2021) *Verwobenes Leben: Wie Pilze unsere Welt formen und*

unsere Zukunft beeinflussen. Alles über das geheime Leben der Pilze. 5. Auflage, Berlin: Ullstein Taschenbuch.
Sigman, D. M. und Hain, M. P. (2012) »The Biological Productivity of the Ocean«, *Nature Education Knowledge*. Verfügbar unter: https://www.nature.com/scitable/knowledge/library/the-biological-productivity-of-the-ocean-70631104/.
Simard, S. (2021) *Finding the mother tree. Discovering the wisdom of the forest*. New York: Alfred A. Knopf.
Smil, V. (2004) *Enriching the earth. Fritz Haber, Carl Bosch, and the transformation of world food production*. Cambridge, Massachusetts: MIT Press.
Spears, B. M. et al. (2022) »Concerns about global phosphorus demand for lithium-iron-phosphate batteries in the light electric vehicle sector«, *Communications Materials*, 3(1), S. 14.
Sprengel, C. (1828) »Von der Substanz der Ackerkrume und des Untergrundes«, *Journal für technische und ökonomische Chemie, Leipzig*, (2), S. 423–474.
Star, P. (2005) »Native forests to empires of grass: The construction of New Zealand's grasslands«, in: Calver, M. et al. (Hrsg.) *Proceedings 6th National Conference of the Australian Forest History Society Inc*. Rotterdam: Millpress, S. 575–585.
Statistisches Bundesamt (2024) *Inlandsabsatz von Düngemitteln: Deutschland, Wirtschaftsjahr, Düngemittelsorten*. Destatis. Verfügbar unter: https://www-genesis.destatis.de/datenbank/beta/statistic/42321/table/42321–0001.
Staude, I. R. et al. (2020) »Replacements of small- by large-ranged species scale up to diversity loss in Europe's temperate forest biome«, *Nature Ecology & Evolution*, 4(6), S. 802–808.
Steffen, W., Richardson, K. et al. (2015) »Planetary boundaries: Guiding human development on a changing planet«, *Science*, 347(6223), 1 259 855.
Steffen, W., Broadgate, W. et al. (2015) »The trajectory of the Anthropocene: The Great Acceleration«, *The Anthropocene Review*, 2(1), S. 81–98.
Steinkopf, M. et al. (2024) »Trophic lengthening triggered by filamentous, N2-fixing cyanobacteria disrupts pelagic but not benthic food webs in a large estuarine ecosystem«, *Ecology and Evolution*, 14(2), e11 048.
Stone, C. D. (2013) *Haben Bäume Rechte? Plädoyer für die Eigenrechte der Natur*. Klein Jasedow: Drachen Verlag.
Stringleman, H. und Peden, R. (2015) »›Sheep farming – The refrigerated

meat trade‹«, *Te Ara – the Encyclopedia of New Zealand*. Verfügbar unter: http://www.TeAra.govt.nz/en/sheep-farming/page-5.

Strotmann, C. (2021) »Nitrogenous fertilisers in Germany – Paths of distribution from Chile Saltpetre to Haber-Bosch-Ammonia and Cyanamide (ca 1914–1930)«, *Jahrbuch für Wirtschaftsgeschichte*, 62(1), S. 159–189.

Strotmann, C., Herment, L. und Page, A. (2021) »Fertilisers in the Long 19th Century and beyond: Usage, commercialisation and production (c 1800–1939)«, *Jahrbuch für Wirtschaftsgeschichte*, 62(1), S. 1–18.

Surma, K. (2023) »Lawsuit asserting the ›Rights of Salmon‹ ends in a settlement that benefits the fish«, *Inside Climate News*. Verfügbar unter: https://insideclimatenews.org/news/06052023/lawsuit-asserting-the-rights-of-salmon-ends-in-a-settlement-that-benefits-the-fish/.

Tartler, J. (2023) »China zieht Großfabrik in Marokko hoch«, *Tagesspiegel Background*. Verfügbar unter: https://background.tagesspiegel.de/mobilitaet/china-zieht-grossfabrik-in-marokko-hoch.

Teaiwa, K. (2014) *Consuming Ocean Island: Stories of People and Phosphate from Banaba*. Bloomington: Indiana University Press.

Teaiwa, K. (2015) »Paradise Lost«, Australian National University TV (Video). Verfügbar unter: https://youtu.be/bpYL719NUs8.

Teaiwa, K. (2022) »No more drinking water, little food: our island is a field of bones«, *The Guardian*. Verfügbar unter: https://www.theguardian.com/world/2022/nov/03/no-more-drinking-water-little-food-our-island-is-a-field-of-bones.

The Open University United Kingdom (ohne Datum) »Coming home to Banaba« (Video). Verfügbar unter: https://youtu.be/wIB3nOH8r_c.

Toepfer, G. (2011) »Mensch«, in: *Historisches Wörterbuch der Biologie*, Stuttgart: J. B. Metzler.

Torrens, H. (1995) »Mary Anning (1799–1847) of Lyme; ›the greatest fossilist the world ever knew‹«, *The British Journal for the History of Science*, 28(3), S. 257–284.

Umweltbundesamt (2017) *Gewässer in Deutschland. Zustand und Bewertung*. Verfügbar unter: https://www.umweltbundesamt.de/publikationen/gewaesser-in-deutschland.

Umweltbundesamt (2018) *Klärschlammentsorgung in der Bundesrepublik Deutschland*. Verfügbar unter: https://www.umweltbundesamt.de/publikationen/klaerschlammentsorgung-in-der-bundesrepublik.

Umweltbundesamt (2022) *Die Nutzung natürlicher Ressourcen. Ressourcen-*

bericht für Deutschland 2022. Spezial: Rohstoffnutzung der Zukunft. Verfügbar unter: https://www.umweltbundesamt.de/ressourcenbericht2022.
Umweltbundesamt (2023) *Nährstoffeinträge über Flüsse und Direkteinleiter in die Ostsee.* Verfügbar unter: https://www.umweltbundesamt.de/daten/wasser/ostsee/naehrstoffeintraege-ueber-fluesse-direkteinleiter#zustandsbewertung-der-ostsee.
United Nations Department of Economic and Social Affairs, Population Division (2022) *World Population Prospects 2022. Summary of results.* New York: United Nations. Verfügbar unter: https://www.un.org/development/desa/pd/content/World-Population-Prospects-2022.
United Nations Environment Programme (UNEP) (2024a) *Global Resources Outlook 2024: Bend the Trend – Pathways to a liveable planet as resource use spikes.* Nairobi: International Resource Panel. Verfügbar unter: https://www.resourcepanel.org/reports/global-resources-outlook-2024.
United Nations Environment Programme (UNEP) (2024b) *Food Waste Index Report 2024. Think Eat Save: Tracking Progress to Halve Global Food Waste.* Verfügbar unter: https://wedocs.unep.org/20500011822/45230.
United Nations Secretary-General (2022) *Harmony with nature: Report of the Secretary-General. A/77/244.* Verfügbar unter: https://digitallibrary.un.org/record/3985455?ln=en&v=pdf.
Upholt, B. (2022) »Saguaro, Free of the Earth«, *Emergence Magazine.* Verfügbar unter: https://emergencemagazine.org/essay/saguaro-free-of-the-earth/.
Vajda, V. et al. (2020) »End-Permian (252 Mya) deforestation, wildfires and flooding—An ancient biotic crisis with lessons for the present«, *Earth and Planetary Science Letters,* 529, 115 875.
Walsh, D. und Higgins, A. (2020) »Blame for Beirut Explosion Begins With a Leaky, Troubled Ship«, *New York Times.* Verfügbar unter: https://www.nytimes.com/2020/08/05/world/middleeast/beirut-explosion-ship.html?unlocked_article_code=1.koo.Kt5p.y4_ahoStnGYJ&smid=url-share.
Watts, J. (2020) »James Lovelock: ›The biosphere and I are both in the last 1% of our lives‹«, *The Guardian.* Verfügbar unter: https://www.theguardian.com/environment/2020/jul/18/james-lovelock-the-biosphere-and-i-are-both-in-the-last-1-per-cent-of-our-lives.
Wehler, H.-U. (1995) *Deutsche Gesellschaftsgeschichte. Band 3: Von der Deutschen Doppelrevolution bis zum Beginn des Ersten Weltkrieges, 1849–1914.* München: Verlag C. H. Beck.

Weser, F. (2021) *Detaillierter Bewirtschaftungsplan 2021 bis 2027 für die Flussgebietseinheit Weser bzgl. der Salzbelastung gemäß § 83 Abs. 3 WHG*. Hildesheim: Flussgebietsgemeinschaft Weser. Verfügbar unter: https://www.fgg-weser.de/oeffentlichkeitsbeteiligung/anhoerung-eg-wrrl/detaillierter-bewirtschaftungsplan-und-detailliertes-massnahmenprogramm-salz.

Whiteside, M. D. et al. (2019) »Mycorrhizal fungi respond to resource inequality by moving phosphorus from rich to poor patches across networks«, *Current Biology*, 29(12), S. 2043–2050.

Whitmee, S. et al. (2015) »Safeguarding human health in the Anthropocene epoch: report of The Rockefeller Foundation–Lancet Commission on planetary health«, *The Lancet*, 386(10 007), S. 1973–2028.

Wilson, J. R. et al. (1996) »The Bjerkreim-Sokndal Layered Intrusion, Southwest Norway«, *Developments in Petrology*, 15, S. 231–255.

Wissemeier, A. H. (2015) »Können neue, innovative Düngemitteltypen das moderne Stickstoffproblem lösen?«, in: Ertl, G. und Soentgen, J. (Hrsg.): *N Stickstoff – ein Element schreibt Weltgeschichte*. München: Oekom Verlag (Stoffgeschichten), S. 205–216.

Wissenschaftlicher Beirat der Bundesregierung Globale Umweltveränderungen (2023) *Gesund leben auf einer gesunden Erde*. Berlin: WBGU. Verfügbar unter: https://www.wbgu.de/de/publikationen/publikation/gesundleben.

Woods, W. D. und Feist, B. (2017–2023) *Apollo 17 Flight Journal. Day 1 Transposition, Docking and Extraction. Corrected transcript and commentary.* National Aeronautics and Space Administration NASA History Division. Verfügbar unter: https://history.nasa.gov/afj/ap17fj/03_day01_tde.html.

WU Vienna (2023) »Country Profile for Germany. Visualisations based upon the UN IRP Global Material Flows Database«. Verfügbar unter: https://www.materialflows.net/visualisation-centre/country-profiles/

Yan, Y. et al. (2019) »Two-million-year-old snapshots of atmospheric gases from Antarctic ice«, *Nature*, 574(7780), S. 663–666.

Zhang, X. et al. (2015) »Managing nitrogen for sustainable development«, *Nature*, 528(7580), S. 51–59.

Textnachweise für Mottos

S. 21: Alexander von Humboldt, *Ideen zu einer Geographie der Pflanzen*, 1807, S. 39.

S. 41: Textauszug aus: Bruno Latour, *Die Hoffnung der Pandora. Untersuchungen zur Wirklichkeit der Wissenschaft.* Aus dem Englischen von Gustav Roßler, S. 365.

S. 135: N. K. Jemisin, *The Stone Sky*, Orbit Books, London, 2017, S. 338.

S. 213: Ursula K. Le Guin, »The Author of the Acacia Seeds«. In: *The Compass Rose, Harper Perennial*, 2005, S. 13–14 (in eigener Übersetzung).

Register